河南省哲学社会科学规划项目“控股股东股权质押与企业财务行为：
经济后果及治理机制研究（2018BJJ009）”

经济管理学术文库 • 经济类

控股股东股权质押与企业财务行为：
经济后果及治理机制

Controlling Shareholder's Equity Pledge and Corporate Financial Behavior:
Economic Consequences and Governance Mechanism

张军华／著

经济管理出版社
ECONOMY & MANAGEMENT PUBLISHING HOUSE

图书在版编目（CIP）数据

控股股东股权质押与企业财务行为：经济后果及治理机制/张军华著 .—北京：经济管理出版社，2021. 5

ISBN 978－7－5096－8023－0

Ⅰ. ①控…　Ⅱ. ①张…　Ⅲ. ①上市公司—股权管理—研究—中国　Ⅳ. ①F279. 246

中国版本图书馆 CIP 数据核字（2021）第 100029 号

组稿编辑：张　昕
责任编辑：曹　靖　郭　飞
责任印制：黄章平
责任校对：张晓燕

出版发行：经济管理出版社
（北京市海淀区北蜂窝 8 号中雅大厦 A 座 11 层　100038）
网　　址：www. E－mp. com. cn
电　　话：（010）51915602
印　　刷：唐山玺诚印务有限公司
经　　销：新华书店
开　　本：720mm×1000mm/16
印　　张：14. 75
字　　数：207 千字
版　　次：2021 年 6 月第 1 版　　2021 年 6 月第 1 次印刷
书　　号：ISBN 978－7－5096－8023－0
定　　价：88. 00 元

序

股权质押是质权人以股权作为担保向个人、其他公司借款或向银行、信托公司、证券公司等金融机构借款的融资行为。根据《中华人民共和国担保法》（以下简称《担保法》）、《中华人民共和国物权法》（以下简称《物权法》）等法律规定，股权质押后，出质人仍然享有投票权、分红权等股东权利，质押本身并不会导致股票所有权的转移。股权质押融资方便、快捷、成本低，一方面解决了出质人的融资困难，另一方面保留了出质股东的权利，因此一经推出便受到了股东尤其是控股股东的青睐，成为上市公司控股股东融资的一种主流方式。但由于资本市场股价波动大，为了保护质权人，股权质押合同规定了基准质押率、预警线和平仓线。当股价跌至预警线，出质人需追加担保或提前赎回质押的股票。当股价跌至平仓线，质权人可以拍卖股票或者抛售股票。

作为人为设计的制度安排，股权结构是政治、经济、文化、法律等因素影响下收益与成本权衡的理性回应，因而呈现出不同的特征。我国早期资本市场的上市公司大多是由国有企业改制而来，国家股和以国有公司为主的法人股是大部分上市公司的实际控制人，国有股占主导地位是上市公司股权结构的特点。自2005年的股权分置改革后，国有股占比逐年下降，但国有股权比重仍较高，非国有企业股权集中现象也十分明显，整体而言，我国上市公司的第二类代理问题更为突出。控股股东可以通过投票权、董事会席位、社会关系等方式实现对上市公司的实质性控制。如果股权质押的出质人是控股股东，则当股价下跌至平仓线时，控股股东面临着控制权转移风险。为了规避控制权转移风险、继续享有控制权私利，控股股东有着强烈的动机进行市值管理。由于目前上市公司股东股权质押融资的用途并没有披露，即使披露了也含糊不清，投资者可能会将控股股东想象为利益侵占者。在我国上市公司股权质押业务中，控股股东股权质押业务占据了一半左右，因而控股股东股权质押不仅会对上市公司产生不良的经济后果，而且会影响资本市场的健康良性运转。

本书立足于我国特有的制度背景，以委托代理理论、信息不对称理论等为基础，运用规范和实证相结合的研究方法，分析控股股东股权质押对上市公司信息披露和融资约束产生影响的机理，并进一步考察了产权性质、董事会结构、代理成本、分析师预测、股市周期、控制权转移风险程度等因素的影响。在研究结论的基础上，对监管部门、投资者、上市公司提出了相应的启示和建议。本书的主要研究结论如下：

第一，为了规避控制权转移风险，控股股东股权质押后，上市公司披露积极业绩预告的可能性和频率显著增加，但业绩预告的精确度显著降低，第二类代理成本发挥了中介传导作用。但这一关系主要存在于民营企业中，董事会结构没有发挥应有的监督职能。积极的业绩预告降低了股权资本成本，但控股股东股权质押抵消了这一积极作用。

第二，为了获得更多融资，控股股东股权质押前，上市公司披露的会计谨慎性程度高，以此来迎合债权人的需求；控股股东股权质押后，上市公司披露的会计谨慎性程度降低，以此来稳定股价降低控制权转移风险。对于内部治理水平低的公司和控制权转移风险大的公司而言，控股股东股权质押后对会计谨慎性的影响更为显著。谨慎的会计信息降低了债务资本成本和股权资本成本，但控股股东股权质押抵消了这种积极作用。

第三，控股股东股权质押加重了上市公司的融资约束程度，融资成本方面表现为债务融资成本和股权融资成本的提高，融资渠道方面表现为商业信用融资规模显著缩小，但短期信贷规模增大，长期信贷规模不受影响。外部高质量审计、参股银行和机构投资者持股缓解了控股股东股权质押对上市公司融资约束的不利影响。

本书是在河南省哲学社会科学规划项目“控股股东股权质押与企业财务行为：经济后果及治理机制研究（2018BJJ009）”的研究报告基础上完成的，丰富了控股股东股权质押的经济后果研究。由于笔者的水平有限，不足之处在所难免，恳请读者批评指正。

目　录

1 导言

1.1 研究背景与问题提出

股权质押是股东以其持有的公司股权为担保，向金融机构贷款的融资方式。2013 年 5 月 24 日开始实施的《股票质押式回购交易及登记结算业务办法（试行）》打开了股权质押的场内业务模式，随后股权质押业务进入高速增长期，几乎到了无股不押的地步。2015 年爆发的股灾导致资本市场出现千股停牌现象，随后控股股东质押的股权被强制平仓的新闻不断出现，2018 年 3 月 12 日开始同步实施的《股票质押式回购交易及登记结算业务办法（2018 年修订）》及《证券公司参与股票质押式回购交易风险管理指引》正是在 A 股市场股价不断下跌、控股股东股权质押问题不断恶化的背景下出台的。为了稳定资本市场、维护上市公司经营业务的正常运转，深圳市于 2018 年 10 月率先安排了数百亿专项资金来化解控股股东股权质押风险，其他地方政府也纷纷效仿来支持当地的上市公司。习近平总书记在 2018 年 11 月的民营企业座谈会中也指出，“对有股权质押平仓风险的民营企业，有关方面和地方要抓紧研究对策，帮助企业渡过难关，避免发生控制权转移风险等问题”。

股权质押将股权作为质押物，上市公司股票流动性强、变现速度快，因而迅速成为银行、证券公司等金融机构最受欢迎的质押品之一。股权质押保留了股东的投票权、分红权等实质性权利，而且融资速度快、门槛低、手续少，再加上民营企业在传统的银行信贷渠道面临着融资约束，因而股权质押迅速成为了民营企业股东尤其是控股股东的重要融资渠道。供需相结合迅速推高了资本市场上股权质押的热潮。但由于股价波动大，质押合同规定了质押股权的预警线和平仓线。因此，控股股东融得资金的同时也面临着控制权转移的风险。这也是2015年千股停牌的主要原因之一，一经复牌，往往会迎来股价的上涨（罗进辉等，2020），因而股票停牌成为避免控制权转移的保价工具之一。

股权质押是股东个人的财务行为，本不会对上市公司造成重大影响，无须对外详细披露。即使在股权较为分散、管理层控制公司的欧美资本市场，管理层持股现象和持股比例较为常见，管理层可能会因为个人财务问题而质押其所经营的上市公司股权，这一现象被股东们认为有损上市公司利益，因而成为反对管理层连任的重要理由。但股东股权质押业务在英美国家并不常见。我国股权较为集中，管理层持股比例低，但控股股东持股比例较高，控股股东股权质押业务占所有股权质押业务的一半左右，甚至更高，控股股东股权质押成为我国资本市场上特有的融资现象。

Demsetz 和 Lehn（1985），Shleifer 和 Vishny（1986）分别研究了美国公司和财富500强公司的股权机构，发现这些公司的股权并不像 Berle 和 Means（1932）研究的那样股权高度分散，而是存在相对控股的大股东。Lopea - De - Silance 等（1998）研究发现，在其他发达国家和发展中国家，所有权集中程度更高。La Porta 等（1999）研究了很多国家的大型上市公司，发现股权都是较为集中的，控股股东会利用这种股权结构所产生的控制权优势损害小股东和债权人的利益，此类公司的代理问题主要集中在大股东与小股东及债权人之间。控股股东只持有少量的现金流却享有更大的控制权，责任与收益不对等，控股股东出于私利会损害上市公司和其他股东的利益，产生第二类代理问题。在我国资本市场上，大股东通过关联交易、资金占用、股利政策等方式侵害中小股东利益的现象较为常见（姜国华和岳衡，2005；罗琦和吴哲栋，2016），控股股东股权质押加重了第二类代理问题（王娴，2019）。其主要表现在以下几点：

第一，杠杆融资加大了控股股东的投机动机。股权质押融资的用途并没有要求强制公开，控股股东可能将资金投向上市公司或者其控制的集团内，形成复杂的借贷、投资和关联交易，建造帝国。尤其当牛市时，加杠杆融资给控股股东带来了更多的融资规模，这也是2015年上半年股权质押业务大幅度增加的原因。

第二，股权质押加大了控股股东的掏空动机。控股股东以较小的所有权控制了更多的资产，当股价急剧下跌至预警线或平仓线时，控股股东有能力与管理层合谋，通过盈余管理、调整财务政策、信息质量披露等维持股价的稳定，甚至出现掏空上市的现象。例如，上市公司珠海中富的大股东收购了该公司股票能够达到控制权，但随后将股权质押给质权人融到资金后收购了关联公司资产，并高价卖给珠海中富。

第三，股权质押加大了控股股东的道德风险。除了影响上市公司财务政策外，停牌也成为保价工具，不仅提高了上市公司信息不对称程度和企业价值，而且加剧了投资者的恐慌，导致股市失去流动性、轮番触及跌停，影响了资本市场的稳定。政府不得不建立纾困资金救助，进一步加剧了控股股东的道德风险。

因此，控股股东股权质押的个人财务风险会通过控股股东的控股权传导给上市公司进而影响资本市场。国内外学者已从融资需求、掏空等角度研究了股权质押的动机，从盈余管理、税收规避、公司业绩等角度研究了股权质押的经济后果，那么，股权质押的控股股东通过何种手段进行市值管理以维持或提升股价？分析师如何看待股权质押？股权质押后对上市公司的融资约束会带来怎样的影响？本书用规范与实证相结合的方法考察控股股东股权质押对上市公司业绩预告披露的影响，从质押前和质押后会计谨慎性角度分析控股股东信息披露的策略与行为，从分析师跟踪和分析师预测方面分析控股股东股权质押对市场环境的影响，从融资成本和融资渠道方面分析控股股东股权质押对上市公司融资约束的影响。本书一方面有助于进一步解开股权质押影响企业财务行为的“黑箱”，另一方面梳理和总结其一般规律，为上市公司改善公司治理、监管部门决策等提供经验证据。

1.2 研究方法

1.2.1 定性分析方法

采用文献研究法，对国内外委托代理理论、控股股东股权质押的相关文献进行了全面回顾，总结已有文献成果，梳理发展脉络，分析现有研究的不足之处，指出未来可以拓展的方向。

采用演绎推理法，从一般性前提出发，在委托代理理论、信息不对称理论基础上，分析控股股东股权质押对上市公司业绩预告披露、会计谨慎性和融资约束的作用机制，进而提出本研究假设。

1.2.2 实证分析方法

本书选取我国A股上市公司2005~2019年的数据为研究样本，构建了OLS、有序Logit、有序Probit等回归模型，参照前人的研究成果，选取自变量、因变量、控制变量，采用了描述性统计、相关系数分析、多元回归分析等方法。

1.3 研究思路与研究框架

本书的研究框架如图 1 – 1 所示。首先，本书从委托代理理论和股权质押两个方面对国内外文献进行了回顾。其次，控股股东股权质押有质押融资动机，还需要规避控制权转移风险。高股价有助于融到更多的资金，同时可以规避控制权转移风险，信息披露对股价有着直接的显著影响，本书从业绩预告披露和会计信息谨慎性两方面分析控股股东市值管理行为，并从融资约束方面研究控股股东股权质押的经济后果。最后，在研究结论基础上，提出对监管部门、上市公司、投资者的启示和建议，指出研究不足和未来的研究方向。

基于以上研究思路，本书内容分为六章：

第一章为导言。从研究背景出发，提出研究问题，根据研究目的选用相应的研究方法，介绍了本书的研究思路与研究框架。

第二章为制度背景与文献综述。首先介绍了股权质押的含义，总结了相关的法律法规规定；其次从股权质押规模、股权质押公司的数量和产权性质、股权质押上市公司的上市板块、股权质押的质权人分类角度分析了 2005 ~ 2019 年的变化趋势和现状；最后总结了第二类代理理论和控股股东股权质押的相关文献，进行了文献述评和总结。

第三章为控股股东股权质押与业绩预告披露。从业绩预告披露的性质、披露次数、精确度方面研究了控股股东股权质押对业绩预告的影响及其影响机制，讨论了产权性质、持股比例、董事会结构、股市周期、控制权转移风险的调节作用，并分析了业绩预告和控股股东股权质押对股权资本成本的交互影响。

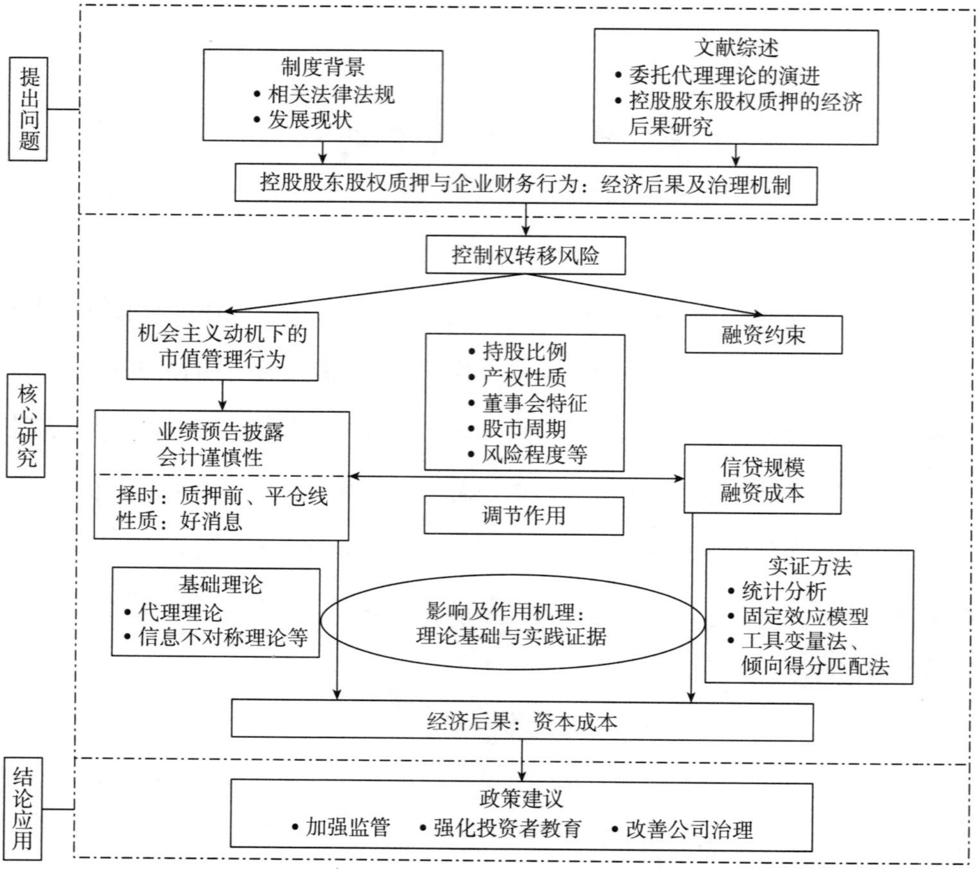

图 1－1　研究框架

第四章为控股股东股权质押与会计谨慎性。分析了控股股东股权质押前和质押后对会计谨慎性的影响，分析了内部公司治理水平、控制权转移风险的调节作用，并分析了会计谨慎性和控股股东股权质押对资本成本的交互影响。

第五章为控股股东股权质押与融资约束。从融资规模和融资成本两方面研究了控股股东股权质押对上市公司融资约束的影响，进一步分析了代理成本、分析师跟踪人数、分析师预测分歧的影响路径和传导效应，并从外部审计、机构投资者持股、上市公司参股银行等方面探讨了治理机制。

第六章为总结与展望。根据理论分析和实证检验结果，总结归纳本书的研究结论，为相关部门、投资者和上市公司提供了相应的建议，最后探讨了本书研究的局限及未来的研究方向。

2 制度背景与文献综述

我国上市公司股东的股权质押业务于 2013 年开始进入急速增长期，在 2018 年达到顶峰，2019 年开始回落，学界也于近几年开始集中研究股权质押业务的相关问题。我国股权质押业务有什么特点？不同上市板块、不同质权人的股权质押业务有什么异同？哪些规章制度引起了近几年股权质押业务的变化？控股股东股权质押的动机是什么？会产生怎样的经济后果？本章从制度背景和文献综述两方面回答上述问题。

2.1 制度背景

2.1.1 股权质押的相关法律规定

股权质押是出质人以股权作为担保向个人、其他公司借款或向银行、信托公司、证券公司等金融机构借款的融资行为。我国相关政府部门对公司股东股权质押作了相关的规定。

1995 年 10 月 1 日开始实施的《担保法》为股权质押提供了法律基础。《担保法》第七十五条规定，“依法可以转让的股权、股份可以质押。第七十八条规定，以依法可以转让的股票出质的，出质人与质权人应当订立书面合同，并向证券登记机构办理出质登记。以有限责任公司的股份出质的，适用公司法股份转让的有关规定。质押合同自股份出质记载于股东名册之日起生效”。根据《担保法司法解释》第一百零三条的规定，以非上市公司的股份出质的，质押合同自股份出质记载于股东名册之日起生效。由此可见，上市公司股权出质的登记机关是证券登记机构，有限责任公司和没有上市的股份有限公司的股东出质股权在公司股东名册上登记即可。《担保法》明确地将质押确立为一种担保形式，股权质押制度在我国开始得以确立。

2004 年 11 月 2 日证监会发布并实施的《证券公司股票质押贷款管理办法》允许证券公司以自营的股票作质押，从商业银行获得资金，该规定拓宽了证券公司的融资渠道。

证监会 2006 年 4 月 7 日发布，7 月 1 日开始实施的《证券登记结算管理办法》第二条第一款规定，“在证券交易所上市的股票、债券、证券投资基金份额等证券及证券衍生品种的登记结算，适用本办法”。第二条第二款规定，“非上市证券的登记结算业务，参照本办法执行”。也就是说，证监会将包括非上市股份有限公司在内的所有股份有限公司的证券登记结算业务都纳入证券登记结算机构来办理，而不限于上市公司。

2007 年 3 月 16 日发布，10 月 1 日开始实施的《中华人民共和国物权法》第二百二十三条规定，“可以转让的股权允许出质”。第二百二十六条规定，“证券登记结算机构登记的股权出质的，质权自证券登记结算机构办理出质登记时设立；以其他股权出质的，质权自工商行政管理部门办理出质登记时设立；股权出质后，不得转让，但经出质人与质权人协商同意的除外”。该项规定说明，证券登记结算机构仍然是主要的股权登记机关，但对于有限责任公司股权出质不再是以公司股东名册作为登记方式，而是以工商行政管理部门为登记机关。2021 年 1

月 1 日开始实施的《中华人民共和国民法典》延续了《担保法》《物权法》的相关规定。

为了规范股权质押式回购交易，证监会和上海证券交易所、中国证券登记结算有限责任公司制定了 2013 年 5 月 24 日开始实施的《股票质押式回购交易及登记结算业务办法（试行）》，打开了股权质押的场内业务模式。股票质押式回购交易的业务流程如下：①融入方、融出方、证券公司各方签署《股票质押回购交易业务协议》。②证券公司根据融入方和融出方的委托向深交所交易系统进行交易申报。③交易系统对交易申报按相关规则予以确认，并将成交结果发送中国结算深圳分公司。④中国结算深圳分公司依据深交所确认的成交结果为股票质押回购提供相应的证券质押登记和清算交收等业务处理服务。证券业协会于 2015 年 3 月 16 日发布了《证券公司股票质押式回购交易业务风险管理指引（试行）》来规范证券公司股票质押式回购交易业务的风险管理行为。

2015 年 6 月国务院发布的《国务院关于大力推进大众创业万众创新若干政策措施的意见》中明确提出，“推动建立工商登记部门与区域性股权市场的股权登记对接机制，支持股权质押融资”。2015 年 7 月证监会发布了《证券公司开展场外股权质押式回购交易业务试点办法》。

这些法律法规的出台促进了股权质押业务的发展，但质押规模的迅速扩大影响了资本市场的稳定，股票质押式回购业务频频拉响警报，一些质押的股权出现爆仓现象，风险屡屡引起市场关注。例如，2017 年 4 月 28 日，浙江东阳市公安局披露，鹏起科技第一大股东鼎立控股集团股份有限公司涉嫌非法吸收公众存款罪，之后鼎立控股集团进入破产清算程序，而其持有的股票绝大部分被质押，质权人为长江证券和国投泰康信托。2017 年 7 月 24 日，洲际油气被爆出因控股股东广西正和质押给长江证券的 8680 万股公司股票触及平仓线而被资金融出方平安银行强制平仓。2017 年 11 月 23 日皇氏集团公告，其董事徐蕾蕾的证券账户于 2017 年 11 月 21 日卖出公司股票 649187 股，卖出原因为徐蕾蕾因股票质押未能完成到期回购，且跌破最低履约保障比例后未能实施相应履约保障措施，构成违约，被东方证券强制部分平仓。另有多喜爱、欢瑞世纪、科林环保等多个上市公司的控股股东也在股市震荡中面临股票质押触及平仓线的风险。除此之外，欢瑞世纪（000892）、银河生物（000806）、科林环保（002499）等数十家上市公司发布控股股东质押股票触及平仓线的警示公告，其中不少上市公司还直接停牌。

为了缓解股权质押风险，在“去杠杆”背景下，2017 年 9 月上交所、深交所、中国结算发布《股票质押式回购交易及登记结算业务办法（2017 年征求意见稿）》，向社会公开征求意见。征求意见稿中出现了一系列更加严格的监管指标，例如股票质押率上限不得超过 60%；单一证券公司、单一资管产品作为融出方接受单只 A 股股票质押比例分别不得超过 30%、15%；单只 A 股整体质押比例不超过 50%。

2018 年 3 月 12 日开始同步实施《股票质押式回购交易及登记结算业务办法（2018 年修订）》（以下简称质押新规）及《证券公司参与股票质押式回购交易风险管理指引》（以下简称风险管理指引）。质押新规和风险管理指引对融入方、资金用途与管理、交易金额、质押率等做出了限制规定。质押新规对上市公司股东产生了较大影响：

第一，单只股票市场整体质押比例不得超过 50%。

第二，风险管理指引第十三条规定，“质押股票有业绩承诺股份补偿协议的，证券公司应当识别和评估其特殊风险，切实防范因质押股票出现股份补偿情形而产生的风险，不得以其管理的集合资产管理计划和定向资产管理客户作为融出方参与股票质押式回购交易”。即有业绩承诺股份补偿的股东融资受到限制。

第三，在资金用途方面，融入资金要用于实体经济生产经营，不得直接或者间接用于下列用途：①投资于被列入国家相关部委发布的淘汰类产业目录，或者违反国家宏观调控政策、环境保护政策的项目。②进行新股申购。③通过竞价交易或者大宗交易方式买入上市交易的股票。④法律法规、中国证监会相关部门规章和规范性文件禁止的其他用途。

第四，风险管理指引第十三条规定，“质押股票有业绩承诺股份补偿协议的，证券公司应当识别和评估其特殊风险，……切实防范因质押股票出现股份补偿情形而产生的风险，不得以其管理的集合资产管理计划和定向资产管理客户作为融出方参与股票质押式回购交易”。

第五，融入方不得为金融机构或者从事贷款、私募证券投资或私募股权投资、个人借贷等业务的其他机构，或者前述机构发行的产品。符合一定政策支持的创业投资基金除外。

第六，融入方首笔初始交易金额不得低于500万元，此后每笔初始交易金额不得低于50万元。也就是说，小额股权质押被禁止。

第七，股票质押率上限不得超过60%。交易所可以根据市场情况，对质押率上限进行调整，并向市场公布。

第八，履约保障比例达到或低于约定数值的，融入方可以“补充其他担保物，担保物应为依法可以担保的其他财产或财产权利”，也就是说，融入方担保物范围有所增加。

质押新规对证券公司的影响包括：

第一，证券公司及其资产管理子公司管理的公开募集集合资产管理计划不得作为融出方参与股票质押回购。

第二，强化证券公司尽职调查要求，加强业务风险的事前控制。

第三，A类的证券公司，自有资金融资余额不得超过公司净资本的150%；B类的证券公司，自有资金融资余额不得超过公司净资本的100%；C类及以下的证券公司，自有资金融资余额不得超过公司净资本的50%。即控制了证券公司自有资金参与股权质押回购交易业务融资规模。

第四，增加暂停或停止证券公司股票质押回购交易权限的情形。

第五，证券公司作为融出方的，单一证券公司接受单只A股股票质押的数量不得超过该股票A股股本的30%。集合资产管理计划或定向资产管理客户作为融出方的，单一集合资产管理计划或定向资产管理客户接受单只A股股票质押的数量不得超过该股票A股股本的15%。

第六，证券公司以集合资产管理计划和定向资产管理客户参与股票质押式回购交易业务的，应当强化管理人职责，重点关注融入方的信用状况、质押股票的风险情况等，加强流动性风险管理，切实防范业务可能出现的风险，即强化了管理人职责。

2.1.2 股权质押的发展现状

2.1.2.1 股权质押的规模分析

表2-1和图2-1是2005~2019年我国A股上市公司股权质押市值、质押股数和质押次数情况。如图2-1所示，2005~2014年股权质押业务缓慢增长；2015年受政策支持和股市行情的刺激，股权质押呈现出爆发式增长；2016年质押股数、质押市值达到高峰，2017年质押次数达到最高；2018年至今，受政策限制的影响，股权质押股数和市值呈下降趋势，2019年大幅下降。

表2-1 2005~2019年我国A股上市公司股权质押规模

单位：千万股，亿元，次

年份	质押股数	质押市值	质押次数
2005	186.1369	788.7662	499
2006	202.2839	1100	527
2007	216.0051	3060	619
2008	292.5806	2980	805
2009	415.5791	4390	1046
2010	426.1412	5480	1125
2011	578.8462	7640	1719
2012	779.6106	7000	2211

续表

年份	质押股数	质押市值	质押次数
2013	998.9592	10200	3116
2014	1440	17900	4689
2015	2170	43500	7938
2016	3480	48900	12128
2017	3110	38900	14810
2018	2570	25100	18443
2019	2040	18700	8627

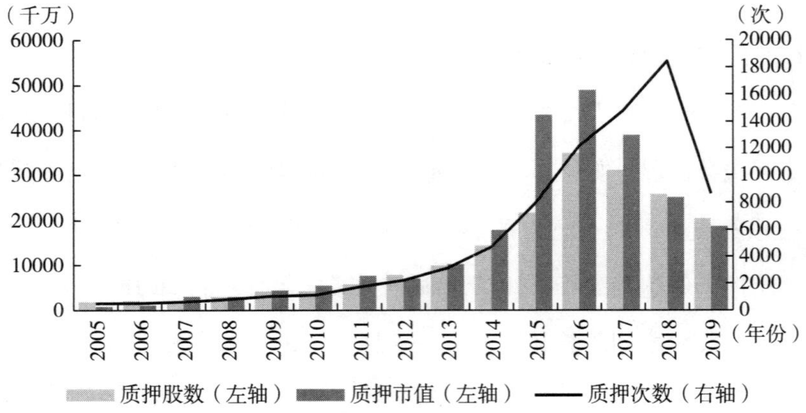

图 2-1　2005～2019 年我国 A 股上市公司股权质押规模趋势

资料来源：万得数据库。

2.1.2.2　股权质押公司的数量及产权分析

表 2-2、图 2-2a、图 2-2b 是 2005～2019 年我国 A 股上市公司股东股权质押的公司数量情况。如表 2-2 所示，质押公司数占上市公司数量的比值在 2005～2010 年保持在 20% 左右，2011 年开始逐步增长，2016～2018 年超过了一半，其中 2017 年达到最大值 57.19%。从产权性质看，股权质押的民营企业数量占质押公司总数的比值从 2005 年的 52.31% 增加至 2017 年的 87.21%，2019 年

略减为 86.32%，说明质押股权的上市公司以民营企业为主，民营企业的股东相对面临更大的融资约束，股权质押成为民营企业股东融资的主要渠道之一。

表 2-2 2005~2019 年我国 A 股上市公司股权质押公司数量 单位：家,%

年份	上市公司数量	质押公司数量	质押公司占上市公司数量的比值	民企质押公司数量	民营质押公司占质押公司总数量的比值
2005	1352	260	19.23	136	52.31
2006	1409	269	19.09	153	56.88
2007	1514	261	17.24	155	59.39
2008	1581	330	20.87	205	62.12
2009	1732	376	21.71	241	64.10
2010	2072	422	20.37	304	72.04
2011	2330	582	24.98	441	75.77
2012	2472	705	28.52	564	80.00
2013	2511	907	36.12	768	84.67
2014	2614	1058	40.47	917	86.67
2015	2809	1400	49.84	1218	87.00
2016	3087	1638	53.06	1405	85.78
2017	3485	1993	57.19	1738	87.21
2018	3583	1978	55.21	1724	87.16
2019	3749	1696	45.24	1464	86.32

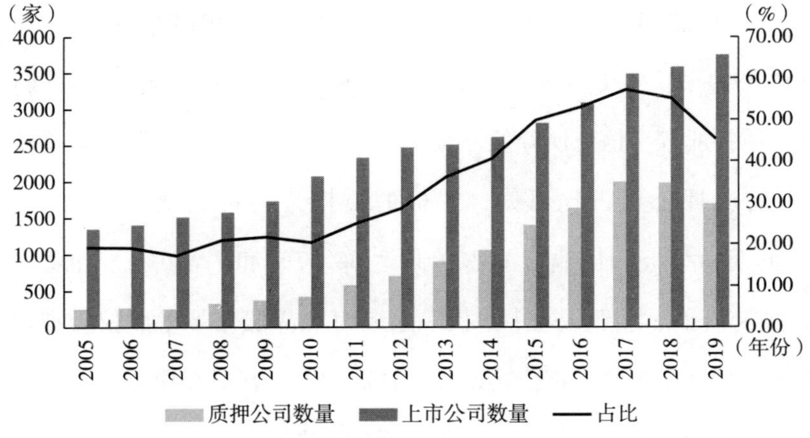

图 2-2a 2005~2019 年我国 A 股上市公司股权质押公司数量趋势

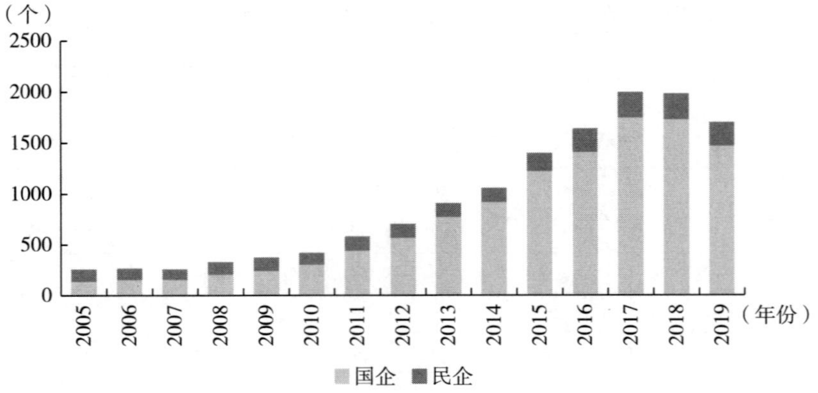

图 2－2b　2005～2019 年我国 A 股上市公司股权质押公司数量的产权性质分布

2.1.2.3　股权质押公司的上市板块分析

表 2－3 和图 2－3 是 2005～2019 年股权质押公司的板块分布情况。由图 2－3a、图 2－3b、图 2－3c 可知，2005～2007 年股权质押业务主要发生在主板上市公司的股东中，中小板股权质押公司数量很少。从 2008 年开始，中小板上市公司股权质押业务逐渐增多，2014 年开始超过主板上市公司数量，2018 年质押次数高达 7208 次，远高于主板公司。2009 年 10 月 30 日创业板正式上市，从 2009 年开始创业板公司出现股东股权质押业务，随后快速增多，2018 年高达 5904 家，质押次数高达 5904 次，超过主板的 5331 次。2019 年受政策影响，质押公司数量、质押次数和质押股权市值有所降低，其中中小板股权质押次数降低幅度最大。从表 2－3 中的质押公司占比可知，主板的质押公司占比最大值为 2017 年的 41.45%，同期中小板和创业板的占比高达 66.67% 和 77.72%。由以上分析可知，从 2014 年开始，创业板与中小板一起成为本 A 股市场上股权质押公司的主体，中小板尤其创业板的上市公司以民营企业为主，普遍规模较小，融资能力不强，股权质押成为这些公司股东的主要融资渠道之一。

表 2-3 2005~2019 年我国 A 股上市公司股权质押公司的上市板块分布

单位：次，亿元，家，%

板块	年份	质押次数	质押市值	质押公司数量	上市公司总数量	质押公司占比
主板	2005	494	776.2149	257	1358	18.92
	2006	517	1080	262	1372	19.10
	2007	602	3000	251	1384	18.14
	2008	708	2700	281	1386	20.27
	2009	845	3810	304	1393	21.82
	2010	773	3810	284	1421	19.99
	2011	967	4370	314	1451	21.64
	2012	1127	4240	342	1470	23.27
	2013	1265	5290	378	1473	25.66
	2014	1657	7050	403	1528	26.37
	2015	2676	17700	537	1598	33.60
	2016	3936	20200	650	1736	37.44
	2017	4440	17500	797	1923	41.45
	2018	5331	12400	775	1970	39.34
	2019	2879	9290	661	2103	31.43
中小板	2005	5	12.55	3	106	2.83
	2006	10	13.81	7	175	4.00
	2007	17	61.35	10	277	3.61
	2008	97	285.64	49	329	14.89
	2009	201	580.35	72	413	17.43
	2010	316	1560	120	609	19.70
	2011	607	2690	209	708	29.52
	2012	828	2220	262	755	34.70
	2013	1203	3460	351	772	45.47
	2014	1981	7480	415	792	52.40
	2015	3088	16100	509	832	61.18
	2016	4625	18500	558	883	63.19
	2017	5337	13900	638	957	66.67
	2018	7208	7870	640	976	65.57
	2019	2916	5870	546	993	54.98

续表

板块	年份	质押次数	质押市值	质押公司数量	上市公司总数量	质押公司占比
创业板	2005	0	0	0	0	0
	2006	0	0	0	0	0
	2007	0	0	0	0	0
	2008	0	0	0	0	0
	2009	0	0	0	58	0
	2010	36	107.44	18	188	9.57
	2011	145	578.84	59	293	20.14
	2012	256	546.13	101	355	28.45
	2013	648	1450	178	379	46.97
	2014	1051	3420	240	419	57.28
	2015	2174	9600	354	497	71.23
	2016	3567	10200	430	602	71.43
	2017	5033	7500	558	718	77.72
	2018	5904	4810	563	744	75.67
	2019	2832	3570	489	797	61.36

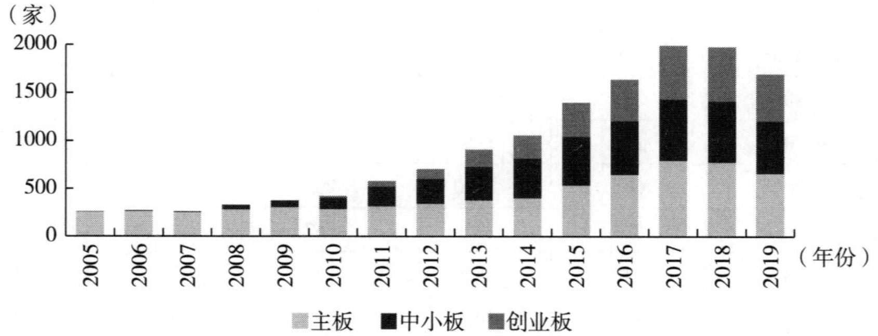

图 2-3a　2005~2019 年我国 A 股上市公司股权质押公司数量的上市板块

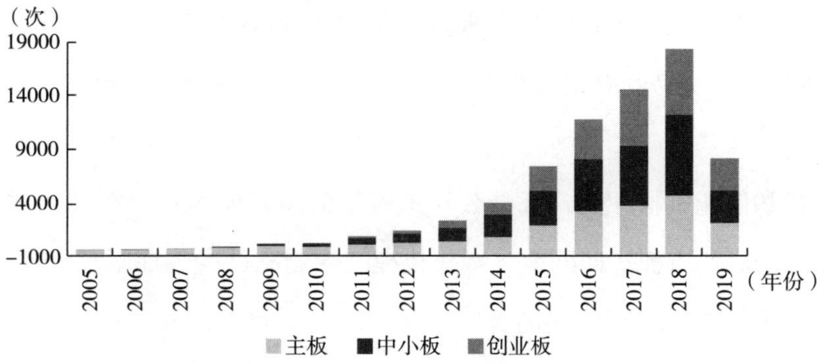

图 2-3b　2005~2019 年我国 A 股上市公司股权质押次数的上市板块

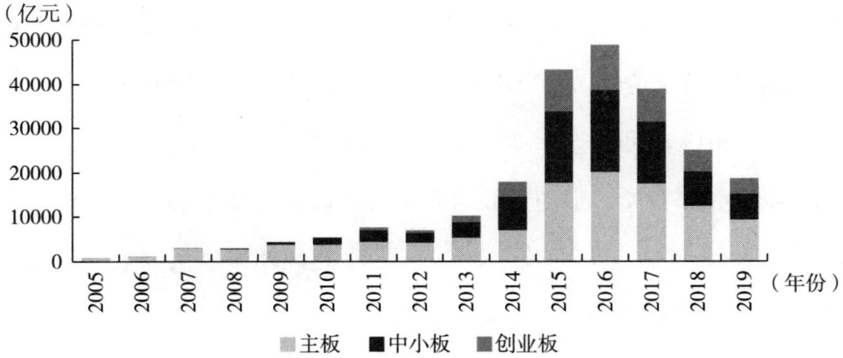

图 2-3c　2005~2019 年我国 A 股上市公司股权质押市值的上市板块

2.1.2.4　股权质押的质权人分析

表 2-4 和图 2-4 是 2005~2019 年我国 A 股上市公司股权质押的质权人情况。股权质押业务分为场外业务和场内业务。2013 年之前，股权质押是场外业务，即出质人要在中国证券登记结算有限公司办理质押登记，此时对参与者的风险评估能力和风险控制水平要求高，因而银行的股权质押融资和信托的股权质押信托计划是场外业务的主导，证券公司由于缺乏风控优势，参与度很低。为拓宽融资渠道，2012 年 10 月发布的《证券公司客户资产管理业务管理办法》和上海

证券交易所、中国证券登记结算有限责任公司于2013年5月24日联合发布的《股票质押式回购交易及登记结算业务办法（试行）》为证券公司从事股权质押业务奠定了制度基础。

与银行和信托机构相比，证券公司拥有较为丰富的客户资源和证券服务业务，其提供的股票质押式回购业务操作快捷、限制条件少、期限长、成本适中、资金到位快等优势，受到股东的青睐。从图2-4a可知，股权质押交易次数方面，证券公司提供的股票质押业务从2014年开始呈现大幅度上升。根据不同质权人承接的质押次数占比看，如图2-4b所示，2005~2012年证券公司的质押业务量几乎为零，但从2013年开始爆发式增长，2018年业务占比高达75.31%。受质押新规的影响，2019年业务量下降，占比仍然过半，达到56.36%。银行的质押业务呈现相反的趋势，2005年高达85.97%，但随后呈现下降趋势，2018年低至11.19%，2019年回升至20%。2005~2012年信托公司的业务量呈上涨趋势，2012年高达45.77%，但随着股票质押式回购交易新规的发布，业务量被证券公司抢占，2018年低至5.02%，2019年回升至6.98%。从以上分析可见，证券公司目前是股东股权质押融资的首选质权人。

表2-4a　2005~2011年我国A股上市公司股权质押的质权人类别

年份	2005	2006	2007	2008	2009	2010	2011
总质押次数	499	527	619	805	1046	1125	1719
其中：证券公司	0	1	0	1	4	11	3
信托公司	9	15	27	100	186	336	779
银行	429	454	483	590	709	652	782
一般公司	60	57	106	107	131	112	124
个人	1	0	3	7	16	14	31
质押总市值	788.77	1096.47	3059.91	2987.62	4389.50	5476.74	7644.34
其中：证券公司	0	2.577	0	14.9	97.90	47.14	76.58
信托公司	9.59	37.93	217.49	383.28	1180	1900	3930

续表

年份	2005	2006	2007	2008	2009	2010	2011
银行	678.80	977.07	2460	2310	2740	2800	3170
一般公司	98.79	78.89	379.24	272.86	357.81	696.45	423.40
个人	1.59	0.00	3.18	6.58	13.79	33.14	44.37

表 2-4b　20012～2019 年我国 A 股上市公司股权质押的质权人类别

年份	2012	2013	2014	2015	2016	2017	2018	2019
总质押次数	2211	3116	4689	7938	12128	14810	18443	8627
其中：证券公司	29	958	2696	4693	7786	10588	13889	4862
信托公司	1012	751	443	491	673	857	925	602
银行	939	1028	1050	1606	1679	1498	2064	1726
一般公司	187	342	475	1058	1928	1780	1380	1210
个人	44	37	25	90	62	87	185	227
质押总市值	7002.91	10213.30	17943.53	43411.32	48906.50	38810.20	25091.35	18728.20
其中：证券公司	108.89	2340	9390	24000	28100	23000	12200	8350
信托公司	3890	3500	2640	4190	4880	5590	3060	2390
银行	2490	2880	3920	8080	7210	5210	7060	5280
一般公司	475	1460	1950	6760	8550	4820	2480	2530
个人	38.98	33.30	43.53	381.32	166.50	190.20	291.35	178.20

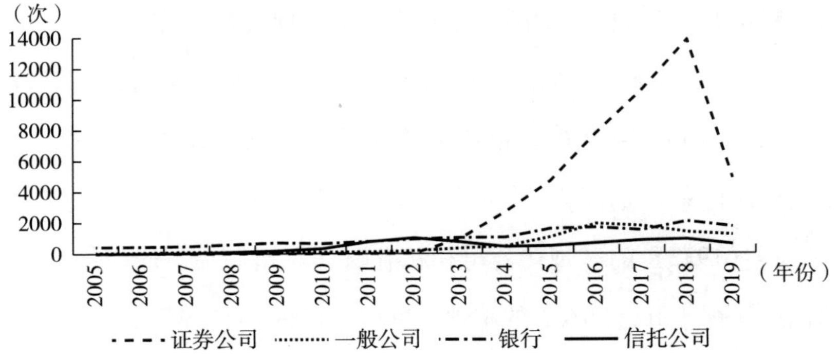

图 2-4a　2005～2019 年我国 A 股上市公司股权质押次数的质权人类别

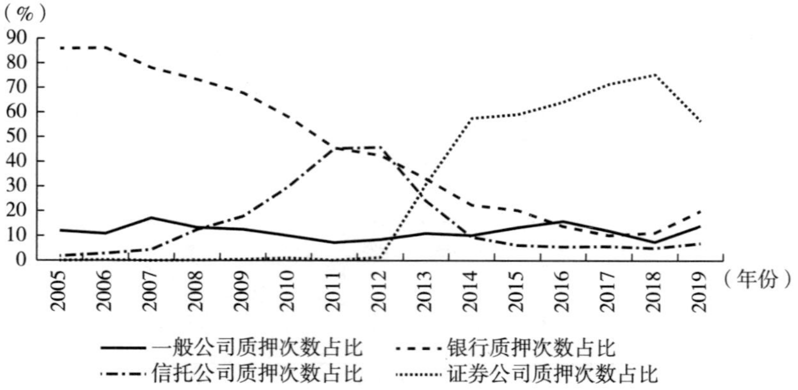

图 2-4b　2005~2019 年我国 A 股上市公司证券公司的股权质押次数占比

2.2　文献综述

2.2.1　第二类代理问题研究综述

2.2.1.1　委托代理问题的研究演进

亚当·斯密在《国富论》中曾描述过职业经理人与股东的利益冲突问题，“我们的晚餐不是来自屠夫、酿酒师或面包师的仁慈，而是来自他们对自己利益的关心”。Knight（1921）在讨论道德风险和企业组织、Veblen（1923）在讨论公司控制权从银行家、金融家手中转向技术人员的手中时都提起过该问题。直到 Berle 和 Means（1932）的《现代公司和私有财产》出版后，股权结构和经理与股东间的代理问题才引起学术界的重视。Berle 和 Means（1932）认为，200 家最大的美国公司中有 65% 似乎是要么被管理者控制、要么被低比例所有权的股东通过合法策略控制，即所有权高度分散。但后人对 Berle 和 Means（1932）的数据和观点提出了质疑。根据《现代公司和私有财产》第 109 ~ 110 页的总结图和结论，这 200 家公司只有 88.5% 被管理者控制，而且分类概念和数据不充分，虽然作者在前面论述中提到了这一点（Zeitlin，1974）。Demsetz（1996）认为 Berle 和 Means（1932）的著作有两个问题：一个是把所有者的多样性理解为了股权分散；另一个是忽略了股权结构分散的社会优势，广泛的所有权可以减少股东承担的公司特有风险，有助于吸收大量社会资本、扩大公司规模、增强市场竞争力。

后来的研究发现，Berle 和 Means（1932）文中的公众持有公司即使在发达国家也并不普遍。Demsetz 和 Lehn（1985）对 1980 年美国 511 家大公司所有权集中度的调查发现，5 个最大的利益集团控制了超过 25% 的股份。Shleifer 和 Vishny（1986）分析了美国 1980 年 12 月公布的财富 500 强中的 456 家公司，发现 354 家公司至少有一个持股比例超过 5% 的股东，最大持股比例小于 3% 的公司只有 15 家，最大股东平均持股比例为 15.4%，前 5 个最大股东平均持股比例为 28.8%，并推断小公司的大股东持股比例更高。在其他发达国家和发展中国家，所有权集中程度更高（Lopea – de – Silance 等，1998）。直接用持股比例不能完全反映大股东对企业价值的影响，La Porta 等（1999）研究了控制模式和公司的最终控制权，发现金字塔结构、交叉持股和发行复式表决权股票造成了控制权和现金流权的偏离，尽管控股股东只有少量现金流权但却往往对世界多数公司实施最终控制。这意味着控股股东控制的资本要远大于他们自身的资金投入，控股股东出于私利，有动机攫取其他中小股东和利益相关者的利益。同时，控股股东通过股东权利广泛参与公司的实际运营与管理，更为其攫取行为提供了现实的可能。Johnson 等（2000）研究发现，控股股东通过金字塔式持股可以将公司（或者说中小股东）的资源转移到自己手中，而实现这种转移的方法多种多样，且大多数方法均是合法且隐蔽的，难以被监管；Attig 等（2003）发现，最终控制人偏向于将业绩不佳的公司置于金字塔结构的底层，这样可以尽可能地减少在攫取私利时对自己产生的不良影响；Almeida 等（2006）也发现，控股股东在与中小股东分享股权收益时，金字塔式持股还可以控制公司的留存收益。因此，在公司股权收益较低而外部融资渠道受限的情况下，金字塔式持股现象会十分常见。可见，控股股东借助金字塔结构使控制权和现金流权偏离，不仅可以攫取远超现金流权比例的超额收益，而且有效降低了自身成本与风险。但总体而言，美国公司股权相对分散，1970～2001 年，大部分上市公司的内部股权在 IPO10 年后降低到 20% 以下，公司业绩和流动性是股权结构演变的决定因素（Helwege 等，2007）。

早期的公司治理研究围绕着管理层的机会主义行为（包括侵害股东利益和错配资源）与股东的利益冲突问题展开。Garmaise 和 Liu（2005）从公司治理（控制权属于管理层还是股东）和代理问题（管理层是否诚实）出发，在信息不对称（管理层拥有投资质量的私有信息并在报告中修正私有信息）情况下构建理论模型认为，当管理层的控制权较大时，管理层会过度投资而获得更多私利，从而提高贝塔系数，系统风险随之增大；当股东的控制权较大时，股东意识到管理层会掩盖投资信息，因而会减少投资水平，系统风险随之降低。在 Garmaise 和 Liu（2005）的模型中，股东控制权的强大意味着公司治理水平较高。其他研究认为强势股权可以减少投资者的监督成本或降低公司的特有风险（Merton，1987）。这体现了所有权集中的激励效应，即经济利益的一致性促使少数大股东有动力收集信息、监督管理者，并有足够的投票权给管理层施压甚至通过代理权之争或接管迫使管理层离任，从而解决了小股东“搭便车”行为和管理层与股东的代理问题。

但鉴于前文分析，随着公司大股东控制权的增加，公司治理的研究热点开始转向大股东与中小股东之间的利益冲突。所有权集中使大股东承担了过多的公司特有风险（Demsetz 和 Lehn，1985），大股东代表其自身的利益，但这不一定与其他股东、雇员和经理的利益一致（Shleifer 和 Vishny，1997）。控股股东有动机、有能力通过自利交易或其他财务手段转移企业资源，掏空公司，侵害其他股东利益。金字塔结构、交叉持股或多重投票权等方式引起的控制权与现金流权的分离是控股股东谋取私利、侵害中小股东利益的根源。分离程度越大，则信息不对称程度越大、买卖差价越大、流动性越差、股权资本成本越高（Chu，2008）。Denis 和 McConnell（2003）研究发现，控股股东除直接向公司委派管理人员可能造成损害中小股东的利益外，控股股东还通过隧道挖掘的方式侵占其他股东的利益，大股东的隧道挖掘行为导致公司价值下降。

但控股股东并不是一味地掏空，Friedman 等（2003）提出了“支持”（Propping）概念，通过理论模型证实，当公司受到负面冲击而处于破产或退市边缘时，控股股东可能会利用自有资金或资源支持公司，向公司输送利益，但这种支持行为是为了日后的利润分享与利益侵占。也就是说，当上市公司的财务状况比较差时，控股股东会实施支持行为来帮助上市公司渡过难关，而公司财务处于良好或者特别差状态时，则会出现掠夺现象。也有相反的观点，Cheung 等（2009），Peng 等（2011）的研究表明，在公司财务状况较差时容易出现支持行为，在公司财务状况良好时容易出现掏空行为。

在控股股东具体侵占方式上，Betrand 等（2002），Bae 等（2002）和 Cheung 等（2006）分别利用印度、韩国和中国香港市场的上市公司数据研究了控股股东关联交易，佐证了控股股东的掏空行为。La Porta 等（1999），Faccio 等（2001）从股利政策角度研究了控股股东的利益侵占，发现法制环境越差，股利发放越少。Faccio 等（2003）从债务融资角度研究了控股股东的利益侵占，发现在股权集中的上市公司进行债务融资并没有抑制公司内部代理问题，反而更有利于控股股东的利益侵占。

多个大股东相互制衡的股权结构是防止控股股东侵占行为的有效内部治理机制，Attig 等（2008）使用东亚和西欧国家的数据，研究发现除了控股股东以外的大股东数量和投票权的增加减轻了代理成本，降低了股权资本成本，对投资者法律保护较差的东亚国家的公司而言，多个大股东的制衡作用更显著，因此股权制衡可以弥补外部法制环境不健全的缺陷。当其他条件相同时，与单个大股东相比，多个大股东形成的控制联盟股份的增加可以内部化控制联盟的成本，因而存在多个大股东股权制衡结构的公司掠夺其他中小投资者利益的行为发生概率更低，能够减少控制权私有收益，从而增加公司价值；组成控制联盟可以共同分享控制权，共同分享控制权的行为意味着股东之间相互制衡的存在，有助于减少发生损害公司价值的决策行为。

除了股权结构以外，董事会监督和管理层激励也是解决代理冲突的有效机制。董事会为股东服务，主要功能是监督管理层行为，完善的董事会治理有利于解决代理问题，降低代理成本。Ashbaugh 等（2004）研究发现，董事会的独立性、董事持股比例与股权资本成本负相关，证实了理论预期。根据激励相容理论，管理层激励有利于促使管理层与股东利益的趋同。Huang（2005）研究证实，强股权可以降低代理成本进而降低股权资本成本，但强股权的股权资本成本降低效应对 CEO 持股比例高的企业不明显，证实了管理层激励机制的有效性。

与欧美成熟市场的公司治理主要基于第一类代理问题不同，在新兴市场，股东和经理之间的第一类代理问题实际上并不严重，第二类代理问题更为突出。我国股权相对更为集中，上市公司普遍存在金字塔股权结构，在控股股东控制权和现金流权严重偏离的情况下，处于优势地位的控股股东和中小股东之间经常出现严重的利益冲突。终极股东通过层层股权控制链条以较少的股本实现对上市公司的最终掌控，并常常指使其控股的其他企业与上市公司进行非法关联交易，或是任意挪用上市公司资金，或是操纵上市公司为其提供担保，进而实现对上市公司的剥夺，严重损害了中小股东利益。控股股东不仅通过董事会席位、薪酬契约、人事任免等股东权利实现对上市公司的控制，还可以以亲缘关系、信任等社会资本加强控制权，通过社会资本控制链与股权控制链错落有致交织在一起，不仅可以使上市公司真正的终极股东很难被监管部门发现，而且更加方便他们通过“地下”运作方式进行隧道挖掘（赵晶等，2010）。这体现了所有权集中的防御效应，我国公司治理的主要方面是控股股东与中小股东之间的第二类代理问题。

表2－5、表2－6和表2－7是2003～2019年全部A股上市公司所有权、控制权及其分离度。由表2－5可知，所有权均值和中位数在2006年开始有所下降，但随后又呈现上涨趋势。由表2－6可知，从控制权均值和中位数整体而言呈现下降趋势。2003～2019年，控股股东所有权均值为34.94%，控制权均值为40.09%，两权分离度均值为5.156%，说明我国A股市场两权分离程度较为严重。

表2－5　2003～2019年我国全部A股上市公司所有权　　单位：%

年份	样本量	均值	标准差	最小值	中位数	最大值
2003	727	37.56	18.67	1.703	35.84	85.00
2004	1288	36.54	19.13	0.502	34.76	85.00
2005	1352	33.95	18.61	0.606	31.11	81.19
2006	1412	31.03	17.09	0.541	28.51	98.86
2007	1565	30.75	17.65	0.409	28.17	100.00
2008	1646	30.96	17.37	0.239	29.03	86.71
2009	1684	33.19	17.72	0.608	31.05	93.61
2010	2060	34.38	17.98	0.364	32.08	99.32
2011	2302	35.05	17.63	0.228	33.51	92.27
2012	2412	35.52	17.48	0.228	34.53	89.40
2013	2418	35.84	17.49	0.000	34.7	92.26
2014	2517	35.37	17.05	0.228	34.17	89.89
2015	2703	34.98	16.69	0.166	33.75	99.00
2016	2989	35.54	16.88	0.000	34.02	95.72
2017	3331	36.11	16.80	0.002	34.74	95.60
2018	3384	36.46	16.77	0.000	34.94	90.37
2019	3526	36.10	17.07	0.000	34.4	100.00
合计	37316	34.94	17.43	0.000	33.33	100.00

资料来源：国泰安数据库。下同。

表 2－6　2003～2019 年我国全部 A 股上市公司控制权　单位：%

年份	样本量	均值	标准差	最小值	中位数	最大值
2003	727	41.68	16.54	7.020	40.00	85.00
2004	1288	42.07	16.56	6.140	40.56	85.00
2005	1352	40.06	16.25	2.380	38.10	81.19
2006	1412	37.16	15.28	6.880	35.51	98.86
2007	1565	37.04	15.92	4.830	35.70	100.00
2008	1646	37.14	15.99	1.800	36.10	86.71
2009	1684	38.85	16.31	4.550	37.23	93.61
2010	2060	39.71	16.58	2.060	38.59	99.32
2011	2302	40.35	16.26	2.060	39.44	92.76
2012	2412	40.88	16.20	2.060	40.05	89.57
2013	2418	41.10	16.24	0.000	40.37	95.48
2014	2517	40.49	16.00	1.080	39.63	100.00
2015	2703	39.84	15.60	0.760	38.42	99.00
2016	2989	40.14	15.89	0.001	39.04	99.99
2017	3331	40.72	15.82	0.017	39.76	99.00
2018	3384	41.05	15.78	0.002	39.98	98.27
2019	3526	40.75	16.18	0.000	39.41	100.00
合计	37316	40.09	16.09	0.000	38.96	100.00

表 2－7　2003～2019 年我国全部 A 股上市公司所有权与控制权的分离度

单位：%

年份	样本量	均值	标准差	最小值	中位数	最大值
2003	727	4.123	7.354	0	0.000	36.75
2004	1288	5.522	8.120	0	0.000	41.01
2005	1352	6.112	8.398	0	0.000	41.01
2006	1412	6.129	8.295	0	0.000	41.01
2007	1565	6.286	8.418	0	0.008	42.35
2008	1646	6.185	8.433	0	0.228	46.35
2009	1684	5.661	8.179	0	0.000	42.93

续表

年份	样本量	均值	标准差	最小值	中位数	最大值
2010	2060	5.333	7.846	0	0.000	39.84
2011	2302	5.295	7.841	0	0.000	39.84
2012	2412	5.351	7.969	0	0.000	40.17
2013	2418	5.259	7.842	0	0.000	39.84
2014	2517	5.123	7.702	0	0.000	39.84
2015	2703	4.858	7.540	0	0.000	36.18
2016	2989	4.595	7.340	0	0.000	39.63
2017	3331	4.603	7.401	0	0.000	53.32
2018	3384	4.591	7.468	0	0.000	53.32
2019	3526	4.648	7.515	0	0.002	60.32
合计	37316	5.156	7.805	0	0.000	60.32

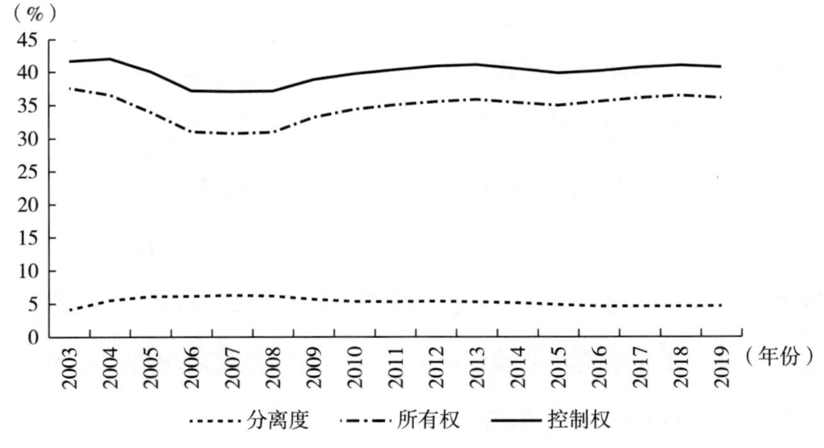

图 2 – 5　2003 ~ 2019 年我国 A 股上市公司所有权、控制权和两权分离度（均值）趋势

图 2 – 5 是 2003 ~ 2019 年我国 A 股上市公司所有权、控制权和两权分离度（均值）的趋势图，所有权和控制权均值从 2004 年开始有下降趋势，2009 年开始逐步回升，近几年较为稳定；两权分离度均值从 2004 年开始有略微增加趋势，

在2007年股权分置改革后有所下降，股权分置改革缓解了第二类代理问题，但两权分离现象仍然存在，近几年变化较小，较为稳定。我国A股市场对投资者保护的相关制度还不完善，控股股东侵占中小股东利益的现象仍然较为严重。

2.2.1.2 控股股东与信息披露

信息披露是有效资本市场“公平、公开、公正”三大原则之一——公开原则的必然要求，是消除上市公司与投资者间信息不对称的重要手段，公司信息披露机制的制定与执行直接影响到信息披露的数量和质量。高质量的信息披露提高了投资者对被投资企业的知情权，降低了信息不对称现象的存在，提高了股票流动性、降低了股权资本成本（Botosan和Plumlee，2002），修正了资本市场估值偏误，促进了资本市场发挥资源配置的功能。高质量的信息披露还可以降低第一类代理成本（Verrecchia，1990）、促进企业创新（李慧云等，2020）、降低股价崩盘风险（曹廷求和张光利，2020）。因而证券监督部门极其重视提高上市公司的信息披露质量，并使之成为保护中小投资者利益的有力工具。但控股股东控制了信息的生成与披露，导致会计信息质量下降（Fan和Wong，2002），控股股东现金流权与控制权分离度越大，控股股东越可能掩藏坏消息，股价崩盘风险越大（Bourveau和Schoenfeld，2017）。我国学者蔡宁（2012）以上市公司业绩预告前后的减持事件为研究对象，考察大股东利用信息优势的内幕交易问题，研究发现，大股东倾向于在业绩预告披露坏消息之前、好消息之后出售股份以获取更多私利，大股东利用特有信息优势择时交易。

2.2.1.3 控股股东与企业融资

自由现金流是指企业生产经营活动所产生的，在满足了净现值大于零的所有项目所需资金后的那部分现金流量。自由现金流理论建立在第一类代理理论基础上，即在股权结构较为分散的情况下，所有权与经营权相分离产生了管理层与股东之间的第一类代理问题。公司持有过多的自由现金流时，管理层为了控制权私利而进行过度投资、低效并购及在职消费，降低公司价值。融资约束理论则认为，公司融资约束使得自由现金流具有较高的持有价值，在融资约束程度较高的情况下，公司外部融资能力降低，融资成本提高，而且受外部经济政策不确定性的影响较大，未来的经营风险也较大。为了能够把握投资机会、降低破产风险，公司会主动持有更多的自由现金流。具有较多自由现金流的公司其财务弹性较大，能够尽可能抓住有利可图的投资机会。王红建等（2014）研究发现，当外部经济政策具有较大的不确定性时，公司持有较高的现金流水平，而且在代理问题较严重的公司中现金持有水平对外部经济不确定性的影响较为敏感。Kim 等（1998）设计的模型和实证研究表明，公司的外部融资约束越严重，其现金流的持有量越多。但当公司的自由现金流较多时，控股股东可控的公司资源增多，方便了控股股东的掏空行为。姜毅（2013）研究发现，当上市公司的第一大股东持股比例低于46%时，融资约束较强的公司持有更多的现金流，大股东的掏空行为也更加严重。何芳丽等（2016）研究发现，自由现金流为正时会引起控股股东的掏空行为。

融资优序理论认为，内部融资是公司资金来源的首选，如果需要求助于外部资金，则首先考虑债务融资，最后才是股权融资。但我国上市公司的融资规律并不符合融资优序理论，我国实施公司首选股权融资，其次是债务融资。有学者认为，出现这种现象的原因是股权融资成本低（黄少安和张岗，2001）。陆正飞和叶康涛（2004）认为，股权融资偏好还与自由现金流高低、控股股东持股比例、资产规模等企业财务特征有关。刘星等（2004）认为，国有企业改革不彻底、内部人控制是股权融资偏好的原因。我国上市公司的股权结构较为集中，控股股东可以通过其实际控制权影响公司的各种决策，为实现控制权私有收益，控股股东往往采取资金占用等方式掠夺上市公司。唐清泉等（2005）研究发现，第一大股东的持股比例越高，其对上市公司资金占用水平就越高，在企业集团作为控股股东的情况下，资金占用程度更高。高雷和张杰（2009）发现，股权集中情况下控股股东的资金占用行为更加显著，股权制衡难以起到约束作用。赵国宇（2013）

利用增发、配股、债务融资的上市公司为样本，研究发现在第一大股东控制下实施股权融资的上市公司其盈余管理程度更高，利用粉饰后的财务数据误导中小投资者投资；关联交易、资金占用行为变得更加容易，控股股东达到了将上市公司所筹集的资金进行转移的目的，从而非法侵占中小股东的利益，大股东的控制程度越高，盈余管理幅度越大、关联交易幅度越大、资金占用越多，控股股东利用股权融资行为实现了控制权隐性收益和财富转移，因此增发、配股后上市公司的价值下降的幅度越大。

2.2.1.4 控股股东与投资效率

我国上市公司股权较为集中，控股股东往往居于公司决策的主导地位，掌握了企业的财务政策和生产运营的最高权力，控制着企业资源的配置，其有动机与能力进行非效率投资，侵害中小股东利益。王鹏等（2006）研究发现，控股股东的控制权存在侵占效应，现金流权存在激励效应，随着控制权与现金流权的分离程度的增加，企业非效率投资行为更为严重。由于控制权私有收益与控制权成本的同时存在，控制权私有收益可能导致过度投资，为攫取控制权私有收益的成本可能导致投资不足，两者将同时对企业绩效产生不同程度的负面影响。因而，过度投资和投资不足导致的非效率投资行为均为大股东因牟取控制权私利侵占中小股东利益的表现形式。

俞红海等（2010）基于公司投资决策与投资行为视角，通过理论模型研究发现，股权集中的情况下，控股股东的存在导致了公司过度投资，控股股东控制权与现金流权的分离进一步加剧了过度投资，随着自由现金流水平的提高、控制权私利的增加，公司过度投资变得更严重。叶松勤和徐经长（2013）从过度投资和投资不足两方面度量投资非效率，研究发现大股东持股比例越高，企业非效率投资越严重。在目前我国资本市场有效程度较低的情况下，中小投资者难以识别上市公司的盈余信息质量，控股股东为最大化自身利益有强烈动机进行盈余管理以获取控制权私利。罗琦和肖逸（2015）考虑了控股股东的盈余管理因素，研究发现，控股股东的盈余管理行为会导致公司过度投资，这种现象在非国有企业中更为强烈。

企业研发投入也是重要的投资方向之一。研发投入推动了企业创新，进而推动了企业高质量发展研发创新需要巨额资金资源支持，而研发结果却常常难以预料并伴随巨大风险，被第二类代理问题左右的控股股东及其操控的公司管理层可能缺乏持续进行高水平公司创新投资的意愿，因而控股股东控制权和现金流权分离度越大，企业研发投入水平越低，提高其他大股东持股比例有助于推动上市公司更多地进行研发和创新投资，但这种股权制衡的积极作用只在民营企业中存在（左晶晶等，2013）。但也有学者否定了其他大股东股权制衡的积极作用，对家族企业而言，基于血缘、亲缘关系，控股股东和家族非控股大股东更容易形成股东联盟，实现对上市公司的联合控制，基于共同的利益追求，相互合谋滥用公司资源，反而导致了过度投资和投资不足，相比而言，股东合谋更容易导致家族企业的过度投资（吕怀立和李婉丽，2015）。

2.2.2 控股股东股权质押研究综述

1997 年亚洲金融危机爆发，股市进入熊市，大量上市公司股价跌破平仓线，公司陷入财务困境，银行业遭受巨额损失。在此背景下，台湾学者掀起了股权质押的研究热潮。例如，Kao 和 Chen（2007）研究发现，董监事股权质押与盈余管理正相关，损害公司业绩。Chen 和 Hu（2007）考察公司业绩与控股股东股权质押，研究发现股权质押将个人财富与控股公司股权绑在一起，控股股东股权质押越多，上市公司风险越大，导致投资无效，业绩越差。这些研究主要关注股权质押与公司价值的关系、股权质押对盈余管理的影响。发达资本市场股权分散度高，股权质押多见于管理层。Dou 等（2015）研究发现，当管理层、董事会成员股权质押宣告时，市场反应消极，质押降低了管理层风险承担水平，进而降低了托宾 Q 值和公司价值。

2013 年开始，我国 A 股上市公司的股权质押渐渐增多，尤其近几年上市公司股权质押业务得到大力发展，且控股股东股权质押业务占比较高，控股股东的财务行为直接关系到上市公司的发展，因而受到了学者的广泛关注和研究。

现有文献从信息质量、代理问题、财务政策等方面关注了股权质押的经济后果。股权质押后，上市公司会采用盈余管理手段（Kao 和 Chen，2007；王斌和宋春霞，2015；谢德仁和廖珂，2018）、干预信息披露来稳定或提升股价，降低了股价崩盘风险，但也降低了股价信息含量（谢德仁等，2016；李青原和幸伟，2017）。股权质押加剧了代理问题，恶化了控制权和现金流权分离，控股股东更有动机侵害中小股东利益，掏空上市公司（郝项超和梁琪，2009；郑国坚等，2014）。股权质押还会改变企业财务决策，质押股权的管理层会利用经营权改变资金的运作方式，增大财务危机（Chiou 等，2002）；创新活动的不确定性加大了股价的波动风险，控股股东质押后，为降低控制权转移风险，公司拒绝高风险、高收益的投资机会，降低研发投入，尤其是对实质性创新的抑制作用更强（张瑞君等，2017；李长青等，2018；杨鸣京等，2019）；控股股东股权质押后，上市公司偏好高送转的股利政策，减少现金分红（廖珂等，2018），现金持有水平也会随着持股比例而呈 U 型关系，损害公司价值（李常青等，2018）。

股权质押本身是中性的，除了以上的负面效应外，还可能产生正面或中性效应。因担心失去控制权，民营企业有更大的激励改善业绩（王斌等，2013）；债权银行利用会计信息甄别股权质押项目，这促使信息质量的提高（谭燕和吴静，2013）；股权质押公司还会引发媒体关注，提高违规后被稽查的概率，因而降低了违规倾向（吕晓亮，2017）；在代理风险小的公司里，控股股东股权质押下的税收规避兼顾了控股股东和公司的利益，是稳定提升股价的长久之计（王雄元等，2018）。

本书从信息披露、盈余管理、企业投资、审计师决策等方面研究股权质押对上市公司的影响。

2.2.2.1 控股股东股权质押与信息披露

信息在资本市场上发挥着重要作用，是稳定和提升股价的有力工具，可以降低信息不对称和逆向选择成本（Diamond 和 Verrecchia，1991；Coller 和 Yohn，1997）、降低资本成本（Botosan，1997；Easley 和 O'Hara，2004）、调整分析师和投资者预期（Ajinkya 和 Gift，1984；Hutton 等，2003）。控股股东股权质押后自然离不开通过信息披露进行市值管理。李常青和幸伟（2017）较早地研究了此类问题，将临时公告分为好消息和坏消息，研究发现控股股东股权质押的上市公司会在交易日披露更多好消息，在非交易日披露更多坏消息，但投资者关注、连续质押会降低控股股东对信息披露的干预，且只有股价下跌至平仓线附近时控股股东才会干预信息披露。随后的文献对控股股东股权质押与信息披露进行了持续的研究。

钱爱民和张晨宇（2018）研究了控股股东股权质押情境下管理层自愿性业绩预告披露，发现控股股东股权质押期间上市公司披露更多的业绩好消息而隐藏坏消息，卖空机制和机构投资者可以约束坏消息的掩藏。马宏和刘心怡（2020）将披露的信息根据内容划分为经营性好消息、坏消息和非经营性好消息、坏消息，以股权质押日后披露的信息距离股权质押日的时间间隔长短作为及时性判断标准，以中小企业版上市公司为例，研究发现股权质押后上市公司的更多好消息倾向于在交易日披露，更多坏消息倾向于在非交易日披露，披露好消息尤其是经营性好消息能够提升股价、稳定市值，但通过交易日披露好消息、非交易日披露坏消息来稳定甚至拉升股价的长期效果并不显著。黎来芳和陈占燎（2018）以深交所信息考核结果度量信息披露质量，研究发现控股股东股权质押降低了信息披露质量，信息不对称程度提高，相比较而言，非国有企业的信息披露质量更差。张晨宇和武剑锋（2019）基于信息违规披露视角，研究发现控股股东股权质押提高了上市公司违规披露的可能性，这种影响在投资者保护较弱、非国有企业和无政治关联企业中更为显著，卖空机制和机构投资者可以约束该负向作用。

会计信息可比性是会计信息质量的基本特征之一，指具有相同或相似经济业务的企业是否在其会计系统中被同等计量和报告。提高会计信息的可比性有助于会计信息使用者对同一企业不同时期或同一时期不同企业的财务状况和经营成果进行纵向或横向比较，帮助信息使用者提升决策效率，优化决策。现有研究发现，CEO变更会降低公司的会计信息可比性，且对于非国有企业和外部继任的CEO，该影响更加显著（张霁若，2017）。审计师变更会降低公司的信息可比性且前任审计师任期越长，审计师变更对公司会计信息可比性的负面影响越大（谢盛纹和刘旸晖，2016）。高管存在联结关系的公司间会计信息可比性更高，且当高管任职公司财务负责人时，这种影响更为显著（周晓苏等，2017）。控股股东股权质押也会影响会计信息的可比性，田高良等（2020）研究发现，出于降低信息不对称、对股价下跌风险的担忧，债权人会要求质押公司提高会计信息可比性，股权质押的控股股东也有动机和能力迎合债权人提出的提高会计信息可比性的要求，减轻信息不对称程度，缓解融资约束，以便获得持续出质的更多优惠条件，而且控股股东可以通过董事会等治理机制监督控制管理层，将债权人提升公司会计信息可比性的要求诉诸管理层，因而控股股东股权质押后提高了上市公司的会计信息可比性。

年报信息的可读性是指会计信息的文本形式的阅读难度（Jones，1995），其可以用文章难易程度的迷雾指数（Li，2008）、年报文件大小（Loughran 等，2014）、年报页码（Leuz 等，2009）、会计术语密度（王克敏等，2018）、主成分分析法（Guay 等，2016）等不同方法来度量，可读性差的年报会恶化公司的信息环境，降低对公司的估值（Rennekamp，2012）、提高风险溢价（Ertugrul 等，2017）。逯东等（2020）从年报信息的可读性入手，研究发现控股股东股权质押的上市公司的年报可读性更差，这种负向影响在非国有企业和业绩较差、股价崩盘风险较高、控股股东影响力较大的企业中更显著。

2.2.2.2 控股股东股权质押与盈余管理

盈余管理是管理层在会计准则的允许范围内通过调整对外披露的会计收益信

息，以使主体自身利益最大化的行为。Healy 和 Walen（1999）将盈余管理分为应计性盈余管理和真实性盈余管理，前者是指管理层利用会计准则对会计政策和会计估计的选择权，调节操控公司对外披露的会计盈余；后者是指公司管理层采取一定的措施，构造真实的交易或干预公司交易活动的发生时间，进而改变现金流的分布，并影响对外披露的会计盈余或者那些基于会计信息的契约。相比较而言，应计性盈余管理主要利用会计手段，例如研发费用资本化、折旧方法、收入费用的确认时间、金融资产的重分类等，这些对会计政策和会计估计的应用不影响公司的真实经营业务，实施起来较为方便，但易于被识别和监管。而真实性盈余管理会影响企业的真实经营业务，例如增加或减少产品数量进而影响销售成本和存量成本，增加或减少研发费用、宣传费用或职工培训费用等，通过价格折扣或信用政策来操控销售，处置非流动资产等，这些真实的交易不仅影响当前的现金流，甚至还会影响公司的未来发展，操控空间更大更灵活，且难以被识别，容易逃避监管。

谭燕和吴静（2013）较早研究了控股股东股权质押下上市公司盈余管理行为，认为资金融出方会借助于财务信息来甄选股权质押贷款，在合约激励假说下研究发现股权质押的上市公司盈余管理水平低于未质押的上市公司，连续质押的上市公司盈余管理水平低于非连续质押的公司。该结论认为股权质押在银行信贷决策中起到了治理作用。但后续的此类研究从第二类代理问题，即控股股东私人收益角度得出了相反的结论。王斌和宋春霞（2015）认为，盈余质量是控股股东股权质押融资的保证，质权人会选择盈余质量高的上市股权，盈余质量越高，越能够融到更多资金，应计性盈余管理容易被识别，因而控股股东股权质押下应计性盈余管理水平低；为了确保盈余水平方便融资，真实盈余管理难以被识别，因而控股股东股权质押下真实性盈余管理水平更高；国有企业融资较为便利，以上影响在国有企业中被弱化。谢德仁等（2017）发现，控股股东股权质押的上市公司更可能通过开发支出资本化来进行正向盈余管理。陈德萍和陆星廷（2017）以创业板上市公司为研究对象，对比了上市公司控股股东股权质押前后盈余管理情况，发现类似结论，即控股股东股权质押的上市公司向上的真实性盈余管理水平更高，股权制衡可以削弱股权质押的不利影响。谢德仁和廖珂（2018）对此类问题以A股上市公司为样本也进行了研究，发现控股股东股权质押的公司向上的盈余管理水平程度更高，这种影响在非国有企业和股权制衡较弱的公司更显著。

核心盈余即经常性盈余，具有更高的价值相关性，分类转移盈余管理就是通过改变经常性损益和非经常性损益的分类结构来达到操纵核心盈余的目的，该方式仅影响核心盈余而不影响净利润，隐蔽性更强。张雪梅和陈娇娇（2018）研究认为，股权质押的控股股东有动机维持并提升股价，传递利好消息，以提供上市公司持续经营的信号，因而会进行分类盈余管理，而且是增加核心盈余的向上分类盈余管理，并且证实了核心盈余的增加提升了股价，获得了大规模的质押融资。

2.2.2.3 控股股东股权质押与企业投资

投资活动是企业创造价值的重要活动，只有投资于回报率高于资本成本的项目才能为股东和企业创造价值。正因为投资活动的重要性，现有研究从宏观的经济政策、中观的行业竞争、微观的公司治理角度研究了投资效率的影响因素及经济后果。非效率投资是指源于信息不对称或代理冲突导致的投资不足或投资过度。其中，由于管理层与股东的利益冲突，当股权分散时，管理层拥有更大的权力，会构建商业帝国；由于债权人与股东的利益冲突，当股权较为集中时，股东仅承担固定风险因而倾向于投资高风险高收益项目。

在股权质押情境下，为了维持股价，控股股东会利用过度投资找到业绩增长点（谢露和王超，2017）。胡旭微和彭晓欢（2019）也得出了相同的结论，股权质押的控股股东会通过投资于高风险项目来吸引投资者的关注，质押比例越高，上市公司过度投资越严重。李贤等（2020）研究发现，控股股东为维持股价会选择短期并激进的投资机会，并会蹭热点地频繁投资，进而出现投资过度现象，尤其是当质押资金投向上市公司体外时会显著造成过度投资，加大投机活跃度。

有的学者不仅考虑了过度投资，还考虑了投资不足。朱新蓉和熊礼慧（2020）加入内部控制要素，研究发现控股股东股权质押弱化了公司治理、加剧了融资约束，进而导致投资不足，但并没有导致过度投资；较高的内部控制水平可以缓解这种负向影响。侯婧和朱莲美（2018）用投资现金流敏感性度量投资效率，也发现控股股东股权质押后增强了过度投资。杨松令和田梦元（2019）在金融错配背景下发现，当企业融资成本低于行业平均水平时，控股股东股权质押会导致过度投资；当企业融资成本高于行业平均水平时，控股股东股权质押会导致投资不足。柯艳蓉和李玉敏（2019）研究发现，控股股东股权质押降低了投资支出——投资机会敏感性，恶化了过度投资和投资不足，尤其是投资机会较差的企业的过度投资和投资机会较好的企业的投资不足；对于投资机会较好的公司，控股股东股权质押对增长期权价值效应不显著，对于投资机会较差的公司，控股股东股权质押负向影响了公司清算期权价值。

柯艳蓉等（2019）进一步将投资分为金融投资和实业投资，当控股股东股权质押比例较低时，在激励效应下，控股股东出于企业整体发展前景而投资于提升企业价值的固定资产和无形资产等专用资产中，并且在融资约束下会减少金融资产来支持实业发展；当控股股东股权质押比例较高时，激励效应减弱，控股股东的掏空动机更强烈，虽然实业投资会推动长远发展，但回收期长、流动性差，难以短期提高业绩，金融投资短期内为企业带来收益，满足控股股东维持股价的动机，此时实业投资减少而金融投资增加。因此，控股股东股权质押与金融投资、实业投资分别呈现出 U 型和倒 U 型关系。

不少学者专门研究了股权质押对创新投入、创新产出的影响。在创新投入的研究方面，张瑞君等（2017）研究发现，控股股东股权质押后厌恶风险，研发过程漫长、风险大、投入多、调整成本高，因而会减少研发投入，金字塔层级链条越长，这种负向关系越显著。李常青等（2018）进一步研究发现，控股股东股权质押减少了创新投入，而且控股股东持股比例越低时，控制权转移风险越大，对创新投入的负向影响越显著；两职合一更方便控股股东影响上市公司，对创新投入的负向影响越显著。朱磊等（2019）以创业板上市公司为对象，研究发现控股股东质押比例越大，创新投入越少，这种负向影响主要存在于非国有控股企业和高持股比例企业中。

在创新产出方面，文雯等（2018）研究发现，控股股东股权质押抑制了创新产出，而且控股股东股权质押对创新产出的负向影响在高科技行业、非国有企业、货币政策紧缩期时更显著。创新产出的质量并不相同，发明专利等实质性创新可以推动技术进步，而实用新型专利和外观类专利等策略性创新只是追求创新数量和速度，杨鸣京等（2019）进一步将创新产出分为实质性创新和策略性创新，并考虑了货币政策的不确定影响，研究发现控股股东股权质押对创新产出的抑制性具有持续性，货币政策的不确定性加剧了这种抑制作用；与策略性创新相比，实质性创新需要付出更多的投入、风险更大、时间更长，因而控股股东股权质押对实质性创新的抑制作用更显著。March（1991）将创新分为突破式创新和渐进式创新，其中，突破式创新是颠覆或重构现有知识和技术，在产品等方面获得重大突破的创新，风险大、投入高、难度大；渐进式创新是对现有产品服务的小幅度的调整，风险小、投入低、更容易成功。万赫等（2020）研究发现，控股股东股权质押抑制了突破式创新，但并没有影响渐进式创新；股权制衡可以削弱这种负向影响。

2.2.2.4 控股股东股权质押与审计师决策

控股股东股权质押提高了代理成本进而增大了企业通过信息、盈余管理等途径影响市价的可能性，审计师出于降低审计风险也会随之调整审计决策。

张龙平等（2016）较早研究了控股股东股权质押对审计师的定价影响，研究发现，审计师识别了控股股东股权质押对上市公司带来的盈余管理、信息操纵、侵占上市公司资源的风险，审计师对此类上市公司索要了更高的审计收费，质押比例正向影响审计定价，这一影响在民营企业、四大审计的企业和法制环境较好的地区更显著。张俊瑞等（2017）进一步研究了对审计意见的影响，研究发现质押比例越高越可能被出具非标准审计意见。翟胜宝等（2017）进一步分析了中介影响，研究认为上市公司控股股东股权质押业务通过加大审计的业务风险审计风险，进而加大了审计师的投入、提高了审计风险、出具更多的非标准保留意见，这种现象在国有企业中显著弱化、在四大审计事务所中显著增强。任莉莉和张瑞君（2018）研究发现，控股股东股权质押造成审计延迟、提高审计定价。徐会超等（2019）从审计师的选择角度研究发现，为了避免高质量的外部监管风险，控股股东股权质押的上市公司更可能选择低质量的审计师，且在选择非四大审计事务所后进行了更多的盈余管理、真实盈余管理。

将审计质量作为调节变量，潘临等（2018）研究发现，控股股东股权质押的上市公司获取的商业信用更低，这种负面影响在低质量审计中显著存在，在高质量审计的公司中并不显著。吴先聪等（2020）研究发现，控股股东股权质押的上市公司债务融资成本显著增加，但外部审计可以提高信息透明度，因而高质量的审计可以缓解这种负面影响；但控股股东股权质押的高比例对债务融资成本的负向作用不受审计质量的影响，因而审计质量对控股股东掏空行为的监督作用有限。

2.2.2.5　控股股东股权质押与其他市值管理行为研究

除了通过信息披露、盈余管理等手段防范控制权转移风险外，上市公司还会通过税收规避、慈善捐赠、投资者关系管理、并购业绩承诺等手段来维持股价、规避控制权转移风险。

王雄元等（2018）研究发现，控股股东股权质押的上市公司税收规避的可能性更大，对于控制权转移风险大、掏空程度低、融资约束水平低、向上盈余管理程度高、董事会规模小、独立董事比例低、管理费用率高的上市公司而言，控股股东股权质押提高上市公司税收规避的可能性更显著。任碧云和杨克成（2018）

研究发现，控股股东股权质押后增持可能性提高，但只是象征性的表象增持，说明增持是稳定股价、进行市值管理的工具。宋岩和宋爽（2019）研究发现，控股股东股权质押后更可能进行市值管理，股权激励起到了中介传导作用。富钰媛和苑泽明（2019）研究发现，控股股东股权质押促进了上市公司的慈善捐赠。胡珺等（2020）研究发现，控股股东股权质押后，出于抬高股价、寻租动机，上市公司的慈善捐赠水平更高，当股票市场是熊市、股价更接近平仓警戒线时，股权质押对慈善捐赠的影响更显著，当盈余管理水平较低时，该正向影响更显著，说明慈善捐赠是盈余管理等受限时的策略性行为。马连福和张晓庆（2020）从投资者关系管理入手，研究发现控股股东股权质押后，上市公司优化了沟通保障、加强了网络沟通、电话沟通和现场沟通，进而提高了公司投资者关系管理水平，股价崩盘风险和股价收益率波动也随之降低。徐莉萍等（2020）从并购业绩承诺角度研究发现，为了稳定股价，控股股东股权质押后签订的业绩承诺金额更高、承诺期更长，起到了市值管理作用，并会通过盈余管理行为来实现业绩承诺；控股股东的控制力能够增强股权质押与业绩承诺之间的正向效应，而证监会对重大资产重组的重点监管能在一定程度上发挥治理作用。

2.2.2.6　控股股东股权质押与其他经济后果研究

除了会影响企业投资、审计师决策外，控股股东股权质押还会影响资本市场质量、上市公司资金持有、股利政策等财务政策和股价崩盘风险、风险承担、融资成本等。

在资本市场方面，罗进辉等（2020）以2015年6月29日至7月9日发生的“千股停牌”事件作为研究背景，研究发现在千股跌停期间，存在控股股东质押股权的上市公司申请停牌的可能性更大，停牌的时间更长，复牌后市场反应显著为正，说明为防止控制权转移风险，股权质押后控股股东存在操纵停牌的动机和能力，损害了市场流动性和资源配置效率。郭思永和杨鲁（2020）认为，股权质押降低了信息质量、引起长期停牌，股权质押的顺周期性和加杠杆提高了不确定性进而降低了股票流动性，进而降低了证券市场质量。冯晓晴等（2020）研究认为，控股股东股权质押减少了特质性信息披露，提高了股价同步性，控股股东质押比例较高，这种影响更显著。当质押资金投入上市公司之外、信息透明度更低的企业时，这种影响更显著，即控股股东股权质押损害了资本市场信息效率。李玉龙（2018）研究发现，高比例的股权质押率会造成更大的经济波动，影响宏观经济的稳定。

熊海芳等（2020）基于2018年3月12日起开始实施的质押新规，从市场股价波动率、停牌交易日占比、股票收益率、流动性四个方面度量股票市场质押，研究发现，质押新规设置质押比例上限在短期内降低了股票收益率和流动性，提高了波动率，对停牌日期占比没有显著影响；对控制权转移风险较高的公司而言，质押新规降低了股票收益率；对控制权转移风险较低的公司而言，质押新规提高了个股的流动性；盈余管理和股东持股行为机制在质押新规与股票市场稳定性之间起到了传递作用。

在现金持有和股利政策方面，郑国坚等（2014）发现，股权质押后控股股东更可能占用上市公司的资金，进而降低了企业价值。李常青等（2018）考虑了控制权转移风险的大小，研究发现当股权质押比例小于临界值时，控股股东存在掏空动机，占用上市公司资金导致上市公司现金持有水平降低；当股权质押比例大于临界值时，为规避控制权转移风险，控股股东会让上市公司持有更多现金，提高了上市公司现金持有水平，因而控股股东股权质押比例与上市公司现金持有呈现出U型关系。廖珂等（2018）研究发现，为了让上市公司持有更多现金，控股股东股权质押后更倾向于高送转的股利政策，回避或降低现金股利分红。黄登仕等（2018）也发现，出于高送转对股价的提升作用，控股股东质押股权的上市公司更可能采用高送转方式发放股利，质押比例越高、股价下跌风险越大的上市公司更可能推出高送转。何平林等（2018）得出相似的结论，控股股东或者重要股东股权质押的上市公司更可能出现股票送转。但宋迪和杨超（2018）得出了相反的结论，研究认为股票股利可能会在短期内引发恐慌、降低股价，反而会加大控制权转移风险，因而控股股东股权质押比例越高，上市公司的现金分红越多、股票股利越少。

在股价崩盘风险方面，谢德仁等（2016）较早展开了研究，发现出于防范控制权转移风险，控股股东股权质押通过盈余管理方式稳定股价，降低了股价崩盘风险，但由于业绩并没有真正提高，控股股东解除股权质押后，上市的股价崩盘风险反而提高。荆涛等（2019）认为，单纯的控股股东股权质押不会引发股价崩盘风险，其原因是质押减少了市场流通股的供给。夏常源和贾凡胜（2019）得出了相反结论，认为控股股东股权质押后并不会因为盈余管理而排除风险，反而会加重市场信息不透明，进而提高了股价崩盘风险，当分析师关注人数和媒体关注较多时，控股股东股权质押与股价崩盘风险关系越弱，说明市场信息不透明引发的投资者猜测和恐慌是影响引起股价崩盘风险的原因。邵剑兵和费宝萱（2020）也发现，控股股东股权质押提高了股价崩盘风险，真实性盈余管理起到了正向的调节作用。杨松令等（2020）考虑了同伴的传染效应，研究认为控股股东股权质押存在显著的行业和地区同群效应，该同群效应加大了上市公司股价崩盘风险，股权制衡力量较弱、外部市场环境不确定程度高是引起同群效应的驱动因素。

在企业风险方面，何威风等（2018）研究发现，控股股东股权质押引起的控制权转移风险、股价崩盘风险和代理问题会使得企业采取保守的经营战略，降低了上市公司的风险承担水平。储溢泉和倪建文（2020）研究发现，股权质押所表征的控股股东的信用风险传导给了上市公司，提高了上市公司的债券信用利差，当控股股东持股比例高、存在关联交易和关联担保时，这种不利影响更大。

在融资成本方面，王化成等（2019）研究发现，控股股东股权质押引发了控股股东对上市公司的资金侵占，通过控股股东掏空行为降低了股权资本成本，控股股东股权质押正向影响股权资本成本的关系在股价崩盘风险较高组、资本市场是熊市时、信息质量较低组更显著。欧阳才越等（2018）研究发现，控股股东股权质押提高了债券信用利差。张雪莹和王聪聪（2020）得出相似的结论，控股股东股权质押降低了债券发行的信用评级，提高了债券信用利差，进而债券融资成本加大，当控股股东持股比例较低、股价崩盘风险较高时，控制权转移较大，该控股股东股权质押与发债成本的负向关系更显著。

在企业价值方面，郝项超和梁琪（2009）从实际现金流权和控制权分离程度角度研究发现，控股股东质押后不改变其控股地位，两权分离程度加大，弱化了激励效应，扩大了控制权杠杆的效应，强化了侵占效应，降低了企业价值。沈冰和陈锡娟（2019）研究发现，控股股东股权质押公告引发了市场的消极反应，这种反应在熊市时更为剧烈。杜勇等（2018）认为，控股股东股权质押对亏损公司扭亏有积极的正向影响，表现在提高了亏损公司异常非经常性损益和报告微利的概率，增加了亏损公司再次亏损的概率，因而可能存在通过粉饰报表来实现短期扭亏的可能，但对扭亏的持续性没有起到作用。夏一丹等（2019）研究发现，控股股东股权质押比例越高，每股收益、主营收入回报率和总资产报酬率越低，当上市公司经营状况不良时，这种影响更显著；债权人、现金股利政策抑制了控股股东股权质押比例对企业业绩的损害，可以发挥对控股股东股权质押的治理效应。姜付秀等（2020）研究发现，多个大股东可以抑制控股股东股权质押后的关联交易，提高质押后的会计盈余信息质量，降低质押后的股价崩盘风险，减少质押后的分析师降级调整。

在企业激励和内部控制方面，李常青和幸伟（2018）研究认为，控股股东股权质押降低高管薪酬业绩敏感性，弱化和扭曲了激励契约，恶化了代理问题。富钰媛等（2019）研究发现，控股股东股权质押降低了上市公司的内部控制质量，质押比例和质押频率加重了这种负向影响；控股股东股权质押对内部控制质量的抑制作用发生在投资者保护程度较低组。

现有大部分研究都认为股权质押这种融资方式提高了控股股东的侵占动机，加重了第二类代理问题，对资本市场和上市公司本身带来了不良的经济后果，但也有学者发现了其积极后果。王斌等（2013）研究发现，民营企业从信贷机构融资难迫使民营企业控股股东通过质押股权融资，与国有企业相比，民营企业质押率高，在控制权转移风险的高压下，民营企业有更强的激励改善公司业绩，而不是一味地掏空上市公司。李旎和郑国坚（2015）从股票回报率度量市值管理角度研究认为，市值管理有助于控股股东股权质押，进而减缓了对上市公司的非经营资金的侵占。吕晓亮（2017）研究发现，控股股东股权质押提高了上市公司违规后被稽查的可能性，降低了企业违规的倾向。林艳等（2018）研究发现，股权质押提高了公司业绩。资本结构优化有助于提高股东回报率、降低财务风险。邓卫红（2020）从资本结构调整角度研究发现，控股股东股权质押后将资本结构调整作为市值管理工具，提高了上市公司的资本结构动态优化调整速度。

在股权质押的动机方面，徐寿福等（2016）从股票市场和信贷市场角度研究了股权质押的动机，研究发现股票错误定价、信贷市场宽松、信贷成本低时，控股股东更可能质押股权，质押比例更大。黄宏斌等（2018）研究发现，股权质押存在择时效应，投资者情绪高涨时，控股股东更可能质押股权。经济政策不确定性通过激励效应和选择效应影响上市公司的财务决策，程晨和陈青（2020）研究发现，适度合理的经济政策调整有利于股权质押发挥积极的融资作用，但经济政策不确性程度过高时，降低股权质押意愿，因而经济政策不确定性与股权质押比例呈现倒 U 型，即经济政策不确定性对控股股东股权质押程度的影响是先促进后抑制，投资者情绪发挥了中介传导作用。

2.3 本章小结

本章首先梳理了我国有关部门发布实施的股权质押业务相关规章制度，介绍了股权质押业务的流程，并从我国 A 股上市公司股权质押规模、股权质押公司数量和产权性质、上市公司板块、质权人分类角度分析了 2005 ~ 2019 年的发展趋势，研究发现我国股权质押业务在 2013 年后进入急速增长期，但由于股价波动频繁、一些质押股权被强制平仓，这些给资本市场带来了较大的金融风险，在去杠杆和证监会 2018 年发布的质押新规影响下，股权质押业务开始有所减少。

学术界近几年对此问题展开了集中研究，本章首先总结了委托代理理论的研究演进，从我国所有权、控制权和两权分离度的发展趋势分析了第二类代理问题，从信息披露、盈余管理、企业投资、审计师决策等方面回顾了控股股东股权质押的相关文献。还有一系列问题需要进一步关注：控股股东股权质押对上市公司业绩预告披露会产生怎样的影响？控股股东股权质押是否会降低用会计稳健性度量的会计信息质量？控股股东股权质押前和质押后的会计稳健性程度有什么不同？控股股东股权质押是否会加剧上市公司的融资约束？融资约束表现在融资成本方面还是融资规模方面？鉴于此，本研究将对上述问题进行实证检验。

3　控股股东股权质押与业绩预告披露

本章以 2005 ~ 2019 年我国 A 股上市公司为样本，研究控股股东股权质押对上市公司业绩预告的披露性质、披露频率与精确度的影响，分析了产权性质、持股比例、董事会、股市周期、控制权转移风险对该影响的调节作用，并从股权资本成本角度分析了业绩预告和控股股东股权质押的经济后果。

3.1　引言

在众多的会计信息中，盈余信息是投资者进行股票估值最为重视的信息之一（谢德仁和廖珂，2018）。业绩预告提前向市场释放盈余信息，发挥着防范股价过度波动、稳定资本市场的作用。我国于 1998 年开始设立业绩预告披露制度，股票上市规则规定，当发生亏损、净利润比上年同期上升或下降 50%、扭亏为盈时，除了可以豁免的少数情况外，上市公司应当及时进行业绩预告。虽然股票上市规则规定了强制性业绩预告的具体情形和提交的文件，但管理层对披露内容、方式等仍然有较大的自由裁量权。除了强制性业绩预告外，上市公司还会自愿披露业绩预告，且在业绩预告中的占比逐年提高。2017 年，全部 A 股上市公司进行业绩预告的企业有 2804 家，占 A 股上市公司总数量的 80. 53%，业绩预告总次数为 8347 次，自愿预告占比从 2005 年的 30. 04% 增加到 2017 年的 42. 36%，进行业绩预告的企业年度内平均预告次数从 2005 年的 2. 28 次增加到 2017 年的 2. 98 次，说明上市公司管理层越来越重视业绩预告的披露。

前期研究关注内部人利用私有信息进行内部交易，获取超额回报（Jaffe，1974），即信息引导交易。随后的研究发现，内部人并不是单靠私有信息获利，他们还会将信息披露与内部交易结合起来，利用公共信息择时交易以最大化个人财富，管理层在披露好消息后减持股票，在披露坏消息后增持股票（Penman，1982）。此外，管理层也不是被动地应对公共信息，而是主动地披露管理信息，从事内部交易并获利是策略性披露的动机。从交易引导信息披露出发，管理层在内部交易前改变了自愿披露的频率，当市场难以识别业绩预告错报时，管理层在减持股票前发布乐观信息的可能性增大，管理层在增持股票前发布悲观信息的可能性增大，当增持者或减持者是 CEO 时，这种影响更显著（Rogers 和 Stocken，2005；Cheng 和 Lo，2006），高管减持期间媒体关注度和报道倾向异常上升（易志高等，2017）。控股股东对管理层能够施加重大影响，Ertimur 等（2014）研究发现，企业在 IPO 期间披露不利预告的倾向要低于其他正常期间，当风投、私募和对冲基金等大股东出售股权的动机较强时，业绩较差的公司会延迟披露坏消息，尤其是诉讼风险较低、不确定性较大的公司表现得更为显著。该文献还证实了管理层拖延坏消息的披露不是为了自身利益，而是为了股东利益，说明控股股东的交易动机改变了管理层披露决策。我国企业控股股东在交易和私利驱动下影响信息披露的行为常有发生，大股东在减持前和减持年度，上市公司发布积极业绩预告的可能性和次数增多（鲁桂华等，2017），控股股东股权质押促使企业发布临时公告的好消息更多，并实现了提升股价的目标（李青原和幸伟，2017）。

李青原和幸伟（2017）的研究为股权质押的控股股东策略性信息披露提供了

经验证据，但临时公告信息覆盖内容多，并没有消息好坏的统一标准（吴育辉和吴世农，2010）。业绩预告分类分为续盈、预增、略增、扭亏、首亏、续亏、略减、预减，分类明确，盈利或扭亏为盈意味着公司的经营状况或发展前景良好，是好信息；亏损或预减意味着公司的经营状况出现问题或发展前景堪忧，是坏消息，因此能够给资本市场释放出更明确的信号，本书关注股权质押的控股股东是否会利用控制权来影响业绩预告披露。

本章以2005～2019年全部A股非金融类上市公司为研究样本，分析了控股股东股权质押对上市公司代理成本和业绩预告披露的影响。实证研究发现，控股股东质押后，积极业绩预告的披露次数增多，精确度下降，控股股东股权质押降低了第一类代理成本，提高了第二类代理成本，第二类代理成本在股权质押与业绩预告精确度之间发挥了部分中介传导作用。本研究的主要贡献在于：第一，基于第一类代理问题的管理层利益追求并不是信息披露的唯一动机，控股股东通过所有权、董事会席位、高管薪酬契约或与管理层的关系等可以影响管理层决策，本章以股权质押为背景，研究了控股股东私利驱动下的策略性信息披露行为，丰富了内部人信息披露管理的研究。第二，控股股东利用控制权能够轻而易举地获取私利，因而控制权是控股股东极其重视的权力（王雄元等，2018），质押时的融资规模、质押后的控制权转移风险都会激励控股股东想方设法维持或提升股价。现有文献已经从股权质押的动机、经济后果等方面进行了开拓性的深入研究，但对控股股东的市值管理行为关注得还不够充分，本章基于业绩预告披露视角，为此类研究提供了进一步的证据。

3.2 理论分析与研究假设

3.2.1 控股股东股权质押与业绩预告的性质及披露频率

根据《物权法》《担保法》的规定，股权质押不以转移占有为必须，控股股东仍然可以就出质股权享有相应的决策权。质押合同规定了预警线和平仓线，当股价下行触及预警线时，控股股东必须追加补仓，当跌至平仓线时，若没有追加质押物或没有赎回质押股权，则质权人可以强制平仓或拍卖质押股权，控股股东的控制权会随之丧失。由此可见，股权质押是一把双刃剑，控股股东融得资金的同时，面临着控制权转移的风险。为了规避该风险，控股股东可能会干预上市公司的财务政策，减少股价下跌的可能。

股权质押后，上市公司会进行盈余管理（谢德仁和廖珂，2018），降低了股价崩盘风险（谢德仁等，2016），但也降低了股价信息含量。股权质押加剧了代理问题，控股股东更有动机侵害中小股东利益，掏空上市公司。股权质押还会改变财务决策，投资更加短视，金融类资产投资增加而实业投资减少（柯艳蓉和李玉敏，2019），研发投入降低，尤其是对实质性创新的抑制作用更强（杨鸣京等，2019）；偏好高送转的股利政策，减少现金分红（廖珂等，2018），现金持有水平也会随着持股比例而呈 U 型关系，损害公司价值（李常青等，2016）。与上述财务政策相比，稳定股价的最直接途径是信息披露。质押后，上市公司在交易日披露更多好消息（李常青和幸伟，2017；钱爱民和张晨宇，2018；马宏和刘心怡，2020），年报文本信息可读性更低（逯东等，2020），提高了信息披露违规概率（张晨宇和武剑锋，2019）。

业绩预告在正式财务报告之前发布，提前向市场释放了盈余信息，会改变投资者对公司的估值，发挥着防范股价过度波动、稳定资本市场的作用，是重要的会计信息之一。在内部人交易动机的影响下，管理层利用业绩预告披露来追求私利。在管理层股票期权激励计划方面，拥有更多期权报酬的管理层发布更多的盈余预告以避免错误定价而影响个人财富，持股越多盈余预告频率越高（Nagar 等，2003）；Aboody 和 Kasznik（2000）、扈文秀等（2017）发现管理层通过披露坏消息、隐瞒好消息以降低期权授予日的股价。企业并购采用股权支付方式作为支付对价时，并购方的高股价有助于降低并购成本，Ge 和 Lennox（2011）发现，采用股权支付的并购方推迟坏消息披露，李常青和滕明慧（2013）发现，并购前管理层倾向于披露精度高、积极乐观的业绩预告。买卖股票时，管理层在保持信息优势与降低诉讼风险之间权衡，减持时审查严格、诉讼风险高，因而管理层减持前发布高质量的预告信息，但增持股票前诉讼风险低，管理层发布低质量的预告信息（Rogers，2008）。李欢和罗婷（2016）发现，高管计划买入股票时，发布的好消息少于坏消息以降低股价，高管计划卖出股票时，发布的好消息少于坏消息以降低股价；在股票回购前 30 天，管理层披露坏消息的频率增多（Brockman 等，2008）；增发前积极的业绩预告频率增多（Lang 和 Lundholm，2000）。

除了期权激励、并购、回购、增发等特殊交易影响披露策略外，公司特征、制度、宏观经济等也是重要的影响因素。财务困境公司的管理当局在盈余预测中倾向于高估业绩（Koch，2002）；公平披露规则后，业绩预告的坏消息更多，管理层利用盈余预告作为下调引导机制，更容易满足盈余预期（Heflin 等，2016）；规模大的公司提供了更多的高质量的信息披露，盈余预告频率高（Lang 和 Lundholm，1996；Botosan 和 Plumlee，2002）；宏观经济也会影响披露频率，Jiang 等（2015）发现在经济衰退时，盈余预测的频率、概率提高，预测误差增大，预测准确性下降。交易日吸引了投资者更多的关注，因而好消息倾向于周一至周四披露，而坏消息倾向于周五或休市后披露（Damodaran，1989）。

积极业绩预告的披露显著影响了资本市场。自愿披露每股盈余预测信息一周后，股价显著上升。超过市场预期的业绩预测引起股价的正向调整，低于市场预期的业绩预测引起股价的负向调整（Patell，1976）；预告好消息在预告日至盈余宣告日期间获得超额回报（Soffer 等，1998）；预测坏消息提高了资本成本，预测好消息降低了资本成本（Kim 和 Shi，2011）。

综上所述，积极的业绩预告具有稳定或提升股价的功能，股权质押后，为防范股价下跌进而导致控制权转移，控股股东有动机通过发布积极的业绩预告来维持或提升股价。因此本章提出以下假设：

H1：控股股东股权质押后，上市公司倾向于发布积极的业绩预告。

H2：控股股东股权质押后，上市公司发布积极业绩预告的频率显著更高。

3.2.2 控股股东股权质押与业绩预告精确度

我国相关规章制度对业绩预告披露的情形做了强制规定，但对披露的形式没有硬性约束。目前，业绩预告的披露包括定性预测和定量预测，定量预测又包括点预测、开区间预测和闭区间预测，其中点预测的精确度最高。

现有研究表明，精确度越高，信息含量越多，股价反应越大（Baginski 等，1993）。市场对精确度高的业绩预告反应与模糊的业绩预告更大（Subramanyam，1996）。为了提高股价，每股收益预测的好消息倾向于点预测或区间预测（Penman，1980）。为了规避股东诉讼和降低声誉成本，管理层倾向于采用定性的陈述式报告（Skinner，1994）。美国资本市场买入股票前的相关监管不足，而卖出股票的诉讼风险高，因而管理层交易动机影响了披露质量，为了降低风险，卖出股票前，管理层提供的业绩预告信息质量高，而买入股票前管理层提供的信息质量低（Rogers，2008）。Cheng 等（2013）进一步研究发现，管理层减持股票前，好消息比坏消息更精确，增持股票时相反。

我国学者发现，在发布业绩预告的企业中，社会责任表现越好，准确性和精确性越高（刘柏和卢家锐，2018）。高敬忠等（2013）发现，控股股东持股比例较低时，表现为防御效应，即预测信息精确度和稳健性不高，随着持股比例提高，表现为激励效应。机构投资者和股权激励发挥了治理作用，

以上研究的理论基础相同，即形式上精确的业绩预告降低了信息不对称程度。但管理层预告的业绩与实际业绩对比，投资者可以评价业绩预告的准确性，进而评估业绩预告的质量，因此业绩预告可验证性较强。若业绩预告精确度高，实际业绩没有达到较为精确的预告值，则投资者可能会认为管理层故意高估了业绩，隐瞒了公司未来业绩不良趋势的真相，股价下跌的可能性大，股权质押下可能会触及预警线或平仓线，加大控制权转移的风险，管理层更可能披露精确度低的业绩预告。因此本章提出以下假设：

H3：控股股东股权质押降低了上市公司业绩预告的精确度。

3.2.3 控股股东股权质押对业绩预告披露的影响机制

我国早期资本市场的上市公司大多是由国有企业改制而来，大部分上市公司的实际控制人是国家股和以国有公司为主的法人股。即使是在 2005 年股权分置改革后，国有股权比重仍相对较高，民营企业股权集中的现象也十分普遍，因此，我国股权结构的特点使得处于优势地位的控股股东与中小股东的第二类代理问题更为突出。但控股股东并不参与公司的日常经营管理，必须通过管理层的配合才能实现其控制权私有收益。在成熟资本市场中，经理人市场和法律体系较为完善，声誉机制和诉讼风险促使管理层保持了职业谨慎，再加上股权的相对分散，管理层与控股股东合谋的可能性大大降低。

我国资本市场正处于经济转型期，经理人市场还不成熟，即使出台了《关于审理证券市场因虚假陈述引发的民事赔偿案件的若干规定》等司法条款，但由于执行过程的诸多限制，难以真正达到保护中小投资者利益的目的（张晓东，2017）。控股股东可以通过其在股东大会的决策地位，影响公司的薪酬激励、人

事任免、经营战略等。为谋取在职消费、隐形收入等私人收益，管理层有动机为控股股东的掏空行为提供便利。尤其是在控股股东股权质押下，若由于股价跌至平仓线导致控制权转移，则公司可能面临着控股股东变更、经营战略转移、公司正常经营中断等不利局面，管理层也面临着可能被更换的风险（王雄元等，2018）。在外部资本市场约束力不足和内在利益驱动下，与控股股东合谋成为管理层的理性选择。此时，管理层与控股股东形成了利益共同体，第一类代理问题不再显著，而内部人与外部投资者的利益冲突成为主要矛盾，会提高第二类代理成本。精确度不高的业绩预告提高了公司内部人与外部中小投资者的信息不对称程度，掩盖了公司内部人对中小股东的利益侵占。在控股股东的影响下，管理层会选择精确度低的披露形式，因此本章提出以下假设：

H4：控股股东股权质押提高了第二类代理成本。

H5：控股股东股权质押通过显著提高第二类代理成本，进而降低了业绩预告精确度。

3.3 研究设计

3.3.1 样本选择与数据来源

本章以2005～2019年全部A股上市公司为研究对象，业绩预告数据和股权质押数据来自WIND数据库，财务数据和公司治理数据来自CSMAR数据库。数据合并后剔除金融保险类公司、ST和PT类公司和数据缺失的观测值，为了减轻极端异常值的影响，对所有连续变量在1%和99%分位上进行了缩尾处理。

3.3.2 变量定义

3.3.2.1 因变量

（1）业绩预告的性质。

Posi 为业绩预告的性质，将续盈、预增、略增、扭亏定义为积极的业绩预告，取值为 1，将首亏、续亏、略减、预减定义为消极的业绩预告，取值为 0。

（2）积极业绩预告频率。

Frep 为年度内积极业绩预告频率，用年度内积极业绩预告次数表示。

（3）业绩预告精确度。

Prec 为业绩预告精确度，将净利润预测值为精确数值的点预测定义为 4，预测范围有上下边界的闭区间预测定义为 3，预测范围只有一个边界的开区间预测定义为 2，没有明确的预测数值定义为 1。

（4）代理成本。

Agen 为代理成本，用管理费用与销售费用之和除以总资产表示第一类代理成本 Agen1，用应收账款、预付账款与其他应收款之和除以总资产表示第二类代理成本 Agen2。

3.3.2.2 自变量和控制变量

（1）控股股东是否质押。

Pled 为控股股东是否质押，控股股东年度内质押过股权，则 Pled 取值为 1，否则取值为 0。

（2）控股股东质押规模。

Pler 为控股股东年度内累计质押股数与年末控股股东持股总数的比值。

（3）控制变量。

本章还控制了相关影响因素：控股股东持股比例（Top1）、前五大股东持股比例的平方和（Herf5）、机构投资者持股比例（Inst）、两职合一（Dual）、董事会规模（Boar）、独董比例（Indb）、企业规模（Size）、财务杠杆（Lev）、盈利能力（Roe）、亏损与否（Loss）、企业性质（State）、行业（Ind）和年份（Year）。

各变量的计算方法如表3－1所示。

表3－1 变量定义

变量类型	变量名称	变量符号	变量描述
因变量	业绩预告的性质	Posi	积极业绩预告取值为1，消极业绩预告取值为0
	积极业绩预告频率	Frep	年度内积极业绩预告次数
	业绩预告精确度	Prec	点预测取值为4，闭区间取值为3，开区间取值为2，没有明确的预测值取值为1
	代理成本	Agen1	（管理费用＋销售费用）/总资产
		Agen2	（应收账款＋预付账款＋其他应收款）/总资产
自变量	控股股东是否质押	Pled	年度内控股股东进行过股权质押的取值为1，否则取值为0
	控股股东质押规模	Pler	年内控股股东累计质押股数/年末持股总数
控制变量	控股股东持股比例	Top1	控股股东持股数量/总股本
	股权集中度	Herf5	前五大股东持股比例的平方和
	机构投资者持股比例	Inst	季末（或年末）机构投资者持股数量/总股本
	两职合一	Dual	董事长与总经理是同一人为1，否则为0
	董事会规模	Boar	董事会人数的自然对数
	独董比例	Indb	独立董事人数/董事会总人数
	企业规模	Size	上期末总资产的自然对数
	财务杠杆	Lev	上期末的负债/资产
	盈利能力	Roe	上期的净资产收益率
	亏损与否	Loss	上期的净利润小于0为1，否则为0
	企业性质	State	国企为1，否则为0
	行业虚拟变量	Ind	以证监会《上市公司行业分类指引》为分类标准，制造业按二级子行业划分
	年度虚拟变量	Year	按年度或季度取虚拟变量

3.3.3 模型设计

本章构建了模型（3－1）、模型（3－2）、模型（3－3）来检验假设 H1、假设 H2 和假设 H3。

$$\begin{aligned} Posi_{i,t} = & \alpha_0 + \alpha_1 Pleq_{i,t}(Pleq_{i,r}) + \alpha_2 Top1_{i,t} + \alpha_3 Herf5_{i,t} + \alpha_4 Inst_{i,t} + \alpha_5 Boar_{i,t} + \\ & \alpha_6 Indb_{i,t} + \alpha_7 Dual_{i,t} + \alpha_8 State_{i,t} + \alpha_9 Size_{i,t-1} + \alpha_{10} Lev_{i,t-1} + \\ & \alpha_{11} Roe_{i,t-1} + \alpha_{12} Loss_{i,t-1} + \sum Ind_{i,t} + \sum Year_{i,t} + \varepsilon_{i,t} \end{aligned} \quad (3-1)$$

$$\begin{aligned} Freq_{i,t} = & \beta_0 + \beta_1 Pleq_{i,t}(Pleq_{i,r}) + \beta_2 Top1_{i,t} + \beta_3 Herf5_{i,t} + \beta_4 Inst_{i,t} + \beta_5 Boar_{i,t} + \\ & \beta_6 Indb_{i,t} + \beta_7 Dual_{i,t} + \beta_8 State_{i,t} + \beta_9 Size_{i,t-1} + \beta_{10} Lev_{i,t-1} + \\ & \beta_{11} Roe_{i,t-1} + \beta_{12} Loss_{i,t-1} + \sum Ind_{i,t} + \sum Year_{i,t} + \mu_{i,t} \end{aligned} \quad (3-2)$$

$$\begin{aligned} Prec_{i,t} = & \gamma_0 + \gamma_1 Pleq_{i,t}(Pleq_{i,r}) + \gamma_2 Top1_{i,t} + \gamma_3 Herf5_{i,t} + \gamma_4 Inst_{i,t} + \gamma_5 Boar_{i,t} + \\ & \gamma_6 Indb_{i,t} + \gamma_7 Dual_{i,t} + \gamma_8 State_{i,t} + \gamma_9 Size_{i,t-1} + \gamma_{10} Lev_{i,t-1} + \\ & \gamma_{11} Roe_{i,t-1} + \gamma_{12} Loss_{i,t-1} + \sum Ind_{i,t} + \sum Year_{i,t} + \omega_{i,t} \end{aligned} \quad (3-3)$$

模型（3－1）中 α_0 为常数项，$\alpha_1 \sim \alpha_{14}$ 为变量回归系数，$\varepsilon_{i,t}$ 为残差；模型（3－2）中 β_0 为常数项，$\beta_1 \sim \beta_{14}$ 为变量回归系数，$\mu_{i,t}$ 为残差；模型（3－3）中的 γ_0 为常数项，$\gamma_1 \sim \gamma_{14}$ 为变量回归系数，$\omega_{i,t}$ 为残差。

为了检验代理成本的中介效应，本章借鉴温忠麟和叶宝娟（2014）的方法，构建以下中介效应模型来检验控股股东是否通过第二类代理成本影响业绩预告精确度。

$$\begin{aligned} Agen_{i,t} = & \rho_0 + \rho_1 Pleq_{i,t}(Pleq_{i,r}) + \rho_2 Top1_{i,t} + \rho_3 Herf5_{i,t} + \rho_4 Inst_{i,t} + \rho_5 Boar_{i,t} + \\ & \rho_6 Indb_{i,t} + \rho_7 Dual_{i,t} + \rho_8 State_{i,t} + \rho_9 Size_{i,t-1} + \rho_{10} Lev_{i,t-1} + \\ & \rho_{11} Roe_{i,t-1} + \rho_{12} Loss_{i,t-1} + \sum Ind_{i,t} + \sum Year_{i,t} + \theta_{i,t} \end{aligned} \quad (3-4)$$

$$\begin{aligned} Prec_{i,t} = & \eta_0 + \eta_1 Pleq_{i,t}(Pleq_{i,r}) + \eta_2 Agen + \eta_3 Top1_{i,t} + \eta_4 Herf5_{i,t} + \eta_5 Inst_{i,t} + \\ & \eta_6 Boar_{i,t} + \eta_7 Indb_{i,t} + \eta_8 Dual_{i,t} + \eta_9 State_{i,t} + \eta_{10} State_{i,t} + \eta_{11} Size_{i,t-1} \end{aligned}$$

$$+ \eta_{12} Lev_{i,t-1} + \eta_{13} Roe_{i,t-1} + \eta_{14} Loss_{i,t-1} + \sum Ind_{i,t} + \sum Year_{i,t} + \varphi_{i,t} \quad (3-5)$$

模型（3－4）中，ρ_0 为常数项，$\rho_1 \sim \rho_{12}$为变量回归系数，$\theta_{i,t}$为残差；模型（3－5）中，η_0 为常数项，$\eta_2 \sim \eta_{14}$为变量回归系数，$\varphi_{i,t}$为残差。

3.4 实证结果与分析

3.4.1 描述性统计分析

表 3－2 是变量的描述性统计。Posi 的均值为 0.642，中位数为 1.000，Frep 的均值为 1.892，中位数为 2.000，最大值为 4.000，表明样本公司管理层更多地发布积极业绩预告。Prec 的均值为 3.212，中位数为 3.000，表明业绩预告中闭区间和点预测值所占比例更高；Top1 的均值为 0.348，中位数为 0.329，表明样本公司控股股东持股比例普遍较高，达到 30% 以上。

表 3－2 描述性统计结果

变量	均值	标准差	最小值	中位数	最大值
Posi	0.642	0.480	0.000	1.000	1.000
Frep	1.892	1.453	0.000	2.000	4.000
Prec	3.212	0.693	1.000	3.000	4.000
Agen1	0.088	0.069	0.007	0.070	0.379
Agen2	19.864	1.386	16.40	19.821	23.422
Pled	0.223	0.416	0.000	0.000	1.000
Pler	0.030	0.096	0.000	0.000	3.629
Top1	0.348	14.430	0.093	0.329	0.730
Herf5	0.163	0.111	0.017	0.135	0.535
Inst	0.307	22.940	0.000	0.278	0.830
Dual	0.287	0.452	0.000	0.000	1.000

续表

变量	均值	标准差	最小值	中位数	最大值
Boar	2.133	0.195	1.609	2.197	2.708
Indb	0.372	0.052	0.300	0.333	0.571
Size	21.570	1.158	18.970	21.440	25.190
Lev	0.421	0.238	0.038	0.402	1.256
Roe	0.039	0.081	-0.325	0.031	0.343
State	0.347	0.476	0.000	0.000	1.000
Loss	0.127	0.333	0.000	0.000	1.000

对控股股东质押上市公司发布的业绩预告性质进行独立性检验。按年度控股股东是否发生控股股东股权质押，将样本分为质押组和非质押组，表3-3给出了分组检验结果。质押组发布积极业绩预告的占比为71.22%，非质押组占比为63.25%（p=0），说明股权质押与积极业绩预告之间具有显著的相关性，控股股东股权质押发布积极业绩预告的意愿更强，初步符合假设H1的预期。

表3-3　质押组和非质押组业绩预告性质的卡方检验和积极业绩预告频率的T检验

分组	PanelA：业绩预告性质的 Pearson 卡方检验		PanelB：积极业绩预告频率的T检验	
	chi2 = 138.529　p = 0		Frep	
	消极	积极	均值	差异T值
质押组	28.78%	71.22%	2.403	-24.292***
非质押组	36.75%	63.25%	1.746	

注：***、**和*分别表示在1%、5%和10%水平上显著，双侧检验。下同。

按年度内是否发生过控股股东股权质押，将年度样本分为质押组和非质押组，表3-3显示，质押组Frep分别比非质押组显著高约0.657次，表明控股股东股权质押年度内，管理层发布积极业绩预告的次数显著增多，质押行为影响了积极业绩预告的发布频率，初步符合假设H2的预期。

3.4.2　相关性分析

表3-4是年度样本各个变量的Pearson相关性分析结果。由表3-4可知，

表 3 - 4 Pearson 相关系数分析结果

	Posi	Prec	Frep	Pled	Pler	Top1	Herf5	Inst	Dual	Boar	Indb	Size	Lev	Roe	State	Loss
Posi	1															
Prec	0.122***	1														
Frep	-0.083***	0.025***	1													
Pled	0.053***	-0.043***	0.002**	1												
Pler	0.026***	-0.030***	0.003**	0.749***	1											
Top1	0.021***	0.049***	-0.008*	-0.007	-0.038***	1										
Herf5	0.021***	0.049***	-0.007	-0.018***	-0.041***	0.961***	1									
Inst	0.077***	0.041***	-0.041***	0.001	-0.016***	0.218***	0.218***	1								
Dual	0.044***	-0.029***	0.019***	0.065***	0.042***	-0.022***	-0.020***	-0.107***	1							
Boar	0.006	0.067***	-0.011**	-0.079***	-0.053***	0.001	0.008*	0.125***	-0.176***	1						
Indb	-0.007	-0.029***	0.002	0.042***	0.022***	0.033***	0.038***	-0.024***	0.127***	-0.527***	1					
Size	0.065***	0.031***	-0.016***	0.042***	0	0.172***	0.182***	0.383***	-0.136***	0.228***	-0.022***	1				
Lev	-0.108***	-0.055***	0.005	-0.032***	-0.015***	0.021***	-0.002	0.120***	-0.157***	0.158***	-0.054***	0.338***	1			
Roe	0.317***	0.143***	-0.036***	0.018***	-0.003	0.070***	0.081***	0.056***	0.042***	0.016***	-0.008*	0.061***	-0.129***	1		
State	-0.090***	0.032***	-0.023***	-0.205***	-0.151***	0.168***	0.143***	0.238***	-0.273***	0.269***	-0.091***	0.294***	0.329***	-0.095***	1	
Loss	-0.102***	-0.203***	-0.046***	-0.032***	-0.002	-0.064***	-0.071***	-0.023***	-0.070***	0.002	-0.006	-0.067***	0.295***	-0.253***	0.155***	1

Pled、Pler 与 Posi、Frep、Prec 均在 1% 水平上显著正相关，假设 H1、假设 H2、假设 H3 初步得到验证。各个变量之间的相关系数基本都在 0.5 以下，方差膨胀系数结果也表明 VIF 值小于 10，说明模型可能不存在严重的共线性问题。

3.4.3 回归分析

3.4.3.1 控股股东股权质押对业绩预告的披露性质、披露频率及精确度的影响

表 3－5 是控股股东是否股权质押对积极业绩预告披露概率、频率及精确度的影响的回归结果。利用模型（3－1）对年度样本进行 Logit 回归，表 3－5 中第（1）列显示，Pled 的系数为 0.192，显著为正，表明控股股东股权质押后，管理层发布积极业绩预告的可能性显著更高，假设 H1 得到验证。利用模型（3－2）对年度样本进行 OLS 回归，表 3－5 中第（2）列显示，Pled 的系数为 0.376，显著为正，表明控股股东股权质押年度，管理层发布积极业绩预告的次数增多，假设 H2 得到验证。利用模型（3－3）对年度样本进行有序 Logit 回归，表 3－5 中第（3）列显示，Pled 的系数为 －0.120，显著为负，表明控股股东股权质押年度，管理层发布业绩预告的精确度显著降低，假设 H3 得到验证。

表 3－5 控股股东是否股权质押对业绩预告披露影响的回归结果

变量	(1) Posi	(2) Frep	(3) Prec
Pled	0.192*** (4.731)	0.376*** (14.165)	－0.120*** (－3.854)
Top1	0.013*** (3.094)	0.010*** (3.927)	0.005 (0.855)
Herf5	－2.011*** (－3.669)	－1.573*** (－4.862)	－0.458 (－0.638)
Inst	0.008*** (9.005)	0.003*** (6.640)	0.003*** (3.581)

续表

变量	(1) Posi	(2) Frep	(3) Prec
Dual	0.105*** (2.739)	0.101*** (4.262)	-0.128*** (-3.299)
Boar	0.059 (0.546)	0.018 (0.300)	0.283** (2.034)
Indb	-0.282 (-0.761)	-0.270 (-1.238)	0.039 (0.089)
Size	0.187*** (8.702)	0.047*** (4.241)	0.137*** (4.035)
Lev	-1.025*** (-9.174)	-0.692*** (-12.048)	-0.324* (-1.793)
Roe	12.184*** (20.483)	6.317*** (46.119)	1.614*** (5.335)
State	-0.363*** (-8.121)	-0.292*** (-11.348)	0.173*** (2.748)
Loss	0.305*** (5.911)	0.256*** (8.326)	-0.971*** (-14.347)
截距	-4.792*** (-8.081)	0.264 (0.942)	—
年份	控制	控制	控制
行业	控制	控制	控制
Pseudo/调整 R^2	0.144	0.275	0.162
样本量	20476	20476	20476

注：因变量为 Posi 时括号中数据为经公司层面聚类调整的 z 值，因变量为 Frep、Prec 时括号中数据为经公司层面聚类调整的 t 值。下同。

表 3-6 是控股股东股权质押规模对积极业绩预告披露概率、频率及精确度的影响的回归结果。利用模型（3-1）对年度样本进行 Logit 回归，表 3-6 中第（1）列显示，Pler 的系数为 0.005，显著为正，表明控股股东股权质押后，管理层发布积极业绩预告的可能性显著更高，假设 H1 得到验证。利用模型（3-2）对年度样本进行 OLS 回归，表 3-6 中第（2）列显示，Pler 的系数为 1.567，显

著为正，表明控股股东股权质押年度，管理层发布积极业绩预告的次数增多，假设 H2 得到验证。利用模型（3－3）对年度样本进行有序 Logit 回归，表 3－6 中第（3）列显示，Pler 的系数为－0.002，在 10% 水平上显著为负，表明控股股东股权质押年度、管理层发布业绩预告的精确度显著降低，假设 H3 得到验证。

表 3－6　控股股东股权质押规模对业绩预告披露影响的回归结果

变量	(1) Posi	(2) Frep	(3) Prec
Pler	0.005 *** (4.337)	1.567 *** (10.751)	－0.002 * (－1.763)
Top1	0.014 *** (3.236)	0.010 *** (4.049)	0.004 (0.771)
Herf5	－2.069 *** (－3.775)	－1.686 *** (－5.212)	－0.410 (－0.572)
Inst	0.008 *** (9.019)	0.003 *** (6.559)	0.003 *** (3.568)
Dual	0.106 *** (2.761)	0.106 *** (4.439)	－0.128 *** (－3.313)
Boar	0.057 (0.530)	0.013 (0.203)	0.285 ** (2.045)
Indb	－0.275 (－0.742)	－0.251 (－1.147)	0.034 (0.078)
Size	0.189 *** (8.788)	0.054 *** (4.839)	0.135 *** (3.984)
Lev	－1.022 *** (－9.145)	－0.680 *** (－11.818)	－0.329 * (－1.821)
Roe	12.198 *** (20.499)	6.322 *** (46.057)	1.610 *** (5.324)
State	－0.373 *** (－8.369)	－0.334 *** (－13.206)	0.185 *** (2.954)
Loss	0.303 *** (5.876)	0.242 *** (7.868)	－0.970 *** (－14.329)

续表

变量	(1) Posi	(2) Frep	(3) Prec
截距	-4.840*** (-8.162)	0.188 (0.667)	—
年份	控制	控制	控制
行业	控制	控制	控制
Pseudo/调整 R^2	0.143	0.271	0.162
样本量	20476	20476	20476

注：以 Prec 为因变量时采用有序 Logit 回归。

3.4.3.2 控股股东股权质押对业绩预告披露精确度的影响机制检验

模型（3-4）的回归结果如表 3-7 所示。表 3-7 中第（1）列、第（2）列显示，当因变量是第一类代理成本（Agen1）时，控股股东是否质押 Pled 和控股股东质押规模 Pler 的回归系数为 -0.007 和 -0.030，在 1% 水平上显著为负，表明控股股东股权质押降低了第一类代理成本，股权质押比例越高，第一类代理成本越低。表 3-7 中第（3）列、第（4）列显示，当因变量是第二类代理成本（Agen2）时，控股股东是否质押 Pled 和控股股东质押规模 Pler 的回归系数为 0.132 和 0.292，在 1% 水平上显著为正，表明控股股东股权质押提高了第二类代理成本，股权质押比例越高，第二类代理成本越高，假设 H4 得到验证。

表 3-7 控股股东股权质押、代理成本与业绩预告精确度回归结果

	因变量（Agen1）		因变量（Agen2）		因变量（Prec）	
	(1)	(2)	(3)	(4)	(5)	(6)
Pled	-0.007*** (-3.359)	—	0.132*** (5.611)	—	-0.316*** (-6.898)	—
Pler	—	-0.030*** (-3.820)	—	0.292*** (3.324)	—	-0.827*** (-4.443)

续表

	因变量（Agen1）		因变量（Agen2）		因变量（Prec）	
	(1)	(2)	(3)	(4)	(5)	(6)
Agen2	—	—	—	—	-0.131*** (-3.711)	-0.138*** (-3.885)
Top1	-0.001** (-2.029)	-0.001** (-2.017)	0.001 (0.438)	0.002 (0.567)	0.007 (1.056)	0.006 (0.923)
Herf5	0.068* (1.944)	0.069** (1.984)	-0.477 (-1.111)	-0.543 (-1.264)	-0.895 (-1.055)	-0.748 (-0.882)
Inst	0.000*** (5.816)	0.000*** (5.840)	-0.000 (-0.426)	-0.000 (-0.507)	0.005*** (4.640)	0.005*** (4.709)
Dual	0.005** (2.028)	0.005** (1.978)	0.013 (0.505)	0.017 (0.624)	-0.147*** (-3.000)	-0.154*** (-3.144)
Boar	0.009 (1.508)	0.010 (1.522)	-0.029 (-0.360)	-0.032 (-0.405)	0.049 (0.297)	0.056 (0.339)
Indb	0.023 (1.200)	0.023 (1.185)	0.167 (0.659)	0.172 (0.679)	0.164 (0.293)	0.152 (0.271)
Size	-0.014*** (-12.962)	-0.014*** (-13.043)	0.839*** (56.135)	0.842*** (56.232)	0.290*** (6.096)	0.290*** (6.080)
Lev	0.001 (0.174)	0.001 (0.142)	0.667*** (9.208)	0.676*** (9.299)	0.175 (0.948)	0.157 (0.850)
Roe	0.059*** (6.012)	0.059*** (5.973)	0.425*** (3.586)	0.429*** (3.621)	1.060*** (2.662)	1.050*** (2.631)
State	-0.004 (-1.407)	-0.003 (-1.208)	-0.180*** (-4.903)	-0.204*** (-5.615)	0.324*** (4.308)	0.377*** (5.068)
截距	0.353*** (13.755)	0.354*** (13.777)	0.924** (2.513)	0.900** (2.447)	—	—
年份	控制	控制	控制	控制	控制	控制
行业	控制	控制	控制	控制	控制	控制
Pseudo/调整 R^2	0.185	0.185	0.649	0.648	0.152	0.151
样本量	20476	20476	20476	20476	20476	20476

注：因变量为 Prec 时，括号内为经公司层面聚类调整的 z 值，因变量为 Agen1、Agen2 时，括号内为经公司层面聚类调整的 t 值。

控股股东股权质押后，管理层与控股股东成为利益共同体，与外部中小投资者的利益冲突凸显，第二类代理成本上升，两者合谋降低了业绩预告精确度。为了检验第二类代理成本在股权质押与业绩预告精确度之间是否发挥了中介效应，本研究采用中介检验三步法。以控股股东是否质押（Pled）和质押规模（Pler）为自变量，以第二类代理成本（Agen2）为中介变量，以业绩预告精确度（Prec）为因变量，模型（3-3）即中介检验的第一步回归模型的检验结果如表3-5中第（3）列和表3-6中第（3）列所示，控股股东股权质押显著降低了业绩预告精确度。模型（3-4）即第二步检验的结果如表3-7中第（3）列和第（4）列所示，控股股东股权质押显著提高了第二类代理成本。第三步将自变量和中介变量同时放入模型中，模型（3-5）的回归结果如表3-7中第（5）和第（6）列所示，第二类代理成本的系数在1%水平上显著为负，控股股东是否质押（Pled）和质押规模（Pler）的系数均在1%水平上显著为负，说明第二类代理成本的中介效应成立。

为了保证结论的准确性，本研究同时采用Sobel和Bootstrap法做进一步检验。自变量为控股股东是否质押（Pled）时，Sobel检验的Z值为-3.624（P=0）；自变量为控股股东质押规模（Pler）时，Sobel检验的Z值为-2.617（P=0.009）。Bootstrap检验法的检验结果如表3-8所示，控股股东股权质押对业绩预告精确度的直接效应显著，第二类代理成本的间接效应也显著。以上结果表明，控股股东股权质押提高了第二类代理成本，进而降低了业绩预告精确度，假设H5得到验证。

表3-8 第二类代理成本的中介作用Bootstrap检验结果

以Pled为自变量	Observed Coef.	z	P>|z|	Normal-based [95% Conf. Interval]	
ind_dff	-0.004	-3.491	0	-0.006	-0.002
dir_dff	-0.122	-11.352	0	-0.142	-0.101
以Pler为自变量	Observed Coef.	z	P>|z|	Normal-based [95% Conf. Interval]	
ind_dff	-0.008	-2.694	0.007	-0.013	-0.002
dir_dff	-0.263	-5.005	0	-0.363	-0.162

3.4.4 稳健性检验

3.4.4.1 内生性问题检验

理性的市值管理可以促进股价的持续平稳增长，股价崩盘风险降低，有助于股权质押（李旎和郑国坚，2015），因而控股股东股权质押与业绩预告披露之间可能存在内生性，本章采用工具变量法和倾向得分匹配法进行检验。

（1）工具变量法。

借鉴谢德仁等（2016）的做法，选取同年度同行业的平均质押率 Plerm 作为 Pled 的工具变量，表 3－9 是控股股东是否股权质押与业绩预告披露的内生性检验，表 3－10 是控股股东股权质押规模与业绩预告披露的内生性检验，给出了假设 H1、假设 H2、假设 H3 的稳健性检验结果。弱工具识别检验中 Wald 统计量的 p 值在 1% 水平上显著说明工具变量有效，Cragg－Donald 统计量大于 Stock－Yogo 弱工具变量 10% 水平的临界值，也意味着在 10% 水平上可以认定工具变量是合理的。

表 3－9 中第（2）列和表 3－10 中第（2）列以 Posi 为因变量，采用 Ivprobit 模型，Pled 和 Pler 的系数显著为正，假设 H1 得到验证。表 3－9 中第（3）列和表 3－10 中第（3）列以 Frep 为因变量，Pled 和 Pler 的系数显著为正，假设 H2 得到验证。表 3－9 中第（4）列和表 3－10 中第（4）列因变量 Prec 是有序离散变量，采用有序 Probit 工具变量模型，反正切值 atanhrho_ 12 在 1% 水平上显著为负，拒绝了股权质押是外生变量的原假设，Pled 和 Pler 的系数显著为负，假设 H3 得到验证。

表 3－9 控股股东是否股权质押与业绩预告披露性质、披露频率的内生性检验（2SLS）

变量	第 1 阶段	第 2 阶段	第 2 阶段	第 2 阶段
	Pled	Posi	Frep	Prec
Plerm	13.679*** (6.697)	—	—	—

续表

变量	第 1 阶段	第 2 阶段	第 2 阶段	第 2 阶段
	Pled	Posi	Frep	Prec
Pled	—	0. 937 *** (2. 886)	1. 409 *** (2. 728)	-0. 593 *** (-3. 346)
Top1	0. 046 *** (5. 341)	0. 004 * (1. 780)	0. 003 (0. 651)	-0. 003 (-1. 304)
Herf5	-5. 518 *** (-4. 694)	-0. 715 *** (-2. 726)	-0. 731 (-1. 362)	0. 512 ** (2. 028)
Inst	0. 000 (0. 104)	0. 005 *** (14. 180)	0. 003 *** (6. 507)	0. 003 *** (6. 713)
Boar	-0. 183 (-0. 908)	0. 055 (1. 326)	0. 078 *** (2. 786)	0. 215 *** (4. 393)
Indb	0. 708 (0. 975)	-0. 192 (-1. 343)	0. 059 (0. 879)	-0. 119 (-0. 692)
Dual	0. 116 * (1. 826)	0. 061 *** (4. 128)	-0. 336 (-1. 459)	-0. 138 *** (-7. 462)
Size	0. 175 *** (5. 214)	0. 099 *** (11. 183)	0. 022 (1. 249)	0. 089 *** (10. 654)
Lev	0. 812 *** (5. 209)	-0. 662 *** (-17. 429)	-0. 795 *** (-10. 113)	0. 412 *** (10. 267)
Roe	-0. 650 ** (-2. 113)	5. 931 *** (60. 399)	6. 359 *** (44. 707)	0. 200 * (1. 889)
State	-2. 460 *** (-20. 620)	-0. 114 ** (-2. 343)	-0. 020 (-0. 142)	0. 261 *** (13. 630)
Loss	-0. 240 *** (-3. 017)	0. 146 *** (7. 608)	0. 289 *** (7. 963)	-0. 166 *** (-6. 945)
截距	-0. 512 *** (-13. 027)	-2. 522 *** (-8. 991)	0. 570 * (1. 737)	—
行业	控制	控制	控制	控制
年份	控制	控制	控制	控制
Pseudo/调整 R^2	0. 107	0. 105	0. 203	0. 112
样本量	20476	20476	20476	20476

表 3-10　控股股东股权质押规模与业绩预告披露性质、披露频率的内生性检验（2SLS）

变量	第 1 阶段	第 2 阶段	第 2 阶段	第 2 阶段
	Pler	Posi	Frep	Prec
Plerm	0. 383*** (14. 029)	—	—	—
Pler	—	0. 019*** (2. 918)	1. 409*** (2. 728)	-0. 007 (-1. 365)
Top1	0. 044*** (3. 640)	0. 007*** (4. 403)	0. 003 (0. 651)	0. 003** (2. 139)
Herf5	-6. 906*** (-4. 642)	-1. 043*** (-4. 937)	-0. 731 (-1. 362)	-0. 366** (-1. 980)
Inst	0. 000 (0. 066)	0. 005*** (14. 549)	0. 003*** (6. 507)	0. 002*** (6. 620)
Boar	-0. 591* (-1. 942)	0. 044 (1. 085)	0. 078*** (2. 786)	0. 140*** (3. 904)
Indb	-0. 632 (-0. 580)	-0. 157 (-1. 106)	0. 059 (0. 879)	-0. 038 (-0. 302)
Dual	0. 084 (0. 698)	0. 065*** (4. 473)	-0. 336 (-1. 459)	-0. 070*** (-5. 379)
Size	0. 237*** (4. 990)	0. 110*** (15. 460)	0. 022 (1. 249)	0. 062*** (9. 983)
Lev	1. 682*** (7. 321)	-0. 638*** (-18. 682)	-0. 795*** (-10. 113)	-0. 217*** (-7. 548)
Roe	-0. 645 (-1. 090)	5. 962*** (61. 150)	6. 359*** (44. 707)	0. 605*** (7. 968)
State	-3. 480*** (-33. 970)	-0. 181*** (-6. 531)	-0. 020 (-0. 142)	0. 080*** (5. 471)
Loss	0. 151 (0. 956)	0. 135*** (7. 164)	0. 289*** (7. 963)	-0. 548*** (-32. 417)
截距	-1. 054 (-0. 692)	-2. 750*** (-10. 355)	0. 570* (1. 737)	—
行业	控制	控制	控制	控制
年份	控制	控制	控制	控制
Pseudo/调整 R^2	0. 107	0. 104	0. 202	0. 111
样本量	20476	20476	20476	20476

（2）倾向得分匹配法。

考虑企业规模、市值账面比、财务杠杆、企业性质、盈利水平、控股股东持股比例因素，采用最近邻匹配方法对是否存在控股股东股权质押进行 1∶1 配对，获得 10021 个样本，对配对成功的样本进行回归分析。表 3－11 是控股股东股权质押与业绩预告披露的内生性检验（PSM）结果，各列中 Pled、Pler 的系数显著为正，证实了假设 H1 和假设 H2。

表 3－11　控股股东股权质押与业绩预告披露性质、披露频率的内生性检验（PSM）

变量	Posi		Frep	
	(1)	(2)	(3)	(4)
Pled	0.155*** (2.952)	—	0.312*** (9.055)	—
Pler	—	0.003** (2.487)	—	0.684*** (4.640)
Top1	0.005 (0.719)	0.007 (0.964)	0.008** (2.033)	0.010** (2.297)
Herf5	-1.792* (-1.812)	-1.967** (-1.998)	-1.863*** (-3.367)	-2.101*** (-3.811)
Inst	0.008*** (5.240)	0.008*** (5.255)	0.003*** (3.771)	0.003*** (3.697)
Boar	0.012 (0.057)	0.013 (0.064)	-0.036 (-0.336)	-0.044 (-0.408)
Indb	-1.151* (-1.800)	-1.122* (-1.758)	-0.351 (-0.943)	-0.288 (-0.769)
Dual	0.115* (1.822)	0.114* (1.807)	0.088** (2.520)	0.092*** (2.622)
Size	0.224*** (5.827)	0.226*** (5.878)	0.061*** (2.881)	0.059*** (2.792)
Lev	-0.547*** (-3.052)	-0.542*** (-3.031)	-0.593*** (-5.530)	-0.563*** (-5.213)
Roe	14.089*** (14.278)	14.140*** (14.309)	8.182*** (31.583)	8.194*** (31.553)

续表

变量	Posi		Frep	
	(1)	(2)	(3)	(4)
State	-0.357*** (-2.928)	-0.356*** (-2.916)	-0.121* (-1.876)	-0.112* (-1.721)
Loss	0.232** (2.289)	0.227** (2.245)	0.282*** (4.846)	0.257*** (4.402)
截距	-2.686** (-2.230)	-2.780** (-2.313)	-0.024 (-0.044)	0.072 (0.130)
行业	控制	控制	控制	控制
年份	控制	控制	控制	控制
Pseudo/调整 R^2	0.144	0.144	0.288	0.283
样本量	10021	10021	10021	10021

表3-12是控股股东股权质押与代理成本、披露精确度的内生性检验（PSM）的检验结果，第(1)列、第(2)列是模型(3-3)的回归结果，第(3)列、第(4)列是模型(3-4)的回归结果，第(7)列、第(8)列是模型(3-5)的回归结果。在第(1)列、第(2)列中，Pled、Pler的系数显著为负，验证了假设H3。在第(3)列、第(4)列中，Pled、Pler的系数显著为正，验证了假设H4。在第(5)列、第(6)列中，Pled、Pler的系数显著为负，Agen2的系数显著为负，说明Agen2在Pled与Prec之间、Pler与Prec之间发挥了部分中介传导效应，验证了假设H5。采用Bootstrap和Sobel检验同样证实了第二类代理成本发挥了中介传导作用，本章的结论不变。

表3-12　控股股东股权质押与代理成本、披露精确度的内生性检验（PSM）

	Prec		Agen2		Prec		Agen1	
	(1)	(2)	(3)	(4)	(5)	(6)	(7)	(8)
Pled	-0.433*** (-5.181)	—	0.149*** (5.430)	—	-0.435*** (-4.800)	—	-0.007*** (-2.923)	—

续表

	Prec		Agen2		Prec		Agen1	
	(1)	(2)	(3)	(4)	(5)	(6)	(7)	(8)
Pler	—	-0.762 * (-1.872)	—	0.256 *** (3.012)	—	-1.042 *** (-3.202)	—	-0.029 *** (-3.846)
Agen2	—	—	—	—	-0.420 *** (-6.357)	-0.434 *** (-6.518)	—	—
Top1	0.004 (0.355)	0.003 (0.217)	-0.003 (-0.620)	-0.002 (-0.473)	0.006 (0.445)	0.005 (0.370)	-0.000 (-1.122)	-0.000 (-1.054)
Herf5	-0.408 (-0.272)	-0.047 (-0.031)	-0.168 (-0.291)	-0.298 (-0.516)	-0.945 (-0.574)	-0.643 (-0.388)	0.063 (1.286)	0.065 (1.335)
Inst	0.006 *** (3.036)	0.006 *** (3.027)	-0.001 (-0.857)	-0.001 (-0.918)	0.005 *** (2.674)	0.005 *** (4.699)	0.000 *** (3.600)	0.000 *** (3.614)
Boar	-0.056 (-0.195)	-0.057 (-0.194)	-0.041 (-0.432)	-0.046 (-0.475)	-0.016 (-0.052)	-0.015 (-0.047)	0.012 (1.334)	0.012 (1.325)
Indb	-1.322 (-1.355)	-1.355 (-1.408)	0.329 (0.963)	0.341 (0.998)	-0.972 (-0.925)	-0.996 (-0.952)	0.036 (1.329)	0.035 (1.289)
Dual	-0.252 *** (-2.964)	-0.256 *** (-3.028)	0.002 (0.069)	0.006 (0.196)	-0.303 *** (-3.252)	-0.314 *** (-3.385)	0.003 (0.970)	0.003 (0.924)
Size	0.293 *** (4.425)	0.283 *** (4.218)	0.853 *** (40.483)	0.855 *** (40.163)	0.689 *** (7.342)	0.692 *** (7.337)	-0.015 *** (-10.417)	-0.016 *** (-10.465)
Lev	0.390 (1.245)	0.383 (1.205)	0.651 *** (6.263)	0.652 *** (6.196)	0.805 ** (2.321)	0.807 ** (2.297)	-0.006 (-0.795)	-0.006 (-0.760)
Roe	-0.498 (-0.687)	-0.549 (-0.749)	0.758 *** (4.105)	0.776 *** (4.170)	-0.240 (-0.312)	-0.313 (-0.403)	0.066 *** (3.999)	0.065 *** (3.922)
State	0.375 * (1.937)	0.386 ** (1.986)	-0.209 *** (-2.998)	-0.215 *** (-3.084)	0.274 (1.352)	0.276 (1.348)	-0.006 (-1.395)	-0.006 (-1.472)
Loss	-0.784 *** (-3.491)	-0.765 *** (-3.376)	-0.236 *** (-5.257)	-0.242 *** (-5.366)	-0.903 *** (-4.091)	-0.889 *** (-4.017)	0.004 (1.341)	0.005 (1.516)
截距	—	—	0.538 (0.998)	-19.281 *** (-35.549)	—	—	0.407 *** (9.892)	0.407 *** (9.876)
年份	控制	控制	控制	控制	控制	控制	控制	控制
行业	控制	控制	控制	控制	控制	控制	控制	控制
Pseudo/调整 R^2	0.1911	0.196	0.535	0.548	0.206	0.208	0.189	0.185
样本量	8996	8996	8996	8996	8996	8996	8996	8996

3.4.4.2 变量的其他计算方法

本章还进行了如下稳健性检验：

第一，改变度量方法，分别用年度内积极业绩预告次数取自然对数 Frep2、年度内积极业绩预告次数与业绩预告总次数的比值 Frep3 度量业绩预告频率。表 3-13 给出了回归结果，Pled 和 Pler 的系数依然显著为正，第（4）列 Pler 的系数虽然不显著，但为正，表明前文结论是稳健的。

表 3-13 稳健性检验：积极业绩预告频率的替代变量

变量	Frep2		Frep3	
Pled	0.070*** (6.443)	—	0.014* (1.760)	—
Pler	—	0.078*** (5.025)	—	0.015 (1.307)
Top1	0.004*** (3.777)	0.004*** (4.095)	0.001 (1.311)	0.001 (1.396)
Herf5	-0.669*** (-4.905)	-0.703*** (-5.164)	-0.010 (-0.111)	-0.017 (-0.177)
Inst	0.002*** (9.491)	0.002*** (9.438)	0.002*** (12.645)	0.002*** (12.626)
Boar	-0.002 (-0.073)	-0.002 (-0.077)	0.062*** (3.371)	0.062*** (3.371)
Indb	-0.130 (-1.367)	-0.125 (-1.309)	-0.056 (-0.854)	-0.055 (-0.845)
Dual	0.031*** (3.268)	0.032*** (3.365)	0.021*** (3.092)	0.021*** (3.117)
Size	0.034*** (7.377)	0.035*** (7.579)	-0.005 (-1.462)	-0.004 (-1.405)
Lev	-0.349*** (-14.088)	-0.348*** (-14.026)	-0.037** (-2.181)	-0.037** (-2.170)
Roe	0.002*** (6.644)	0.002*** (6.619)	0.001*** (5.959)	0.001*** (5.955)

续表

变量	Frep2		Frep3	
State	-0.123 *** (-10.819)	-0.128 *** (-11.342)	-0.090 *** (-11.677)	-0.091 *** (-11.868)
Loss	-0.069 *** (-4.614)	-0.071 *** (-4.719)	-0.062 *** (-6.122)	-0.062 *** (-6.148)
截距	0.169 (1.358)	0.148 (1.191)	0.317 *** (3.829)	0.313 *** (3.780)
年份	控制	控制	控制	控制
行业	控制	控制	控制	控制
调整 R^2	0.100	0.0991	0.073	0.073
样本量	20476	20476	20476	20476

第二，采用管理费用除以总资产作为第一类代理成本的替代变量，其他应收款除以总资产作为第二类代理成本，进行模型（3-2）和模型（3-3）的回归。如表3-14所示，Pled、Pler分别与第一类代理成本显著负相关，与第二类代理成本正相关，Agen2的中介效应显著，本书的主要结论不变。

表3-14 稳健性检验：代理成本的替代变量

	Agen1		Agen2		Prec	
Pled	-0.003 *** (-3.714)	—	0.005 * (1.708)	—	-0.335 *** (-7.372)	—
Pler	—	-0.011 *** (-3.490)	—	0.001 (0.068)	—	-0.883 *** (-4.786)
Agen2	—	—	—	—	-1.255 * (-1.832)	-1.267 * (-1.737)
Top1	-0.000 ** (-2.057)	-0.000 ** (-2.059)	-0.000 (-1.389)	-0.000 (-1.375)	0.007 (1.152)	0.007 (1.012)
Herf5	0.018 (1.362)	0.019 (1.412)	-0.001 (-0.107)	-0.001 (-0.116)	-0.907 (-1.075)	-0.749 (-0.889)
Inst	0.000 *** (5.338)	0.000 *** (5.364)	-0.000 * (-1.814)	-0.000 * (-1.820)	0.005 *** (4.794)	0.005 *** (4.865)

续表

	Agen1		Agen2		Prec	
Dual	0.001 (1.501)	0.001 (1.447)	0.000 (0.112)	0.000 (0.117)	-0.155*** (-3.174)	-0.163*** (-3.326)
Boar	0.004* (1.667)	0.004* (1.683)	0.001 (0.350)	0.001 (0.348)	0.042 (0.252)	0.049 (0.298)
Indb	0.010 (1.257)	0.010 (1.244)	-0.001 (-0.130)	-0.001 (-0.130)	0.130 (0.233)	0.116 (0.209)
Size	-0.010*** (-20.954)	-0.010*** (-21.039)	-0.003*** (-5.856)	-0.003*** (-5.831)	0.161*** (4.495)	0.155*** (4.309)
Lev	0.004 (1.581)	0.003 (1.544)	0.030*** (11.257)	0.030*** (11.284)	0.165 (0.935)	0.143 (0.808)
Roe	0.014*** (3.375)	0.014*** (3.338)	-0.020*** (-4.785)	-0.020*** (-4.783)	0.905** (2.345)	0.890** (2.302)
State	0.003*** (2.923)	0.004*** (3.256)	-0.004*** (-3.648)	-0.004*** (-3.748)	0.326*** (4.352)	0.382*** (5.179)
Loss	0.003*** (3.203)	0.003*** (3.317)	0.005*** (5.215)	0.005*** (5.200)	-1.170*** (-11.988)	-1.157*** (-11.872)
截距	0.247*** (22.071)	0.248*** (22.081)	0.085*** (7.981)	0.084*** (7.977)	—	—
Pseudo/调整 R^2	0.242	0.241	0.167	0.167	0.148	0.146
样本量	20476	20476	20476	20476	20476	20476

3.5 进一步分析

3.5.1 产权性质的调节作用

产权性质对股权质押以及质押后的合同履行有较大影响，为了规避国有资产流失风险，制度安排严格，使得国有股的质押许可以及质押后的国有股权处于严格监管下。

国有股权质押时，除了要遵守《中华人民共和国公司法》《中华人民共和国担保法》及有关国有股权管理等法律法规的规定外，还需要遵守《关于上市公司国有股质押有关问题的通知》，该通知规定：①公司发起人持有的国有股，在法律限制转让期限内不得用于质押。②国有股东授权代表单位持有的国有股只限于为本单位及其全资或控股子公司提供质押。③国有股东授权代表单位用于质押的国有股数量不得超过其所持该上市公司国有股总额的50%。④国有股东授权代表单位以国有股进行质押，必须事先进行充分的可行性论证，明确资金用途，制订还款计划，并经董事会（不设董事会的由总经理办公会）审议决定。⑤国有股东授权代表单位以国有股质押所获贷款资金，应当按照规定的用途使用，不得用于买卖股票。⑥以国有股质押的，国有股东授权代表单位在质押协议签订后，按照财务隶属关系报省级以上主管财政机关备案，并根据省级以上主管财政机关出具的《上市公司国有股质押备案表》，按照规定到证券登记结算公司办理国有股质押登记手续。⑦各省、自治区、直辖市、计划单列市财政厅（局）应于每年1月31日前，将本地区上年度上市公司国有股质押情况上报财政部。财政部发布的《关于上市公司国有股被人民法院冻结、拍卖有关问题的通知》（财企〔2001〕656号）重申了国有股股权质押的许可条件：国有股东授权代表单位确需通过国有股质押融资时，应当建立严格的审核程序和责任追究制度，并对质押贷款项目进行周密的可行性论证，用于质押的国有股数量不得超过其所持该上市公司国有股总额的50%。

国有企业质押若不能清偿到期债务，《关于上市公司国有股质押有关问题的通知》规定：①若国有股东授权代表单位不能按时清偿债务的，应当通过法律、法规规定的方式和程序将国有股变现后清偿，不得将国有股直接过户到债权人名下。②国有股变现清偿时，涉及国有股协议转让的，应按规定报财政部核准；导致上市公司实际控制权发生变化的，质押权人应当同时遵循有关上市公司收购的规定。如果涉及法院拍卖的话，还需要遵守财政部发布的《关于上市公司国有股被人民法院冻结、拍卖有关问题的通知》的规定，具体条款包括：

第一，国有股东授权代表单位所持国有股被人民法院司法冻结的，应当在接到人民法院冻结其所持国有股通知之日起 5 个工作日内，将该国有股被冻结的情况报财政部备案，并通知上市公司；国有股东授权代表单位属地方管理的，同时抄报省级财政机关。

第二，国有股东授权代表单位对冻结裁定持有异议的，应当及时向作出冻结裁定的人民法院申请复议；人民法院依法作出解除冻结裁定后，国有股东授权代表单位应当在收到有关法律文书之日起 5 个工作日内，将该国有股解冻情况报财政部备案，并通知上市公司。国有股东授权代表单位属地方管理的，同时抄报省级财政机关；国有股东授权代表单位所持国有股被冻结后，应当在规定的期限内提供方便执行的其他财产，其他财产包括银行存款、现金、成品和半成品、原材料和交通工具等，其他财产不足以清偿债务的，由人民法院执行股权拍卖。

第三，拍卖人受托拍卖国有股，应当于拍卖日前 10 天在国务院证券监督管理部门指定披露上市公司信息的报刊上刊登上市公司国有股拍卖公告。拍卖公告包括但不限于以下内容：拍卖人、拍卖时间、地点、上市公司名称、代码、所属行业、主营业务、近 3 年业绩、前 10 名股东持股情况、原持股单位、被拍卖的国有股数量、占总股本的比例、竞买人应具备的资格、参与竞买应具备的手续。

第四，国有股拍卖必须确定保留价。当事人应当委托具有证券从业资格的评估机构对拟拍卖的国有股进行评估，并按评估结果确定保留价。评估结果确定后，评估机构应当在股权拍卖前将评估结果报财政部备案。国有股东授权代表单位属地方管理的，同时抄报省级财政机关。

第五，对国有股拍卖的保留价，有关当事人或知情人应当严格保密。第一次拍卖竞买人的最高应价未达到保留价时，应当继续拍卖，每次拍卖的保留价应当不低于前次保留价的 90%。第三次拍卖最高应价仍未达到保留价时，该应价不发生效力，拍卖机构应当中止国有股的拍卖。

第六，竞买人应当具备法律、行政法规规定的受让国有股的条件。

第七，拍卖成交后，国有股东授权代表单位应当在接到人民法院关于其所持国有股拍卖结果通知之日起 5 个工作日内，将该国有股被拍卖情况报财政部备案，并通知上市公司。国有股东授权代表单位属地方管理的，同时抄报省级财政机关。

第八，国有股拍卖后，买受人持拍卖机构出具的成交证明以及买受人的工商营业执照、公司章程等证明买受人身份性质的法律文件，按照《最高人民法院关于冻结、拍卖上市公司国有股和社会法人股若干问题的规定》，向原国有股东授权代表单位主管财政机关提出股权性质界定申请，并经界定后向证券登记结算公司办理股权过户手续。

第九，国有股东授权代表单位应当切实维护国有股权益，若发现有关当事人或知情人泄露拍卖保留价，或有关当事人与竞买人、债权人恶意串通等违法行为，应当及时请求人民法院中止拍卖，并依法追究有关责任人的责任。若因国有股东授权代表单位过失，使国有股权益遭受损失的，主管财政机关给予通报批评，并依法追究相关责任。

由以上规章制度可见，国有股股权质押存在严格的许可报备条件，再加上国有企业更容易从银行获得低成本贷款，其面临的融资约束小，没有必要通过质押国有股权来获取融资，因而国有上市公司的股权被质押的数量和占比少。即使国有股被质押，需要通过平仓偿还债务，可以采用协议转让和法院拍卖两种方式。在协议转让方式下，国有股授权代表单位具有较大的谈判力，可以通过非市场化手段协商化解。在法院拍卖方式下，拍卖价格有严格限制。因此即使达到平仓线，国有股东的控制权转移风险很低。

非国有企业面临的融资约束较大，其股权转让也没有严格的制度约束，因而非国有企业控股股东股权质押后的控制权转移风险较高，其对股价的变动更敏感，更有动机通过影响业绩预告的披露来调节股价。本章将样本公司划分为国有企业和非国有企业，对模型（3－1）、模型（3－2）和模型（3－3）进行回归分析。表3－15和表3－16给出了回归结果，Pled和Pler的系数只在非国企样本中显著为正，说明非国企控股股东股权质押后更有可能披露积极的业绩预告，披露积极业绩预告的次数增多，且业绩预告的精确度有所下降。

表3－15　控股股东是否股权质押对业绩预告披露的影响：基于产权性质的分析

变量	Posi		Frep		Prec	
	非国企	国企	非国企	国企	非国企	国企
Pled	0.154***	0.302	1.234***	0.932	－0.313***	－0.196
	(2.982)	(1.465)	(3.023)	(1.565)	(－5.362)	(－1.484)
Top1	0.856*	0.991	0.866*	1.008	0.003	0.017*
	(1.910)	(1.590)	(1.933)	(1.615)	(0.391)	(1.782)
Herf5	－1.461**	－1.332*	－1.457**	－1.353*	－0.457	－1.579
	(－2.355)	(－1.711)	(－2.352)	(－1.737)	(－0.421)	(－1.340)
Inst	0.711***	0.680***	0.713***	0.681***	0.002	0.005**
	(8.207)	(4.861)	(8.237)	(4.868)	(1.534)	(2.543)
Boar	0.073	0.259*	0.074	0.262*	0.234	－0.076
	(0.617)	(1.789)	(0.627)	(1.809)	(1.149)	(－0.344)
Indb	0.105	－0.859	0.108	－0.851	－0.807	1.123
	(0.254)	(－1.610)	(0.261)	(－1.596)	(－1.154)	(1.468)
Dual	0.032	0.138	0.032	0.139*	－0.159***	－0.256**
	(0.891)	(1.641)	(0.898)	(1.655)	(－2.622)	(－2.342)
Size	0.189***	0.081***	0.190***	0.081***	0.288***	0.116***
	(7.703)	(2.823)	(7.751)	(2.841)	(5.066)	(3.133)
Lev	－0.719***	－0.749***	－0.725***	－0.744***	0.219	－0.444**
	(－6.052)	(－4.138)	(－6.111)	(－4.116)	(0.797)	(－2.178)
Roe	12.068***	12.162***	12.093***	12.160***	1.254**	1.229***
	(20.450)	(15.922)	(20.467)	(15.925)	(2.174)	(3.140)
Loss	0.134**	0.341***	0.132**	0.341***	－1.387***	－1.076***
	(2.382)	(5.188)	(2.344)	(5.182)	(－8.442)	(－12.540)

续表

变量	Posi		Frep		Prec	
	非国企	国企	非国企	国企	非国企	国企
常数项	-5.667*** (-6.559)	-2.848*** (-3.810)	-5.694*** (-6.601)	-2.871*** (-3.837)	—	—
行业	控制	控制	控制	控制	控制	控制
年份	控制	控制	控制	控制	控制	控制
Pseudo/调整 R^2	0.112	0.163	0.112.	0.163	0.226	0.008
样本量	12286	8190	12286	8190	12286	8190

表 3-16 控股股东股权质押规模对业绩预告披露的影响：基于产权性质的分析

变量	Posi		Frep		Prec	
	非国企	国企	非国企	国企	非国企	国企
Pler	0.004*** (3.745)	0.003 (0.708)	0.234*** (2.823)	0.029 (0.565)	-0.643** (-2.071)	-0.818 (-1.059)
Top1	0.015*** (2.834)	0.010 (1.468)	0.766 (1.633)	0.798 (1.015)	0.002 (0.210)	0.016* (1.777)
Herf5	-2.426*** (-3.309)	-1.442* (-1.701)	-2.457* (-1.852)	-1.253 (-1.537)	-0.237 (-0.217)	-1.551 (-1.315)
Inst	0.008*** (8.127)	0.007*** (4.819)	0.563*** (3.237)	0.681*** (3.868)	0.002 (1.488)	0.005** (2.527)
Boar	0.019 (0.130)	0.322** (2.032)	0.164 (0.529)	0.262* (1.889)	0.241 (1.178)	-0.080 (-0.362)
Indb	0.054 (0.112)	-0.431 (-0.717)	0.117 (0.161)	-0.755 (-1.486)	-0.834 (-1.193)	1.102 (1.446)
Dual	0.088** (2.090)	0.155* (1.707)	0.052 (0.768)	0.146* (1.655)	-0.163*** (-2.684)	-0.259** (-2.375)
Size	0.272*** (9.098)	0.094*** (3.035)	0.198*** (6.651)	0.102*** (3.857)	0.277*** (4.867)	0.115*** (3.112)
Lev	-1.001*** (-7.586)	-0.944*** (-4.769)	-0.625*** (-5.111)	-0.724*** (-4.006)	0.189 (0.689)	-0.448** (-2.203)
Roe	12.350*** (16.221)	12.023*** (13.726)	11.193*** (19.357)	11.235*** 14.856)	1.263** (2.178)	1.232*** (3.151)

续表

变量	Posi		Frep		Prec	
	非国企	国企	非国企	国企	非国企	国企
Loss	0.212*** (2.973)	0.452*** (6.168)	0.149** (2.234)	0.251*** (4.282)	-1.370*** (-8.308)	-1.075*** (-12.537)
常数项	-7.376*** (-7.984)	-3.432*** (-4.355)	-4.683*** (5.712)	-2.871*** (-4.637)	—	—
行业	控制	控制	控制	控制	控制	控制
年份	控制	控制	控制	控制	控制	控制
Pseudo/调整 R^2	0.112	0.162	0.113	0.162	0.224	0.081
样本量	12286	8190	12286	8190	12286	8190

3.5.2 持股比例的调节作用

控股股东持股比例越高，对上市公司的控制能力越强，控制权转移风险越小，其对业绩预告披露的影响动机弱于持股比例低的控股股东。本章按照控股股东持股比例是否高于同年度同行业中位数，将总样本划分为高持股组和低持股组，表3-17的回归结果显示，Pled和Pler的系数只在低持股比例组中显著为正，说明持股比例低的控股股东股权质押后披露积极业绩预告的概率越高，且当持股比例较低时，质押比例越高披露积极业绩预告的可能性越大。

表3-17 控股股东股权质押对业绩预告披露性质的影响：基于控股股东持股比例的分析

变量	Posi			
	低	高	低	高
Pled	0.268*** (4.773)	0.091 (1.544)	—	—
Pler	—	—	0.006*** (4.524)	0.002 (0.942)

续表

变量	Posi			
	低	高	低	高
Top1	-0.001 (-0.197)	0.017* (1.890)	-0.001 (-0.086)	0.018* (1.915)
Herf5	0.536 (0.516)	-2.843*** (-3.014)	0.469 (0.452)	-2.868*** (-3.039)
Inst	0.010*** (7.814)	0.007*** (6.244)	0.010*** (7.804)	0.007*** (6.253)
Dual	0.063 (1.198)	0.155*** (2.805)	0.064 (1.207)	0.156*** (2.814)
Boar	0.075 (0.524)	0.037 (0.237)	0.072 (0.504)	0.036 (0.229)
Indb	-0.402 (-0.765)	-0.162 (-0.314)	-0.401 (-0.763)	-0.156 (-0.302)
Size	0.268*** (8.903)	0.076*** (2.677)	0.271*** (8.984)	0.077*** (2.708)
Lev	-1.252*** (-9.352)	-0.475*** (-2.814)	-1.251*** (-9.340)	-0.470*** (-2.785)
Roe	9.885*** (14.219)	15.366*** (18.618)	9.910*** (14.230)	15.367*** (18.616)
Loss	0.277*** (4.322)	0.451*** (5.671)	0.274*** (4.275)	-0.337*** (-5.059)
State	-0.391*** (-6.677)	-0.328*** (-4.908)	-0.401*** (-6.850)	0.450*** (5.671)
截距	-5.649*** (-7.026)	-3.436*** (-3.847)	-5.711*** (-7.095)	-3.453*** (-3.864)
年份	控制	控制	控制	控制
行业	控制	控制	控制	控制
Pseudo R^2	0.139	0.160	0.139	0.160
样本量	10248	10228	10248	10228

3.5.3 董事会的调节作用

我国董事会很大程度上受控于控股股东，独立董事难以发挥监督职能，控股股东可以通过董事会掏空上市公司（焦健等，2017），其在董事会中的席位越多，掏空行为越严重（唐建新等，2016）。本章按照董事会人数和独立董事比例的年度行业均值分组，对模型（3－1）进行分组回归。回归结果如表3－18所示，无论董事会规模大小和独立董事在董事会中所占比例的高低，Pled和Pler的系数都显著为正，说明董事会结构对控股股东策略性信息披露没有起到监督约束作用，董事会在某种程度上与控股股东结成了利益同盟。

表3－18　控股股东股权质押对业绩预告披露性质的影响：基于董事会结构的分析

变量	Posi							
	董事会规模		独立董事比例		董事会规模		独立董事比例	
	大	小	高	低	大	小	高	低
Pled	0. 216 *** (3. 947)	0. 167 *** (2. 868)	0. 118 ** (1. 981)	0. 244 *** (4. 569)	—	—	—	—
Pler	—	—	—	—	0. 005 *** (3. 116)	0. 005 *** (3. 174)	0. 004 *** (2. 650)	0. 005 *** (3. 523)
Top1	0. 011 ** (2. 097)	0. 016 ** (2. 458)	0. 015 ** (2. 192)	0. 012 ** (2. 250)	0. 012 ** (2. 183)	0. 017 ** (2. 559)	0. 015 ** (2. 236)	0. 012 ** (2. 367)
Herf5	－1. 957 *** (－2. 780)	－2. 190 ** (－2. 533)	－2. 306 *** (－2. 622)	－1. 827 *** (－2. 641)	－1. 997 *** (－2. 837)	－2. 255 *** (－2. 609)	－2. 328 *** (－2. 648)	－1. 885 *** (－2. 724)
Inst	0. 009 *** (8. 251)	0. 006 *** (4. 882)	0. 007 *** (4. 680)	0. 008 *** (8. 342)	0. 009 *** (8. 259)	0. 006 *** (4. 895)	0. 007 *** (4. 692)	0. 008 *** (8. 348)
Boar	0. 077 (1. 471)	0. 139 ** (2. 448)	0. 176 *** (2. 951)	0. 047 (0. 931)	0. 077 (1. 467)	0. 141 ** (2. 475)	0. 177 *** (2. 956)	0. 047 (0. 938)
Indb	0. 095 (0. 430)	－0. 007 (－0. 038)	0. 113 (0. 803)	0. 078 (0. 436)	0. 092 (0. 417)	－0. 008 (－0. 042)	0. 115 (0. 815)	0. 071 (0. 398)

续表

变量	Posi							
	董事会规模		独立董事比例		董事会规模		独立董事比例	
	大	小	高	低	大	小	高	低
Dual	0.247 (0.379)	-0.438 (-0.800)	-0.511 (-0.828)	-2.203 (-1.486)	0.262 (0.403)	-0.439 (-0.803)	-0.512 (-0.829)	-2.204 (-1.487)
Size	0.139*** (5.046)	0.254*** (8.106)	0.200*** (6.276)	0.183*** (6.812)	0.142*** (5.124)	0.256*** (8.154)	0.201*** (6.302)	0.186*** (6.904)
Lev	-0.966*** (-6.453)	-1.085*** (-7.297)	-1.015*** (-6.397)	-1.047*** (-7.323)	-0.962*** (-6.422)	-1.084*** (-7.279)	-1.016*** (-6.398)	-1.041*** (-7.281)
Roe	13.042*** (16.481)	11.355*** (14.312)	12.604*** (14.469)	12.161*** (16.577)	13.052*** (16.486)	11.376*** (14.325)	12.625*** (14.481)	12.172*** (16.583)
Loss	-0.370*** (-6.725)	-0.364*** (-5.329)	-0.413*** (-5.366)	-0.342*** (-6.486)	-0.384*** (-6.979)	-0.371*** (-5.434)	-0.416*** (-5.408)	-0.357*** (-6.770)
截距	0.388*** (5.835)	0.227*** (3.022)	0.360*** (4.593)	0.299*** (4.538)	0.385*** (5.806)	0.226*** (3.000)	0.358*** (4.566)	0.297*** (4.515)
年份	控制	控制	控制	控制	控制	控制	控制	控制
行业	控制	控制	控制	控制	控制	控制	控制	控制
Pseudo R^2	0.133	0.117	0.125	0.128	0.133	0.118	0.126	0.128
样本量	13650	6825	10238	10898	13650	6825	10238	10898

3.5.4 股市周期的调节作用

牛市和熊市是资本市场股价涨跌趋势的两种特征。牛市时，股价的基本趋势持续上升，形成投机者不断买进证券、需求大于供给的市场现象，此时控股股东进行股权质押会获得更多资金，熊市时则相反。但股权质押是控股股东融资的无奈选择，股市周期是否会影响质押后业绩预告的披露有待进一步实证检验。

借鉴肖峻（2013）的做法，本章根据上证综合股指数涨跌幅度和流通市值加权平均市场季度收益率两类指标定义牛市和熊市，并进行分组回归。当市场收益率大于0时定义该年度为牛市1，小于0时定义该年度为熊市1；当股指涨幅大于等于20%时定义该年度为牛市2，跌幅大于等于20%时定义该年度为熊市2。表3-19给出了回归结果，由于各个年度股指变化幅度较为平稳，涨跌幅大于等于20%的年份较少，因此牛市2和熊市2的样本量有所减少。Pled和Pler的系数显著为正，表明无论是牛市还是熊市，控股股东都倾向于质押后披露积极业绩预告以稳定或提升股价，规避控制权转移风险。

表3-19　控股股东股权质押对业绩预告披露性质的影响：基于股市周期的分析

变量	Posi							
	牛市1		熊市1		牛市2		熊市2	
Pled	0.153***	—	0.248***	—	0.384**	—	0.314**	—
	(3.089)		(4.397)		(2.575)		(2.364)	
Pler	—	0.004***	—	0.005***	—	0.007*	—	0.007*
		(3.082)		(3.506)		(1.784)		(1.947)
Top1	0.014***	0.015***	0.012**	0.012**	0.015	0.016	0.010	0.011
	(2.883)	(2.991)	(2.435)	(2.570)	(1.456)	(1.553)	(0.929)	(1.024)
Herf5	-2.228***	-2.278***	-1.781***	-1.844***	-2.446*	-2.531*	-0.761	-0.855
	(-3.461)	(-3.538)	(-2.797)	(-2.900)	(-1.801)	(-1.867)	(-0.545)	(-0.614)
Inst	0.008***	0.008***	0.007***	0.007***	0.013***	0.013***	0.007***	0.007***
	(8.174)	(8.182)	(7.227)	(7.241)	(5.913)	(5.924)	(3.342)	(3.360)
Boar	0.108**	0.109**	0.100**	0.101**	0.142	0.141	0.275***	0.276***
	(2.524)	(2.541)	(2.258)	(2.280)	(1.355)	(1.345)	(2.911)	(2.922)
Indb	0.082	0.080	0.041	0.039	0.247	0.246	0.105	0.100
	(0.661)	(0.646)	(0.320)	(0.308)	(0.982)	(0.979)	(0.409)	(0.391)
Dual	-0.169	-0.160	-0.404	-0.399	-0.395	-0.362	-1.154	-1.175
	(-0.397)	(-0.377)	(-0.933)	(-0.922)	(-0.423)	(-0.390)	(-1.307)	(-1.331)
Size	0.190***	0.192***	0.186***	0.189***	0.230***	0.234***	0.077	0.080
	(7.961)	(8.025)	(7.199)	(7.302)	(4.475)	(4.556)	(1.451)	(1.517)
Lev	-1.008***	-1.007***	-1.038***	-1.035***	-1.864***	-1.858***	-0.838***	-0.830***
	(-8.116)	(-8.105)	(-7.527)	(-7.495)	(-7.294)	(-7.277)	(-2.832)	(-2.807)
Roe	12.075***	12.086***	12.536***	12.554***	12.335***	12.342***	12.485***	12.458***
	(17.526)	(17.540)	(17.797)	(17.801)	(9.984)	(10.007)	(8.595)	(8.598)

续表

变量	Posi							
	牛市1		熊市1		牛市2		熊市2	
State	-0.398*** (-7.723)	-0.404*** (-7.886)	-0.322*** (-6.142)	-0.336*** (-6.437)	-0.221** (-2.134)	-0.239** (-2.315)	-0.346*** (-3.279)	-0.364*** (-3.504)
Loss	0.264*** (4.492)	0.263*** (4.473)	0.368*** (5.942)	0.366*** (5.900)	1.026*** (8.158)	1.024*** (8.142)	0.072 (0.551)	0.067 (0.514)
截距	-4.327*** (-7.343)	-4.367*** (-7.411)	-4.716*** (-6.889)	-4.773*** (-6.976)	-5.237*** (-4.270)	-5.340*** (-4.366)	-2.197* (-1.783)	-2.248* (-1.825)
年份	控制	控制	控制	控制	控制	控制	控制	控制
行业	控制	控制	控制	控制	控制	控制	控制	控制
Pseudo R^2	0.133	0.133	0.123	0.123	0.122	0.122	0.172	0.172
样本量	11262	11262	9214	9214	3215	3215	1896	1896

3.5.5 控制权转移风险的调节作用

已有研究表明，业绩预告的历史准确性会影响资本市场的反应，业绩预告的历史准确性越差，市场对当前预测的反应越弱（李馨子和罗婷，2014），业绩变脸也可能收到监管部门的关注函、问询函甚至警示函，影响控制权私利和公司声誉，因而业绩预告披露的策略性也是有成本的。但当质押后股价下跌至平仓线时，面临控制权转移的风险，通过策略性披露业绩预告来影响股价走势给控股股东带来的收益更大。当质押后股价高于平仓线时，控制权转移风险较低，控股股东通过影响业绩预告来披露影响股价的动机较小。由于业绩预告是按季度披露的，因而以季度为研究样本可以更便于分析股权质押对业绩披露的影响。本章以t季度末控股股东股权质押的公司为样本，构建模型（3-6）来研究股权质押后控制权转移风险对控股股东业绩预告披露的影响。

$$Posi_{i,t+1} = \delta_0 + \delta_1 Risk_{i,t+1} + \delta_2 Top1_{i,t+1} + \delta_3 Herf5_{i,t+1} + \delta_4 Inst_{i,t+1} + \delta_5 Boar_{i,t+1} + \delta_6 Indb_{i,t+1} + \delta_7 Dual_{i,t+1} + \delta_8 State_{i,t} + \delta_9 Size_{i,t} + \delta_{10} Lev_{i,t} + \delta_{11} Roe_{i,t} +$$

$$\delta_{12}\ Loss_{i,t} + \sum Ind_{i,t} + \sum Year_{i} + \upsilon_{i,t} \qquad (3-6)$$

模型（3－6）中，Risk 为控制权转移风险，设定主板质押率为 55%，中小板为 50%，创业板为 45%，采用前 20 个交易日均价作为基准质押价格，平仓线 130%。当 t＋1 季度最低股价小于平仓线时，call1 取值为 1，否则为 0；当 t＋1 季度最低股价离平仓线的距离小于等于 5% 时，call2 取值为 1，否则为 0；当平仓线 5%～10% 时，call3 取值为 1，否则为 0；当平仓线 10%～15% 时，call4 取值为 1，否则为 0；当平仓线 15% 以上时，call5 取值为 1，否则为 0。表 3－18 给出了回归结果，call1～call4 的系数显著为正，但系数大小和显著性整体而言有下降趋势，call5 的系数不再显著，说明当股价下跌越临近平仓线时，控制权转移风险越大，控股股东披露积极业绩预告的可能性有所提高。

表 3－20　控股股东股权质押对业绩预告披露性质的影响：基于控制权转移风险的分析

变量	Posi				
	call1	call2	call3	call4	call5
call	0.311*** (5.409)	0.274*** (4.414)	0.246** (2.080)	0.071 (0.750)	－0.054 (－0.734)
Top1	0.335 (0.535)	0.356 (0.568)	0.350 (0.558)	0.378 (0.602)	0.371 (0.591)
Herf5	－0.002 (－0.002)	0.020 (0.024)	0.022 (0.026)	0.045 (0.055)	0.038 (0.046)
Inst	0.040 (0.324)	0.035 (0.285)	0.040 (0.325)	0.036 (0.295)	0.037 (0.301)
Boar	－0.077 (－0.464)	－0.067 (－0.406)	－0.060 (－0.360)	－0.057 (－0.342)	－0.058 (－0.349)
Indb	－0.689 (－1.219)	－0.684 (－1.203)	－0.677 (－1.190)	－0.678 (－1.189)	－0.683 (－1.199)
Dual	0.025 (0.502)	0.027 (0.535)	0.026 (0.506)	0.024 (0.477)	0.024 (0.478)
Size	0.083*** (2.985)	0.083*** (3.003)	0.084*** (3.008)	0.083*** (2.981)	0.083*** (2.977)

续表

变量	Posi				
	call1	call2	call3	call4	call5
Lev	-0.002 (-0.018)	0.009 (0.081)	0.011 (0.099)	0.012 (0.113)	0.014 (0.128)
Roe	-0.006 (-0.167)	-0.005 (-0.149)	-0.006 (-0.167)	-0.005 (-0.149)	-0.005 (-0.157)
State	-0.429*** (-3.247)	-0.424*** (-3.202)	-0.406*** (-3.049)	-3.002*** (-3.019)	-0.398*** (-3.002)
Loss	-1.140*** (-16.462)	-1.128*** (-16.408)	-1.106*** (-15.979)	-1.103*** (-15.986)	-1.100*** (-15.927)
截距	-0.972 (-0.760)	-0.975 (-0.761)	-0.713 (-0.556)	-0.754 (-0.589)	-0.819 (-0.638)
季度	控制	控制	控制	控制	控制
行业	控制	控制	控制	控制	控制
Pseudo R^2	0.050	0.049	0.048	0.047	0.047
样本量	10243	10243	10243	10243	10243

3.5.6 控股股东股权质押下业绩预告的经济效应

控股股东在影响信息披露时，不仅考虑收益，还要考虑成本。在法律和声誉风险较低的情况下，控股股东更多考虑披露的收益。积极的业绩预告性质会提高股价，产生正的未预期收益，消极的业绩预告则相反，降低股价，产生负的未预期收益（Skinner，1994；Hutton 等，2003）。因而股权质押下，控股股东有动机通过影响业绩预告披露来稳定或提升股价。

股权资本成本是投资者出让资金而索取的回报，风险越大则索取的回报越大。现有研究表明，信息披露是股权资本成本的重要影响因素。信息披露机制直接影响到信息披露的数量和质量。信息不对称理论、信息不完全理论和估值风险理论分别从不同角度讨论了信息披露与股权资本成本的关系。信息不对称理论认为，有信息优势的交易者会诱导产生逆向选择问题，降低了股票的流动性，不知情的交易者因而要求额外的风险溢价，从而提高股权资本成本（Amihud 和 Mendelson，1986）。不完全但对称的信息也会影响资产定价，并不是所有投资者都了解每项资产，一些投资者面临持有某些资产的参与约束，但这些约束与反映资产未来业绩的信息无关，对不知情资产的需求不足导致均衡时的期望回报增大（Merton，1987）。估值风险理论采用贝叶斯决策模型，分析投资者如何在历史数据基础上预测股票回报的分布参数，该理论认为信息越多（少）则估值风险越小（大）、定价越低（高），而传统 CAPM 模型的市场贝塔假设分布参数已知，不考虑估值风险，因此信息披露水平低的股票的贝塔值估计过低（Barry 和 Brown，1985）。

信息风险是否可以通过组合得到有效分散呢？Easley 和 O’Hara（2004）构建了一个公开信息和私人信息影响资产回报的定价模型，认为没有私人信息的投资者总是选择错误，这种风险无法分散，在均衡状态下，投资者要求对持有私人信息较多的股票所承担的系统风险给予补偿。企业可以通过信息披露政策提高公开信息披露的数量和质量，信息生成是有成本的，公开信息披露减少了搜寻私有信息的动机和搜寻成本（Diamond，1985），可以降低投资者要求的风险溢价。Lambert 等（2007）不认为信息质量代表了不可分散风险，他们构造了单时期多证券定价模型，认为信息质量会直接或间接影响股权资本成本，直接影响是低信息质量不影响公司现金流，而是提高了投资者对本公司与其他公司现金流协方差的估计，从而提高了股权资本成本，间接影响是低信息质量会通过代理问题影响公司决策，从而影响本公司期望现金流与该现金流和市场所有公司现金流的协方差之间的比率。各学者采用权威机构设计的披露指数或自行设计的披露指数、盈余透明度等作为信息披露水平的衡量指标，实证结果表明信息披露水平与股权资本成本负相关（Botosan，1997；Francies 等，2004）。

业绩预告是投资者了解公司价值的重要信息，具有显著的信息含量。积极的业绩预告意味着公司未来现金流量风险低，降低了投资者的风险预期进而可以降低股权资本成本，Evans 和 Sridhar（2002）为此提供了理论支持。但业绩预告是由管理层披露的，第二类代理问题加重控股股东的道德风险，提高信息不对称程度，引起中小投资者的风险关注并提高风险溢价要求。

3.5.6.1 股权资本成本事后估算模型及评价

（1）事后估算模型的分类。

资本资产定价（CAPM）模型、套利定价（APT）模型、Fama－French 三因素定价模型都是从风险补偿角度度量股权资本成本的，具体形式如式（3－7）、式（3－8）、式（3－9）所示。

$$E(r_i) = r_f + \beta_i[E(r_m) - r_f] \tag{3-7}$$

$$E(r_i) = r_f + \sum_{j=1}^{n} b_{ij}[E(r_m) - r_f] \tag{3-8}$$

$$E(r_i) = r_f + b_i[E(r_m) - r_f] + s_i E(SME) + h_i E(HML) \tag{3-9}$$

式（3－7）是 CAPM 模型，其中，E（r_i）是资产 i 的期望报酬率即股权资本成本，r_f 是无风险报酬率，E（r_m）－r_f 是风险溢价，β_i 是资产 i 的收益率相对于市场整体收益率的敏感系数。式（3－8）是 APT 模型，其中，b_{ij}是资产 i 的收益率对因素 j 的敏感系数，表明期望报酬率不仅会受到市场风险的影响，还会受到通胀水平、工业生产指数等众多因素影响。式（3－9）是 Fama－French 三因素定价模型，该模型将企业规模和账面市值比作为不可分散风险的替代变量，其中，E（SME）是小型企业股票组合与大型企业股票组合的报酬率之差，E（HML）是高账面市值比的股票组合与低账面市值比的股票组合的报酬率之差，b_i、s_i、h_i 是资产 i 的收益率相对于市场收益率、企业规模和账面市值比的敏感系数。

（2）对事后估算模型的评价。

事后估算模型都是由无风险利率和风险溢价构成的，所不同的是 CAPM 模型只考虑了市场风险，是单因素定价模型，APT 模型的风险因素众多，是多因素定价模型，但由于风险因素并不确定因而该模型难以具体应用，Fama－French 三因素定价模型将影响期望报酬率的众多风险因素归纳为市场因素、规模因素和账面市值比率因素，弥补了 CAPM 模型风险因素单一和 APT 模型应用性差的缺陷。CAPM 模型和三因素定价模型得到了理论界和实务界的广泛应用，但一些学者提出质疑。Fama 和 French（1992）实证研究发现，CAPM 模型中市场 β 与实际已实现收益率之间的回归关系不显著；三因素定价模型意味着不可分散风险越大、收益越大，但 Daniel 等（1997）实证发现，风险溢价与模型中的三个因素无关，公司特征比公司股票收益率的协方差矩阵更能解释股票平均收益率的横截面数据变动，即期望收益率由公司特征（如行业、地区等）而不是由风险决定；Kothari 等（1995）认为，Fama 和 French（1992）对三因素模型的实证检验存在样本选择偏差，研究结论只对特定数据库成立，缺乏普遍性。

我国文献研究了 CAPM 模型和 Fama - French 三因素定价模型在我国资本市场的适用性。陈信元等（2001）实证分析认为，市场 β 不能解释我国股票收益，规模和账面市值比的解释能力显著，邓长荣和马永开（2005）实证分析认为，三因素定价模型比 CAPM 模型更好地描述了我国股票收益率横截面数据的变动，杜兴强和聂志萍（2007）实证研究认为，三因素定价模型对我国股市动量收益和反转收益的解释力度不大。由此可见，事后估算模型的有效性在我国也没有统一结论。

3.5.6.2　事前估算模型的分类及评价

（1）事前估算模型的建构基础。

股权资本成本是企业经过风险调整的未来现金流贴现到当前内在价值的折现率，但实际计算时需要考虑两个问题。一个问题是经过风险调整的未来现金流无法直接观察，预测也很困难，站在股东财富的角度，未来股利可以代替未来现金流，同时对风险的调整体现在折现率上，此时股权资本成本由无风险利率和风险溢价组成。另一个问题是股权的内在价值难以度量，只有当套利成本微不足道时股价才等于股权内在价值，当交易成本显著增大时，股价调整到股权内在价值的过程需要时间，股价会偏离内在价值（Lee 等，1999），但毫无疑问股价是其最恰当的表现形式，股价的变化体现了市场对未来股利或折现率的调整。因此，股权资本成本可以重新定义为未来股利折现为当前股价的风险贴现率，即股利折现模型，如式（3-10）所示。

$$P_0 = \sum_{t=1}^{\infty} \frac{E(DPS_t)}{(1+r_e)^t} \tag{3-10}$$

其中，P_0 为公司在 $t=0$ 期时的股价，DPS_t 为 t 期末的期望现金股利，r_e 为股权资本成本。该等式建立在公司永续经营基础上，认为公司价值取决于财富的分配，即未来各会计期间发放的股利。但股利的发放会减少企业资源，不仅不会创造财富，还可能会减少预期收益，而且决定股利发放的因素复杂，未来股利变化具有不确定性，若公司在未来期间不发放股利则得出股价为零的不合理结论。股利折现模型以企业永续经营为前提，预测期间无穷使得该模型难以实际应用，成为众多事前估算模型的理论基础。

（2）干净盈余假设下的剩余收益估值模型。

剩余收益概念来自于经济学中的经济利润，如式（3-11）所示。

$$RIPS_t = NIPS_t - r_e BVPS_{t-1} \tag{3-11}$$

其中，$RIPS_t$ 是公司 t 期的每股剩余收益，$NIPS_t$ 是 t 期的每股净利润，$BVPS_{t-1}$ 是公司 t-1 期的每股净资产，r_e 为股权资本成本。正常盈余是指股东的机会成本，即期初净资产与投资者期望报酬率的乘积。后来剩余收益概念开始应用于估值中。1920 年，美国税收部门评估禁酒令对酿造厂价值的影响时使用了剩余收益概念，Leake（1921）用剩余收益的折现价值计算商誉，Preinreich（1938）认为资本价值等于账面价值与未来无限期内的剩余收益折现值之和，Edey（1957）在股利永续不变的假设下推导出净现值等于未来无限期内剩余收益的折现值。有一个重要的假设——干净盈余（Clean Surplus）假设，即所有影响账面价值的收益或损失均包含在当期盈利中，即净资产变动 = 当期净利润 - 股利，如式（3-12）所示。

$$BVPS_t - BVPS_{t-1} = NI_t - D_t \tag{3-12}$$

其中，$BVPS_t$ 是公司 t 期的净资产，D_t 为股利，把式（3－12）代入式（3－11）中得出式（3－13）。

$$D_t = RI_t - BVPS_t + (1 + r_e) BVPS_{t-1} \tag{3-13}$$

将式（3－13）代入式（3－11），并假定公司自有资产的增长速度小于同期的股权资本成本，从而使得预期无穷期的净资产账面价值收敛得出式（3－14）。

$$P_0 = \sum_{t=1}^{\infty} \frac{E[RIPS_t + (1 + BVPS_{t-1}) - BVPS]}{(1 + r_e)^t} = BVPS_0 + \sum_{t=1}^{\infty} \frac{E(RIPS_t)}{(1 + r_e)^t} \tag{3-14}$$

式(3－14)就是剩余收益估值(RIV)模型。Ohlson(1995)，Feltham 和 Ohlson(1995)拓展了剩余收益估值模型，在干净盈余假设下推出用于估算股权资本成本的 Ohlson 模型。Ohlson(1995)假设剩余收益与其他信息满足自回归过程，提出了线性动态模型和企业价值，如式(3－15)、式(3－16)所示。

$$x_{t+1}^a = \omega x_t^a + \nu_t + \varepsilon_{t+1} \tag{3-15}$$

$$p_t = b\nu_t + \alpha_1 x_t^a + \alpha_2 \nu_t \tag{3-16}$$

其中，$b\nu_t$ 表示 t 期净资产账面价值，x_t^a 表示 t 期剩余收益，ν_t 表示与估值有关但不可观察的其他信息。Beaver(1989)曾描述过会计数据与公司价值的三个关系：①当前会计数据与未来会计数据的关系。②未来会计数据与未来股利的关系。③未来股利与公司价值的关系。Ohlson(1995)，Feltham 和 Ohlson(1995)的价值模型建立在股利无关论基础上，将上述第②、第③关系融合为一个关系，即未来会计数据与公司价值的关系，而且解决了式(3－14)中无穷求和的问题，但该模型没有明确其他信息的内容。

Gebhardt 等(2001)，Claus 和 Thomas(2001)在式(3－14)和式(3－16)基础上拓展了剩余收益估值模型，分别推出应用广泛的 GLS 模型和 CT 模型。

1)GLS 模型。

GLS 模型如式(3－17)所示：

$$P_0 = BVPS_0 + \sum_{t=1}^{\infty} \frac{E(NIPS_t - r_e BVPS_{t-1})}{(1+r_e)^t} = BVPS_0 + \sum_{t=1}^{\infty} \frac{E[(ROE_t - r_e)BVPS_{t-1}]}{(1+r_e)^t} \tag{3-17}$$

其中，ROE_t 是期望净资产收益率。该方程以无穷期限方式估算公司价值，实际应用时必须确定有限预测期，有限预测期之外的价值流用终值（TV）表示。

$$P_0 = BVPS_0 + \sum_{t=1}^{3} \frac{(FROE_t - r_e)BVPS_{t-1}}{(1+r_e)^t} + TV \tag{3-18}$$

$$TV = \sum_{t=4}^{T-1} \frac{(FROE_t - r_e)BVPS_{t-1}}{(1+r_e)^t} + \frac{(FROE_T - r_e)BVPS_{T-1}}{r_e(1+r_e)^{T-1}} \tag{3-19}$$

式（3－18）和式（3－19）中 $FROE_t$ 是 t 期的期望净资产收益率，前三期的期望净资产收益率可以通过分析师对每股收益的预测计算，即 $FROE_t = FEPS_t / BVPS_{t-1}$，若分析师只预测了前两期的每股收益和长期盈利增长率 Lg，则 $FEPS_3 = FEPS_2(1 + Lg)$，$BVPS_t$ 可以根据干净盈余假设计算，即 $BVPS_t = BVPS_{t-1} + FEPS_t - FDPS_t = BVPS_{t-1} + FEPS_t(1-K)$，其中 K 为股利支付率，可使用 t＝0 时期的实际股利支付率来代替。Gebhardt 等（2001）认为，有限预测期 T 不少于 12 期，从第 4 期开始期望净资产收益率用行业净资产收益率的中位数代替，12 期以后假定剩余收益维持不变，是个常量，这符合经济学中厂商长期利润平均化的理论。Gebhardt 等（2001）实证分析表明行业特征、账面市值比、预期长期增长率、分析师盈余预测差异是影响风险溢价的主要因素，计算股权资本成本时需要考虑这四个因素。

2）CT 模型。

Claus 和 Thomas（2001）认为，在美国会计准则下几乎所有交易都满足干净盈余假设，即使股票回购和股票发行违反了干净盈余假设，但这些交易发生在事后，分析师预测盈余时并不予以考虑。由于 I/B/E/S 数据库提供的分析师盈余预测限于 5 期，因此 CT 模型的有限预测期为 5 期。前五期的剩余收益可根据式（3-11）计算，每股净资产在干净盈余假设和股利支付率为50%的假设下根据式（3-12）计算。有限预测期之外的终值中假定剩余收益以年固定增长率g（又称为预期通胀率）的速度保持增长，并假定$g=r_f-3\%$（r_f为十年期无风险利率）。实证分析时剔除预期收益为负数的样本，若缺少第3期、第4期、第5期的盈余预测，则用$NIPS_t=NIPS_{t-1}(1+g)(t=3、4、5)$代替，于是建立CT模型即式（3-20）。

$$P_0 = BVPS_0 + \sum_{t=1}^{5} \frac{RIPS_t}{(1+r_e)^t} + \frac{RIPS_5(1+g)}{(r_e-g)(1+r_e)} \tag{3-20}$$

由于期望净资产收益率即股权资本成本是随机的，并假定期望股权报酬率近似等于折现率，Claus和Thomas（2001）将期望净资产收益率中的风险溢价作为常量，无风险利率作为变量，式（3-20）可以表达为式（3-21）。

$$P_0 = BVPS_0 + \sum_{t=1}^{\infty} \frac{RIPS_t}{(1+r_f+r_p)^t} \tag{3-21}$$

其中，r_f是预测的一年期无风险利率，r_p是风险溢价，有限预测期仍为第5期。Claus和Thomas（2001）对比了戈登股利增长模型式（3-20）和式（3-21），认为戈登股利增长模型中的股利增长率是决定股权资本成本的重要因素，经常用估计过高的未来五年盈余增长预测代替，因而估算的股权资本成本偏高，若把未来五年盈余增长预测提高1%，则估算的股权资本成本也会提高1%。而式（3-20）中的第三部分包含未来盈余预测的终值只体现了总价值的40%，降低了未来盈余预测的重要性，若把式（3-20）中的g提高到10%，股权资本成本只会提高2%，因此CT模型的估算更可靠。式（3-21）在理论上比式（3-20）更精确，计算的风险溢价仅相差0.01%。

（3）非干净盈余假设下的剩余收益估值模型。

1）OJ模型。

只要对外发行股票的份数发生了改变即发生资本交易，干净盈余假设就不再成立，鉴于剩余收益估值模型的局限性，Ohlson（2005）不使用经济或会计概念，仅从数学角度同样推出了类似于剩余收益模型的非正常盈余增长模型。设 $\{y_t\}_{t=0}^{\infty}$ 为任何一个满足当 $t\to\infty$ 时 $R^{-1}\times y_t\to 0$ 的数列，可以得出式（3－22）。

$$0=y_0+R^{-1}(y_1-R\times y_0)+R^{-2}(y_2-R\times y_1)+\cdots \tag{3-22}$$

其中，$R=1+r_e$，将式（3－22）和式（3－11）合并，可得出式（3－23）。

$$P_0 = y_0 + \sum_{t=1}^{\infty} R^{-t}\times z_t \tag{3-23}$$

其中，$z_t=y_t+DPS_t-R\times y_{t-1}$，$R=1+r_e$。$y_t$ 可以用 $BVPS_t$（净资产）或 EPS_t/r_e（盈余资本化）代替，在“股价随机游走”假设下，用后者更合适。把 $y_t=EPS_{t+1}/r_e$ 代入式（3－23）可得式（3－24）。

$$P_0 = EPS_{t+1}/r_e + \sum_{t=1}^{\infty} R^{-t}\times z_t \tag{3-24}$$

其中，$z_t=r_e^{-1}$（$EPS_{t+1}+r_eDPS_t-R\times EPS_t$），式（3－24）称为非正常盈余增长模型（AEG）。Ohlson（2005）以股价等于盈余的资本化为假设条件，通过线性信息动态模型分析认为把式（3－24）的无限期间截断为有限期间进行估值不会产生误差，但会计的谨慎性往往会低估盈余，造成股价大于盈余的资本化，因此 $z_t>0$。

设 $z_{t+1}=\gamma z_t(z_t>0,\ 0\leqslant\gamma<R)$，$\gamma$ 为期望剩余收益增长率。考虑两期模型，式（3－24）可写为式（3－25）并推出式（3－26）。

$$P_0=EPS_1/r_e+z_1/(R-\gamma) \tag{3-25}$$

$$P_0=EPS_2/r_e+z_1/(R-\gamma)=(EPS_1/r_e)[(g_2-g)/(r-g)] \tag{3-26}$$

其中，$g_2=(EPS_2-EPS_1)/EPS_1+r_e(DPS_1/EPS_1)$，$g=\lambda-1$。Ohlson（2005）比较了剩余收益估值模型（RIV）和非正常盈余增长模型（AEG），认为 AEG 模型（式（3－25））用 EPS_1 的资本化代替 RIV 模型（式（3－14））中的 $BVPS_0$，更接近于市场价格。AEG 模型表明，投资价值依赖于公司盈余及其增长而不像 RIV 模型那样依赖于净资产及其增长，更清晰地阐述了财富创造的源泉是公司盈利，避免了干净盈余假设，适用性强，因此，该估值模型具有更大的实践价值。

Ohlson 和 Juettner（2005）对线性信息动态过程进行了一般化处理，构建了 OJ 模型，可以说 OJ 模型与非正常盈余增长模型（AEG）无论从本质上还是形式上都是一样的。设 $\hat{g}_2=[(EPS_2+r_eDPS_1)/EPS_1-1]-r_e=[(EPS_2-EPS_1)/EPS_1+r_e(DPS_1/EPS_1)]-r_e=g_2-r_e$，由 $z_1>0$ 可推出 $g_2>r_e$，于是式（3-26）可写为式（3-27）。

$$\frac{P_0}{EPS_1}=r_e^{-1}\left[1+\frac{\hat{g}_2}{(R-\gamma)}\right]=r_e^{-1}\times\frac{g_2-(\gamma-1)}{r_e-(\gamma-1)} \tag{3-27}$$

设 $EPS_{t+1}=G\times EPS_t$，$DPS_{t+1}=G\times DPS_t$，$DPS_{t+1}=k\times EPS_{t+1}$（k 为股利支付率）、$G=\gamma$，则有 $r_ez_t=EPS_{t+1}-R\times EPS_t+r_eDPS_t=(G-R+r_ek)EPS_t$，并可推出 $\hat{g}_2=G-R+r_ek$，将之代入式（3-27）可以得出式（3-28）。

$$\frac{P_0}{EPS_1}=r_e^{-1}\left[1+\frac{(G-R+r_ek)}{(R-G)}\right]=\frac{k}{(R-G)} \tag{3-28}$$

式（3-28）就是戈登的股利增长模型。根据式（3-27）可解出 r_e，如式（3-29）所示。

$$r_e=A+\sqrt{A^2+\frac{EPS_1}{P_0}\times\left[\frac{(EPS_2-EPS_1)}{EPS_1}-(\gamma-1)\right]} \tag{3-29}$$

其中，$A=(\gamma-1+DPS_1/P_0)/2$，γ 是每股收益的长期增长率，可从分析师盈余预测中得到，$\gamma=\lim\limits_{t\to\infty}(EPS_{t+1}/EPS_t)$。OJ 模型同样不再需要满足干净盈余假设，只需要 EPS_1、EPS_2、DPS_1 的预测，无须除了 DPS_1 以外的股利预测、账面价值预测和每股收益预测。Gord 和 Mohanaram（2003）应用 OJ 模型时 γ 取长期经济增长率 $\gamma=1+(r_f-3\%)$。

2）PEG 模型。

无套利假设下投资者在 T=1 时以 P_0 买入股票，在 T=2 时股价为 P_1 并获得股利 DPS_1，Easton（2004）列出式（3-30）。

$$P_0=\frac{EPS_1}{r_e}-\left(\frac{EPS_1}{r_e}-\frac{P_1+DPS_1}{1+r_e}\right) \tag{3-30}$$

将式（3－30）变形为 $P_0=EPS_1/r_e-[EPS_1/r_e-(P_1+DPS_1)/(1+r_e)]$。Easton（2004）认为，应用剩余收益估值模型有三种情况：第一，若会计收益等于经济收益，则中括号部分为零，净资产等于股价，资产负债表足以估值；第二，若市场价值等于短期盈余预测期末的净资产，则净资产和短期盈余预测足以满足估值需要；第三，若市场价值不等于短期盈余预测期末的净资产，则估值时需要对有限预测期之外的剩余收益增长情况进行预测。PEG 模型就是以第二种情况为假设，只需要未来两期的盈余预测，把式（3－30）的价格等式迭代进去，可以得出式（3－31）。

$$P_0=EPS_1/r_e+agr_1/(r_e(r_e-\Delta agr)) \tag{3-31}$$

其中，$agr_1=[EPS_2+r_eDPS_1-(1+r_e)EPS_1]$、$\Delta agr=(agr_2/agr_1)-1$，假设 $\Delta agr=0$ 和 $DPS_1=0$，根据式（3－31）可计算出 r_e 如式（3－32）所示。

$$r_e=\sqrt{(EPS_2-EPS_1)/P_0}=\sqrt{[(EPS_2-EPS_1)/EPS_1]/PE}=\sqrt{1/PEG} \tag{3-32}$$

其中，PEG 是市价盈余增长比，即市盈率与短期盈余增长率的比。式（3－29）中假设 $\gamma=1$ 和 $DPS_1=0$，可得出式（3－32）。因此 PEG 模型是 OJ 模型的特例，同样不需要满足干净盈余假设，不用考虑股利政策。

3）目标价格模型。

Botosan 和 Plumlee（2002）在市场有效假设下推出了目标价格模型（式（3－33）），该模型以可预测的股价代替了 4 期以后的股利，也不需要满足干净盈余假设。

$$P_0=\sum_{t=1}^{4}\frac{DPS_t}{(1+r_e)^t}+\frac{P_4}{(1+r_e)^4} \tag{3-33}$$

Brav 等（2004）假设前四期的固定股利增长率为 g，代入式（3－33）可得出另一种形式的目标价格模型（式（3－34））。

$$(1+r_e)^4=\frac{DPS_1[(1+r_e)^4-(1+g)^4]}{P_0(r_e-g)}+\frac{P_4}{P_0} \qquad (3-34)$$

Gordon 和 Gordon（1997）用（EPS_5/r_e）代替式（3－33）中的 P_4 得出 GG 模型（式（3－35））。

$$P_0=\sum_{t=1}^{4}\frac{DPS_t}{(1+r_e)^t}+\frac{EPS_5}{r_e(1+r_e)^4} \qquad (3-35)$$

只有从第 5 期开始及以后的剩余收益为零、净资产收益率等于股权资本成本时，$P_4=EPS_5/r_e$ 才成立，模型（3－35）就建立在以上假设基础上。各事前估算模型的对比如表 3－21 所示。

表 3－21　事前估算模型对比

模型	CS	T	短期预测期内估值要素	短期预测期外估值要素
GLS	满足	12	ROE_t（t＝1，2，…，11） $BVPS_t$（t＝0，1，…，11）	12 期后剩余收益逐渐衰减为零
CT	满足	5	$RIPS_t$（t＝1，2，…，5）、$BVPS_0$	$RIPS_t$ 以 $r_f-3\%$ 的固定比率增长
OJ	不满足	2	EPS_1、EPS_2、DPS_1、g	每股收益长期增长率为 g
PEG	不满足	2	EPS_1、EPS_2	每股收益长期增长率为零
目标价格	不满足	4	DPS_t（t＝1，2，3，4）、P_4	无
GG	不满足	5	DPS_t（t＝1，2，3，4）、EPS_5	第 5 期开始及以后剩余收益为零

注：CS 为干净盈余假设，T 为短期预测期。

（4）事前估算模型的讨论。

由于信息的不完备性和有限理性，前文所述的事前估算模型往往将无限期的预测分成短期预测期和超过短期预测期两段，前者往往有分析师在公开信息和私人信息基础上对股利、股价、盈利等估值要素的详细预测，因此预测是有效的，后者并没有足以反映财务业绩的信息，仅是对可预测期间公司财务业绩的外推，选用增长参数或衰退参数来决定期望价值的演变，以建立在假设基础上的终值来体现（Ohlson 和 Zhang，1999）。这种两阶段估值模型会由于分析师的预测、短期预测期的长短和终值预测的有限理性而导致股权资本成本估算的误差，不同模型的有效性也需考察。

1）分析师预测对股权资本成本估算的影响。

一方面，分析师预测的误差分析。Abarbanell 和 Bushee（1997）研究表明估值时用到分析师预测会产生大量的估值错误，复杂性会影响分析师预测的准确性。Clement 和 Tse（2003）发现，单个分析师预测准确度随分析师前一年预测准确度、分析师经纪公司的规模、近几年分析师为一个公司发布预测的次数（预测频率）、前一年分析师为一个公司发布预测的次数（公司经验）而增强，随预测期间和分析师跟随公司数量和行业数量的增多而降低。盈余预测的高分散表明分析师的预测分歧比较严重，同时说明每股盈余预测的不确定性更大。分析师更可能跟随提供更高信息质量的公司。Lang 和 Lundholm（1996）发现，公司披露质量影响分析师报道决策和预测的准确性。Healy 和 Hutton（1999）研究了 97 个披露质量排名在 1978～1991 年提高快的公司发现，分析师评价公司披露政策的以下因素很重要：分部报告质量、季报年报里管理层分析部分的质量、定期报告之外的补充披露、管理层能力。

另一方面，分析师的短期盈余预测分析。Kang 等（1994）考察了不同时间期限内分析师的某一季度预测的合理性，目的是考察分析师在不同预测期间的预测是否遵循相同的预测原则，在 1980～1985 年的多季度 Value Line 上的预测数据基础上，他们的研究结论表明在所有预测期间内，预测与实际盈余的回归系数显著小于 1。更重要的是，系数随预测期间的缩短而提高。他们排除了预测与实际盈余的不同关系是受信息处理程序改变的影响，他们解释认为，这与分析师在不同期限内采用相同的预测模型有关，分析师预测行为更可能受动机因素或处理偏见的影响。Elliott 等（1995）研究了 I/B/E/S 分析师的预测连续变更，发现分析师低估了新信息，导致盈余预测的修改与随后的预测误差之间呈正相关关系，年内修改预测与年终预测错误之间的正相关关系即使在控制了其他影响因素（如盈余持续性、分析师预测分歧和以前股票价格变化）后仍然存在。Teoh 和 Wong（2002）考察了分析师是否误解非正常应计项目信息，发现分析师会高估那些为正的非正常应计项目的公司的盈余，投资者似乎会买进这些股票，随后更正这种过度乐观，导致发行股票的公司随后 4 年的业绩不佳。

分析师的短期预测是否对信息反映不足或整体乐观的观点不一，但分析师一致认为，长期增长预测整体而言过于乐观。许多财务学家认为，美国自 1926 年以来资本市场的表现计算的风险溢价在 8% 左右。为保证 8% 的风险溢价，需要超出正常值很高的股利增长率和非正常盈余增长率，这样的增长率超过了对 GDP 的理性预期，因此分析师预测的盈余增长率过于乐观。Claus 和 Thomas（2001）考察了 I/B/E/S 数据库 1985 ~ 1997 年每个时间点短期预测期 1 ~ 5 年的预测误差，结果表明分析师盈余预测比实际盈余偏高，误差会随短期预测期的延长而增大。Dechow 等（1999）认为，分析师长期盈余增长预测是已实现收益增长的 2 倍，Frankel 和 Lee（1998）实证发现，分析师对高增长（以市场账面价值比为替代变量）公司和过去销售增长快的公司的未来三年的盈余预测过度乐观。Dechow 等（2000）考察了 IPO 和增发新股，研究发现两种股票发行下分析师长期预测乐观，更重要的是发现股票承销商雇用的分析师最乐观，新股发行的长期业绩不佳与这种过度乐观有关。

分析师预测是否有效呢？与用历史盈余的时间序列预测盈余相比，使用分析师的预测盈余可以提高估值的准确度。为更好地理解会计盈余的价值相关性，Liu 和 Thomas（2000）使用 I/B/E/S 数据库 5 年期的盈余预测共识和长期增长预测共识，当把预测调整项目加入到年收益对未预期盈余的回归方程中，拟合优度从 5% 显著提高到 30%，而且未预期盈余与预测调整变量的估计价值很接近理论价值。这些结论表明：分析师盈余可以有效替代市场盈余期望；盈余目标具有价值相关性；关于资本市场价格信息方面，以盈余为基础的估值模型是有效的。但从多期估值模型里无法推出分析师目标价格预测和建议，Liu 和 Thomas（2000）

的结论建议市场可以把分析师盈余预测和长期增长预测融合到多期模型中以合理化当前价格。Brown 等（1987）认为，分析师预测相对于时间序列模型的优势可以随信息集的维数（例如，可获得信息信号的数量超过历史盈余的时间序列）而提高，随目标盈余变量的无偏估计量的信号和信号间的相关性而降低。Wiedman（1996）使用 I/B/E/S 数据库 19000 个样本的盈余预测，证实了 Brown 等（1987）的结论，分析师预测优势随公司规模（维数的替代变量）而增强，随分析师预测分歧（信号方差的替代变量）而降低。通过考察分析师预测综合运用估值所需的六大类（反映经济租的指标、反映会计谨慎性的指标、盈余质量指标、暂时性盈余指标、行业特征、风险和增长指标）和 22 个财务报表项目，Cheng（2005）评估了分析师预测的有效性和局限性。评估有效性从两个方面进行：未来盈余的预测即未来一年的净资产收益率（ROE）和对当前市价账面比的解释力，实证发现，分析师预测未来一年盈余时使用了 22 个财务报表项目中的 45%，解释当前市价账面比时使用了 22 个财务报表项目中的 83%，但分析师并没有使用 22 个财务报表项目包含的所有信息。分析师预测无效主要是由于在预测未来一年盈余时低估或忽略了反映会计谨慎性的指标和暂时盈余指标，在解释当前市价账面比时低估或忽略了反映经济租的指标、反映会计谨慎性的指标和风险指标。若分析师误解了这些财务指标会导致股权资本成本估算的偏见，从而推出财务指标与股权资本成本的虚假关系。因此，Cheng（2005）认为分析师预测是有效的，净资产收益率的预测随有限预测期的延长而增大，但为了提高估值和估算股权资本成本的准确性，不能仅依赖于分析师的预测，还需要综合考虑分析师未做出应有反应，如反映会计谨慎性的指标、暂时盈余指标、反映经济租的指标等其他信息。

分析师数量、盈余预测分歧也会影响股权资本成本。与只有少数分析师跟踪的股票相比，有更多分析师跟踪的股票对市场信息的反应更快，可以降低信息不对称程度，减少投资者的估值风险，降低股权资本成本；分析师预测分歧度越大意味着公开信息越少、私有信息越多，分析师在传播信息方面和降低投资者意见分歧方面的作用越差，信息不对称程度越高，股权资本成本越高（Bowen 等，2008；Guedhami 和 Mishra，2009）。

2）短期预测期对股权资本成本估算的影响。

Ohlson 和 Zhang（1999）认为，分析师的预测依赖于两种信息：当前会计数据（如盈利、账面价值、股利）和与估值有关但不可观察的其他信息，终值的估计依赖于后者。一般认为与估值有关但不可观察的其他信息对预测的影响会随短期预测期的延长而降低，因此，预测误差会随着短期预测期的延长而单调递减（Penman 和 Sougiannis，1997）。但是单调性依赖于动态信息，当目前非正常盈余对与估值有关但不可观察的其他信息产生影响时，单调性可能就不再成立。Ohlson 和 Zhang（1999）采用分析式研究方法构造了非正常盈余动态（Abnormal Earnings Dynamics，AED）模型，分析了估值错误随短期预测期的延长而单调递减所需满足的充分必要条件，认为如果对 V_t（表示剩余收益与其他信息的持续性）没有严格限制，则 AED 是单调性的充分必要条件，但 V_t 具有价值相关性，会几何衰变地影响未来剩余收益，由于会计确认的滞后性使得 V_t 所反映的价值相关事件没有在盈余账面上得到确认。但 Lee 等（1999）应用 GLS 模型时分别取 T=3、12 和 18，Gebhardt 等（2001）分别取 T=6、9、15、18 和 21，实证发现短期预测期的长短对股权资本成本的估算几乎没有影响。

3）终值预测的有限理性对股权资本成本估算的影响。

信息的可获取性使短期预测期的估值较为可靠，但终值的估算由于信息的不完备和有限理性而需要较多的假设条件，而终值又是内含价值的重要组成部分，因此，股权资本成本估算的准确性很大程度取决于终值估算的合理性。对比中短期预测期之外的估值要素可以看出，除了目标价格模型以外，其他五个模型对剩余收益或每股收益做出了不同假设。哪种假设更符合理论和实际呢？

理论上，剩余收益与经济学中的经济租概念类似，在完全竞争市场和无偏会计中经济租为零，股价等于净资产。但由于竞争是不完全的，厂商定价高于边际成本，获得超额股权收益，由此产生经济租。随着全球市场的充分竞争，市场份额、进入壁垒等反映垄断的力量会逐渐削弱，产生于增长机会的剩余收益即经济租会逐渐减少（Lee 等，1999；Claus 和 Thomas，2001），因此剩余收益是个变量而不是常量，那么剩余收益会如何变化？

会计的谨慎性使得会计计量偏离经济计量，会计上的净资产收益率不同于经济上的净资产收益率，即使在完全竞争条件下，公司的剩余收益也不会为零，因此，剩余收益不仅是由不完全竞争下的经济租产生的，谨慎性会计的账务处理也是重要影响因素（Ohlson，1995；Lee 等，1999；Zhang，2000）。Claus 和 Thomas（2001）认为，剩余收益零增长的假设太悲观，会计的谨慎性使得资产低估、负债高估，例如研发支出、广告支出和无形资产会很快被冲销掉，因此剩余收益应呈增长趋势。以超额净资产收益率（$ROE - r_e$）为研究对象，Zhang（2000）分析了谨慎性会计对净资产收益率的影响并指出，由于投资的长期增长和会计的谨慎性账务处理，净资产收益率就算接近股权资本成本但仍然大于股权资本成本，剩余收益长期会保持增长趋势。而且由于经济租的增长受到经济因素如垄断力量、市场结构等的影响，即使两公司有不同的股利政策和预期盈余，其剩余收益的增长速度应当一样（Claus 和 Thomas，2001）。

（5）事前估算模型有效性的比较。

目前，国外学者分析事前估算模型的有效性采用了两种方法，一种是考察模型估算的股权资本成本与已实现收益的关系，另一种是考察模型估算的股权资本成本减去无风险利率后的风险溢价与风险因素的关系。

一方面，模型估算的股权资本成本与已实现收益的关系分析。Easton 和 Monahan（2003）对比了 GLS、OJ、PEG 等模型，认为 PEG 模型效果最差。Gode 和 Mohanaram（2003）比较了 OJ 模型与 GLS 模型，认为这两个模型估算的事前风险溢价与已实现收益减去无风险利率的事后风险溢价的相关性都很显著。Guay

等（2005）采用同样的方法评价了 GLS、CT、OJ 和 PEG 等模型，分别从行业层面和公司层面拒绝了这些模型构建的有效性。

但 Guay 等（2005）只是对股权资本成本和已实现收益的关系做了简单回归分析，忽视了意外信息的影响。没有意外信息（Surprise Information）的假设前提下，已实现收益才是股权资本成本的无偏估计。Elton 用长达 10 年（1973～1984 年）的资本市场已实现收益率低于无风险利率的事实和长达 50 年（1927～1981 年）的风险债券收益率低于无风险利率的事实证明了意外信息的大量存在，因此已实现收益并不能代表综合体现现金流和风险信息的期望收益。Easton 和 Monahan（2005）在期望收益和已实现收益的回归等式中增加了现金流信息的替代变量和收益信息的替代变量，考察了 GLS、CT、OJ、PEG 模型及它们的修正模型的有效性。实证分析表明，这些模型的估算结果与已实现收益都不相关，但当分析师长期增长预测共识低、分歧大的时候，CT 模型是可靠的；当分析师预测准确度提高时，所有模型的估算结果都与已实现收益正相关。

另一方面，模型估算的股权资本成本减去无风险利率后的风险溢价与风险因素的关系分析。Gode 和 Mohanaram（2003）采用与 Gebhardt 等（2001）文中相同的风险因素，认为 OJ 模型和 GLS 模型估算的风险溢价都与风险因素相关，回归关系显著且符合理论预期，他们还通过比较回归系数与实际风险因素建立的回归等式，认为 GLS 模型的预测能力强于 OJ 模型。Botosan 和 Plumlee（2005）认为，由于目标价格模型和 PEG 模型的估算结果与风险因素的相关性更大，因此优于其他模型。

此外，Francis 等（2004）从样本量角度认为 GLS 模型和 PEG 模型要求公司的盈利要么为正要么保持增长，使样本选取偏向于更稳定、风险更小的公司，而目标价格模型不存在类似的样本选取偏见，并认为目标价格模型强优于剩余收益模型，弱优于 PEG 模型。

国内其他文献也对各模型在我国资本市场的适用性和优劣性进行了讨论，李超（2011）采用模型估算值与风险因素（贝塔值、资产规模和账面市值比）或与已实现收益的相关性两种方法回归分析认为，PEG 模型更可靠；孙会国等（2012）以模型估算值与风险因素（贝塔值、资产规模、财务杠杆和账面市值比）的相关性为判断标准，回归分析认为 GG 模型和 CT 模型较为理想；毛新述等（2012）从经济和统计两个角度比较了股权资本成本估算模型，认为事前估算模型优于 CAPM 和 Fama – French 三因子等事后模型，PEG 模型和 MPEG 模型优于 GLS 模型；邹颖等（2019）比较了盈余预测数据的质量，从可实现报酬率、风险的因素角度看，应用 Hou 等（2012）设计的截面模型预测盈余的资本成本估算结果更优。

（6）事前估算模型在我国的应用。

我国学者已经广泛采用各种事前估算模型进行股权资本成本与法律、交叉上市、信息披露、企业产权等方面的相关研究。其中，陆正飞和叶康涛（2004）等众多学者使用了 GLS 模型，沈洪波（2007）、徐浩萍和吕长江（2007）使用了 OJ 模型，汪祥耀和叶正虹（2011）使用了 PEG 模型。应用 GLS 模型时，股价一般采用股票的增发或配股价格，前三期的期望净资产收益率用实际净资产收益率代替；应用 OJ 模型时，沈洪波主观采用 5% 作为长期增长率，徐浩萍和吕长江将长期增长率取为 0。从以上分析可见，早期分析师盈利预测数据的空白使得文献经常采用实际盈利替代预测盈利，长期增长率的选用较为主观，目标价格模型也由于没有股价预测而无法应用。近几年我国学者大多采用了事前估算模式，例如杨旭东（2018）采用了 GLS 模型，全进等（2018）采用了 PEG 模型，陈旻等（2018）同时采用了 OJ 模型和 PEG 模型，代昀昊（2018）同时采用了 GLS 模型和 PEG 模型，王爱国等（2019）同时采用了 CAPM、戈登、GLS、OJ、PEG 和 MPEG 六种模型。

综上所述，现有研究对模型的优劣没有一致结论。从现有的研究成果来看，受分析师情绪、认知、信息等多因素影响的分析师预测数据对事前估算模型的估算值影响较大。如何纠正分析师预测偏差、提高估算值的准确性应当受到理论界的关注。我国分析师行业起步较晚，分析师的分析能力有待提高，但分析师的盈余预测比随机游走模型的盈余预测更加准确，是更加合理的市场预期盈余的替代变量（吴东辉和薛祖云，2005），提高分析师预测数据质量及预测范围是我国理论界和实务界应用事前估算模型的前提和基础。研究模型有效性的现有文献没有考虑企业实际，而各模型对终值中的剩余收益或每股收益的增长假设不同，该假设对估算值有多大的影响、是否应根据企业或行业增长情况选择不同的模型值得进一步研究。

3.5.6.3　股权资本成本的估算模型

借鉴现有研究，本章采用 GLS、PEG、OJ、GGM 等事前估算模型。

$$P_0 = BVPS_0 + \sum_{t=1}^{3} \frac{FROE_t - r_e}{(1+r_e)^t} BVPS_{t-1} + \sum_{t=4}^{T-1} \frac{FROE_t - r_e}{(1+r_e)^t} BVPS_{t-1} + \frac{FROE_T - r_e}{r_e(1+r_e)^{T-1}} BVPS_{T-1} \tag{3-36}$$

$$r_e = A + \sqrt{A^2 + \frac{EPS_1}{P_0} \times \left[\frac{(EPS_2 - EPS_1)}{EPS_1} - (\gamma - 1)\right]} \tag{3-37}$$

$$r_e = \sqrt{\frac{EPS_2 - EPS_1}{P_0}} \tag{3-38}$$

$$P_0 = \sum_{t=1}^{T-1} \frac{DPS_t}{(1+r_e)^t} + \frac{EPS_T}{r_e(1+r_e)^{T-1}} \tag{3-39}$$

模型（3-36）是 GLS 模型，P_0 是 $t=0$ 期的股价，$FROE_t$ 是期望净资产收益率，T 为 12 期，从第 4 期开始期望净资产收益率向行业净资产收益率的中位数直线回归，12 期以后假设公司的净资产收益率衰减至股权资本成本，即剩余收益逐渐衰减为零（Gebhardt 等，2001）。模型（3-37）是不需要干净盈余假设的 OJ 模型，其中，$A = \frac{\gamma - 1 + DPS_1/P_0}{2}$，$\gamma - 1$ 是每股收益的长期增长率，EPS_t 是每股收益，DPS_t 是每股股利（Ohlson 和 Juettner，2005）。模型（3-38）是

PEG 模型（Easton，2004），假设 OJ 模型中的长期增长率 $\gamma - 1 = 0$ 和 $DPS_1 = 0$ 时，OJ 模型等价于 PEG 模型。模型（3－39）是戈登模型（GGM 等，1997），T 取值为 5。

为降低单个模型的估算误差，本章采用 GLS、OJ、PEG、GGM5（T＝5）四种模型估算值的平均数来度量股权资本成本。股利支付率采用历年实际股利支付率的平均值，P_0 取当年末的实际收盘价，OJ 模型中的长期增长率简单假定为 2%。许多上市公司没有分析师预测数据，借鉴 Hou 等（2012）的方法，使用过去 10 年（至少 6 年）的数据利用模型（3－40）估算未来盈利。模型（3－40）中，E 为扣除非常项目前的盈余；EV 为公司价值，等于总资产＋权益的市场价值－权益的账面价值；TA 为总资产；DIV 为每股股利；DD 为是否支付股利的哑变量，支付股利的为 1，否则为 0；NEG 是盈利或亏损的哑变量，亏损的取值为 1，否则为 0；ACC 为总的应计，等于营业利润减去经营活动现金流量。

$$E_{i,t+\tau} = \delta_0 + \delta_1 EV_{i,t} + \delta_2 TA_{i,t} + \delta_3 DIV_{i,t} + \delta_4 DD_{i,t} + \delta_5 E_{i,t} + \delta_6 NEG_{i,t} + \delta_7 ACC_{i,t} + \varepsilon_{i,t+\tau} \quad (3-40)$$

3.5.6.4 回归结果

本章构建了模型（3－41），从股权资本成本角度检验对控股股东股权质押的长期效应。

$$R_{i,t} = \eta_0 + \eta_1 Pled_{i,t}(Pler_{i,t}) + \eta_2 Posi_{i,t} + \eta_3 Pled_{i,t} \times Posi_{i,t}(Pler_{i,t} \times Posi_{i,t}) + \eta_4 Inst_{i,t} + \eta_5 Dual_{i,t} + \eta_6 State_{i,t} + \eta_7 Size_{i,t} + \eta_8 Lev_{i,t} + \sum Ind_{i,t} + \sum Year_{i,t} + \psi_{i,t} \quad (3-41)$$

其中，R 为股权资本成本，采用模型估算的均值。η_0 为常数项，$\eta_1 \sim \eta_8$ 为变量回归系数，$\psi_{i,t}$为残差项。

表 3－22 给出了模型（3－41）的回归结果，第（2）列、第（3）列、第（5）列中 Posi 的系数在 1% 水平上显著为负，说明积极的业绩预告传递了公司价值高的信号，降低了投资者要求的风险溢价。Pled × Posi、Pler × Posi 的系数显著

为正，说明控股股东股权质押削弱了积极业绩预告对股权资本成本的降低作用，且股权质押比例越高，控股股东股权质押的消极作用越大。股权质押提高了积极业绩预告的信息风险，中小股东要求更高的风险溢价来补偿承担的代理成本。

表 3－22　控股股东股权质押、业绩预告与股权资本成本

变量	R_e				
	(1)	(2)	(3)	(4)	(5)
Pled	−0.003 (−1.629)	—	−0.002 (−1.494)	—	—
Posi	—	−0.018*** (−13.674)	−0.018*** (−13.631)	—	−0.018*** (−13.669)
Pled × Posi	—	—	0.008*** (2.906)	—	—
Pler	—	—	—	−0.003 (−0.535)	−0.002 (−0.363)
Pler × Posi	—	—	—	—	0.046*** (3.195)
Inst	−0.000*** (−5.055)	−0.000*** (−4.072)	−0.000*** (−4.066)	−0.000*** (−5.056)	−0.000*** (−4.067)
Dual	−0.003** (−2.253)	−0.003** (−2.068)	−0.003** (−2.017)	−0.003** (−2.299)	−0.003** (−2.066)
Size	0.007*** (9.277)	0.008*** (10.304)	0.008*** (10.329)	0.007*** (9.173)	0.008*** (10.269)
Lev	0.054*** (13.800)	0.049*** (12.561)	0.049*** (12.533)	0.054*** (13.770)	0.049*** (12.505)
State	0.004** (2.454)	0.003* (1.885)	0.003 (1.461)	0.005*** (2.881)	0.003* (1.818)
截距	−0.003 (−0.105)	−0.007 (−0.267)	−0.007 (−0.277)	−0.002 (−0.064)	−0.006 (−0.235)
年份	控制	控制	控制	控制	控制
行业	控制	控制	控制	控制	控制
调整 R^2	0.255	0.274	0.275	0.255	0.275
样本量	10013	10013	10013	10013	10013

3.6 本章小结

结合近几年盛行的股权质押融资模式，本章分析了控股股东财务行为对上市公司信息披露的影响。研究发现：第一，控股股东股权质押促使上市公司倾向于发布积极的业绩预告，质押比例越大发布积极业绩预告的可能性越大；控股股东股权质押提高了上市公司发布积极业绩预告的次数，质押比例越大发布积极业绩预告的次数越多；控股股东股权质押降低了上市公司业绩预告的精确度，质押比例越大业绩预告的精确度越低。

第二，控股股东股权质押和质押比例降低了第一类代理成本，提高了第二类代理成本，进而降低了业绩预告的精确度，第二类代理成本在股权质押与业绩预告精确度之间发挥了部分中介传导效应。

第三，进一步分组研究发现，控股股东股权质押显著影响业绩预告披露性质的结论只存在于非国有企业中和控股股东持股比例较低组；董事会规模和独董比例对控股股东股权质押与业绩预告披露之间的关系并没有起到调节作用，在某种程度上说明董事会与控股股东成为利益共同体，董事会没有起到应有的监督约束作用；股市周期不影响控股股东股权质押与业绩预告披露之间的关系。

第四，长期来看，积极业绩预告降低了股权资本成本，但控股股东股权质押削弱了积极业绩预告对股权资本成本的降低作用，质押比例越高这种削弱作用越大。

以上研究结果表明，为了规避控制权转移风险，控股股东与管理层形成利益共同体，影响了业绩预告披露，降低了信息质量，加重了信息不对称程度，加大了第二类代理冲突和控股股东的道德风险。

4 控股股东股权质押与会计谨慎性

本章以 2005 ~2019 年我国 A 股上市公司为样本，研究控股股东股权质押前和质押后对上市公司会计谨慎性的影响，分析了产权性质、内部综合治理水平、控制权转移风险对该影响的调节作用，并从股权资本成本、债务资本成本和综合资本成本角度分析了控股股东股权质押和会计谨慎性的经济后果。

4.1 引言

会计谨慎性是财务报告的质量特征，至今至少已有五百年的历史，Basu（1997）定义谨慎性为好消息的确认标准高于坏消息的确认标准，收益的确认标准严于损失的确认标准，是会计中最具有影响力的估值准则（Basu，1997），这被称为条件盈余、盈余谨慎或是事后谨慎。但也有学者批评认为谨慎性确认标准不公平，认为会计谨慎性降低了债务契约效率（Guay 和 Verrecchia，2006；Lambert，2010），对谨慎性的怀疑影响了美国和世界的准则制定。例如，FASB 和 IASB 的联合概念框架取消了确认准则——谨慎性。Gao（2012）构建了理论模型评估谨慎性的契约解释，模型表明，最适合的准则是谨慎性，谨慎性是确认准则的特征，而不是会计计量的特征，会计谨慎性源于契约需求。

但大部分文献肯定了会计稳健性的积极作用。从微观企业来看，谨慎性提高了盈余的可靠性，缓解了契约各方的信息不对称，会计稳健性下的当前业绩信息可验证性较强，这为未来业绩信息的评价提供了可靠基础，培育了其他信息资源，降低了信息不对称程度（LaFond 和 Watts，2008）。从宏观资本市场来看，在卖空限制和交易摩擦普遍存在的资本市场中，稳健的会计信息要求坏消息能够得到及时确认，交易成本的提高导致悲观投资者撤离市场，降低了投资泡沫和价格高估的可能性，资本市场的定价效率得到提高（Dierker，2006）。例如，稳健的会计信息可以减少非效率投资行为（张悦玫等，2017），缓解投资者乐观情绪对股价的高估（张静等，2018）。正是由于稳健的会计信息能够产生广泛的正面经济后果，大量文献从外部治理的法律环境、投资者保护、产品市场竞争角度和内部治理的股权结构、董事会结构、管理层持股角度研究会计谨慎性的影响因素，其中，股权结构方面的研究建立在发达的资本市场上，其显著特征是股权高度分散。我国股权集中度高，第二类代理问题更为严重。近几年的股权质押业务加剧了第二类代理问题，其会对上市公司的会计稳健性产生怎样的影响呢？虽然现有文献发现，控股股东股权质押提高了会计谨慎性（王雷，2020），但该研究以对会计谨慎性的契约需求为基础，忽视了控股股东股权质押的风险。本章关注股权质押前和质押后会计谨慎性的变化，是对现有研究的有益补充。

本章利用 2005 ~ 2019 年上市公司的季度数据，研究发现控股股东股权质押前上市公司披露的财务报告谨慎性程度较高，但质押后谨慎性有所降低，体现了控股股东为获得更多融资和为规避控制权转移风险的市值管理行为。本研究的主要贡献在于：第一，现有文献研究发现，控股股东股权质押后会通过信息披露来稳定股价，但这些研究大都以公司年度为样本，控股股东股权质押在年度内会多次质押股权、质押解除，上市公司财务报告会分季度、半年度和年度多次披露，本章以季度数据为样本，增强了结论的可信度。第二，现有研究主要分析了控股股东股权质押后对上市公司财务政策的影响，忽视了质押前控股股东的市值管理行为，本章不仅关注质押后的经济后果，还同时关注质押前控股股东对上市公司的影响，是对现有研究的补充。第三，谨慎性是会计信息质量的重要体现，本研究丰富了控股股东股权质押对信息披露的影响研究。

4.2 理论分析与研究假设

4.2.1 会计稳健性的影响因素研究

4.2.1.1 外部治理机制对会计谨慎性的影响

现有文献从外部公司治理与内部公司治理角度研究了会计谨慎性的影响因素，投资者保护法的制定及实施是资本市场效率的重要影响因素之一。投资者保护法可以分为普通法系下的股东治理模式和大陆法系下的利益相关者治理模式（Ball 等，2000），会计准则是在成文法系的利益相关者治理模式和普通法系的股东治理模式下发展而来的。成文法系国家更强调利益相关者的利益，而利益相关者对公开信息的需求不高，主要依赖私有信息。普通法系国家的股权分散，财务报告定位于广大投资者，会计体系主要由股东的信息需求决定，公开披露标准更高。Ball 等（2000）研究发现，成文法系下会计收入直接关系到雇员和管理层薪酬、股东股利及政府税金（利益相关者的收入），因而确认会计收入尤其是损失并不及时；普通法系国家的投资者对稳健会计信息的需求高于成文法系国家，因而普通法系国家的会计稳健性水平高于成文法系国家的会计稳健性水平。Lang 等（2003）、Huijgen 和 Lubberink（2003）发现，到美国交叉上市的公司稳健性高，源于美国高质量的司法体系。

会计准则或法律分类划分国家在会计文献中很普遍，但忽略了其他影响因素，法律因素并不是会计稳健性的决定性因素。Ball 等（2003）以会计准则趋同于普通法系的东亚地区——中国香港、马来西亚、新加坡和泰国为例，研究发现这些国家的财务信息稳健性程度较差，相对而言，中国香港确认收益和损失最为及时，而泰国的信息透明度最差，也就是说，高质量的会计准则并不一定能产生高质量的财务报告，信息质量受到了经济和政治因素的影响，而这些因素会影响管理层和审计师动机，这些国家的家族股东和私有银行多，而公开债务和股权融资少，公开信息的低需求引起了会计稳健性的低需求，因而一个国家的宏观制度经济环境也会影响会计稳健性，甚至影响管理层和审计师提供的财务报告的经济环境的决定作用大于会计准则。

Bushmana 和 Piotroskib（2006）拓展了早期国家层面的研究，考察司法体系、证券法、政治经济和税收体制对会计稳健性的综合作用，实证发现投资者保护完善、司法体系质量高的国家会计信息更稳健，《证券法》的公共执法强大地提高了会计稳健性，而证券法的私人执法对稳健性没有影响；在产权方面，国有股比例高的国家会计稳健性差；普通法系下的国家投资者保护完善，国有股比例高的公司稳健性差，而大陆法系下的国家投资者保护虚弱，国家股比例高的公司管理层为迎合国有股权的参与，会计信息反而更稳健；司法体系质量高的国家中，影响会计稳健性的契约是重要的作业渠道，研究发现司法体系质量高、私人债券使用多的国家会计稳健性高，司法体系质量高、股权分散的国家会计稳健性高，而司法体系质量不高的国家，契约的广泛使用与稳健性的关系不显著。产品市场竞争也会影响会计稳健性，Dhaliwal 等（2008）认为，产品市场竞争程度高有益于信息的对称，限制管理层隐藏坏消息；提高了清算风险，公司需通过会计谨慎性以获得更有效率的合同，例如可以获得更好的债务合同，使公司在竞争环境中以更低的成本获得资金；违背股东利益的管理层决策会导致公司的快速清算，及时确认损失可以放弃净现值为负的投资，因而竞争激烈需要会计谨慎，研究发现产品市场竞争越激烈、经济损失确认的及时性提高。这种关系不受各种控制变量尤其是管理层持股的影响。

以上国外文献主要采用了国际比较方法，我国文献从纵向制度变迁和横向制度差异等角度分析了制度因素对会计稳健性的影响。2007 年的新会计准则扩大了公允价值计量属性的运用，强化了职业判断、弱化了稳健性原则，毛新述和戴德明（2009）实证发现，新准则的实施降低了会计信息的稳健程度；陈策和吕长江（2011）比较了主板和中小板的监管环境差异对会计信息稳健性的影响，发现主板对会计信息稳健性的要求更高，深交所的行政法规监管使得中小板上市公司的会计稳健性更优。媒体治理逐渐引起学术界的关注，在媒体议程的顺应效应下，当年的会计信息稳健性受到上年媒体信息性质的影响，上年媒体对上市公司报道的坏消息越多，当年会计信息的稳健性越高，在媒介环境发展水平高的区域，该正向影响更强，也就是说，随着媒介行业竞争程度的提高，媒体负面报道的监督功能更强，产品市场竞争与媒体监督表现出互补关系（周兰和谷沛林，2018）。银行竞争的加剧改变了借贷行为，进而提高会计稳健性，当企业风险较高时，这种正向影响更为显著，对于银企关系较好的公司而言，会计稳健性没有显著变化，说明银行竞争替代了银企关系的作用（新夫等，2018）。

4.2.1.2　内部治理机制对会计稳健性的影响

在内部公司治理的股权结构方面，多个大股东的存在对代理问题有两种影响：投票权赋予多个大股东权利和动力监督控股股东，缓解代理问题，即监督效应；而多个大股东也可以组成控制联盟，导致更严重的代理问题，即勾结效应。LaFond 和 Roychowdhury（2008）研究发现，股东与经理的代理问题或控股股东与中小股东间的代理问题越严重，会计谨慎程度越高，代理问题引起了对会计谨慎性的需求，以缓解内外部人的利益冲突。Wang（2008）加入国家因素，研究发现在投资者保护完善的国家，代理问题越严重的公司会计谨慎程度越高。Peek 等（2001）发现，在债权人保护严格的欧洲国家里，只有一个控股股东的公司会计更谨慎。现有不少研究发现，大股东的掏空动机与行为，大股东有动机与能力为获得个人私利侵害中小股东利益，其通过提前确认收入、延迟确认损失来掩盖掏空行为、夸大扶持效应，增加中小股东对上市公司增值的预期，降低了会计稳健性，最终控股股东的控制权比例越大、所有权与控制权的分离度越高，会计稳健性越差；在产权性质方面，国有企业的财务信息稳健性低于民营企业（周晓苏和杨忠海，2010）。朱茶芬和李志文（2008）也发现，国有控股上市公司的稳健性更低，国有企业的债务软约束和政府干预是降低会计信息的稳健性的制度根源。LaFond（2005）发现，与股权集中的企业相比，股权分散的公司财务报告更谨慎，原因是股权集中的企业有获取信息的优势，降低了对谨慎会计信息的需求。Haw 等（2012）以西欧 13 个国家数据为样本分析了第二大股东对会计谨慎性的影响，研究发现，在投资者保护完善的国家里，当两个最大股东勾结的可能性大时，多个大股东的公司会计信息更谨慎，但在法律保护不力的国家没有这种现象，因而第二大股东与控股股东勾结引起的代理问题会降低会计谨慎，复杂的股权结构和国家法制环境联合影响会计谨慎。也就是说，多个大股东相互制衡，弱化了控股股东侵占行为，缓解了代理问题，提高了会计信息的稳健水平。

在内部治理的董事会方面，董事会是组织的监督和控制系统，需要可验证的信息监督经理。稳健性是会计信息和财务报告的重要质量要求之一，能够及时识别净现值为负的项目或业绩差的项目，是董事会执行监督职能的有用工具。内部董事多的董事会或监督职能无效的董事会给经理提供了更多采用不够谨慎、激进的会计处理机会。因此，董事会效率与会计谨慎正相关，有效的董事会需要更多的会计谨慎，因为谨慎性有助于董事降低因管理层与股东间信息不对称、不对称的支付函数及有限责任引起的代理成本，Ahmed 和 Duellman（2007）研究发现，内部董事比例与谨慎性负相关、外部董事比例与谨慎性正相关，符合会计谨慎性降低代理成本的理论。Gao 和 Wagenhofer（2012）构建了两期理论模型，分析发现若董事会效率高，则在有效监督下稳健的会计政策是最优的，为董事会效率与会计稳健性的互补关系提供了理论支持。在实证研究方面，Beekes 等（2004）以英国数据为依据，研究发现，非执行董事比例越高，确认坏消息越及时。Ahmed 和 Duellman（2007）使用三种衡量谨慎程度的指标，发现外部董事比例与谨慎性正相关。Lara 等（2008）以西班牙上市公司为研究样本，采用董事会规模、非执行董事比例、独立董事比利、两职合一、董事会会议次数、审计委员会是否存在等衡量董事会特征，研究发现董事会有效的公司更倾向于采用谨慎的会计制度作为公司治理工具。独立董事的监督对稳健会计信息的生成影响的结论并不统一，Beekes 等（2004）、赵德武等（2008）发现两者之间存在正向关系，而刘凤委和汪扬（2006）发现两者之间没有关系。

在内部治理的管理层方面，Gao（2012）研究发现，管理层有动机只反映好消息，谨慎性可以防止管理层的盈余管理。管理层持股具有利益趋同和利益侵占两种效应，当管理层持股水平适中时，侵占效应显著，但高于 25% 或低于 5% 时，侵占效应弱化、利益趋同效应显著（Morck 等，1988）。Shuto 和 Takada（2010）在研究管理层持股与会计稳健性的关系时得到同样的结论，研究发现管理层持股最高和最低时，与谨慎性正相关，符合利益趋同效应。管理层持股比例在中间时，与谨慎性负相关，符合管理层的壕沟效应。LaFond 和 Roychowdhury（2008）研究发现，管理层持股减少，代理成本提高，提高了对谨慎性的需求。盈余管理也会影响会计稳健性，但企业向上的盈余管理活动并不一定会导致会计稳健性的降低（李宾和杨济华，2017）。

4.2.2 假设的提出

谨慎性是好消息与坏消息的不对称确认，是盈余质量的指示器，是会计信息质量的重要特征，是缓解管理层与股东、股东与债权人之间代理冲突的一种缔约手段。在薪酬契约方面，管理层可能热衷于能扩大公司规模而无益于公司价值的投资项目，及时确认损失迫使管理层及时终止亏损项目（LaFond 和 Roychowdhury，2008），减少高估收益的可能，缓解股东与管理层的代理冲突。在债务契约方面，由于债权人无法享受企业成长的红利但却承担了公司的下行风险，管理层可能会采取违背债权人利益的行为，例如过度分红和过度投资，从而将财富从债权人转移给股东。谨慎的会计信息提前确认损失、推迟确认收益，提前暴露了企业风险，避免了高估资产和收益，最小化违约成本，降低了贷款成本（Ahmed 等，2002），有助于债权人做出最优决策。因此，股东与债权人对会计谨慎性的需求部分源自管理层的自由裁量权，这种理论以股权高度分散的发达资本市场为背景。

股权质押是一种融资方式，资金提供者为证券公司、信托公司、银行、一般公司和个人。2013 年之前，资金提供者以银行为主，2013 年 5 月 24 日开始实施的《股票质押式回购交易及登记结算业务办法（试行）》，开启了股权质押的场内业务模式，从事股权质押业务量快速增长，基于手续便利等优势，证券公司迅速成为主要的资金融出方。债权人最关心的是资金的安全收回，追求契约风险最小化。在签订债务契约时，债权人对会计信息的谨慎性提出需求，在签订债务契约之后，债权人仍需求谨慎的会计信息，以提前暴露风险，及时应对，最小化回款风险。为了获得融资，控股股东会迎合债权人的需求，提供谨慎的会计信息。

但获得融资后，控股股东面临着控制权转移风险。我国上市公司的股权结构特征表现为第一大股东持股比例高、股权集中程度高的特点，控股股东可以通过董事会席位、社会关系资本等方式控制上市公司，主导公司发展战略和日常运营。为了私利，控股股东有能力有动机与董事会、高管合谋来侵害上市公司利益。Cullinan 等（2012）研究发现管理层与大股东联合起来，降低谨慎性，侵害小股东利益。在股权质押背景下，控股股东面临着控制权转移的风险，而控制权又是控股股东极其重视的权力，现有研究发现控股股东会采取一系列措施来规避控制权转移风险，尤其是对财务信息方面的调整。陈德萍和陆星廷（2017）对比了控股股东股权质押前后的盈余管理水平，发现之后盈余管理水平显著上升。谢德仁和廖珂（2018）研究发现，控股股东股权质押后会采取向上的真实盈余管理。质押后，上市公司在交易日披露更多临时公告好消息（李常青和幸伟，2017）。钱爱民和张晨宇（2018）研究发现，控股股东股权质押会披露更多好的业绩预告，推迟业绩预告坏消息。控股股东股权质押也提高了违规披露的可能性（张晨宇和武剑锋，2019）。财务信息是影响股价的直接途径之一，成为保价的主要工具。由于谨慎的会计信息高估损失低估收益，会对股价的稳定造成不利的影响，因而控股股东规避控制权转移风险的需求大于满足债权人对谨慎性的需求，可能通过管理层降低会计信息谨慎性，提前披露好信息推迟坏消息。由此提出假设：

H1：控股股东股权质押前，上市公司披露的会计信息谨慎性高。

H2：控股股东股权质押后，上市公司披露的会计信息谨慎性低。

4.3 研究设计

4.3.1 样本选择与数据来源

本章以 2005 ~2019 年全部沪深 A 股上市公司为研究对象，自变量股权质押和反映企业财务特征的控制变量滞后一期处理。股权质押数据来自 WIND 数据库，财务数据和公司治理数据来自 CSMAR 数据库。剔除金融类公司、特别处理公司和数据缺失的观测值。为了减轻极端异常值的影响，对所有连续变量在 1% 和 99% 分位上进行了缩尾处理。

4.3.2 变量定义

4.3.2.1 因变量

Khan 和 Watts（2009）选择资产规模（Size）、资产负债率（Lev）、权益市值账面比（MB）综合度量 Watts（2003）所提出的契约、诉讼、税收和管制四个稳健性动因，构建了会计稳健性指标——C_ Score，其计算模型如下：

$$\frac{EPS_{it}}{P_{it-1}} = \beta_1 + \beta_2 DR_{it} + \mu_1 R_{it} + \mu_2 Size_{it} \times R_{it} + \mu_3 Lev_{it} \times R_{it} + \mu_4 MB_{it} \times R_{it} + \gamma_1 DR_{it} \times R_{it} + \gamma_2 Size_{it} \times DR_{it} \times R_{it} + \gamma_3 Lev_{it} \times DR_{it} \times R_{it} + \gamma_4 MB_{it} \times DR_{it} \times R_{it} \varepsilon_{it} \quad (4-1)$$

$$C\_\ Score = \gamma_1 + \gamma_2 Size_{it} + \gamma_3 Lev_{it} + \gamma_4 MB_{it} \quad (4-2)$$

模型（4－1）中，EPS_{it}是每股收益，P_{it-1}是收盘价，R_{it}是年个股收益率，DR_{it}是虚拟变量，当$R_{it}<0$时，DR_{it}取值为1，否则DR_{it}取值为0。用季度截面数据对模型（4－1）进行回归，将各季度回归结果中的回归系数代入模型（4－2）中计算出 C_ Score。C_ Score 的数额越大，会计稳健性程度越高。张长海等（2012）采用相互验证的方法，研究认为 C_ Score 法在我国更适合，本章采用 C_ Score 法衡量会计稳健性。

4.3.2.2 自变量与控制变量

（1）控股股东是否质押。

Pled 为控股股东是否质押，控股股东年度内质押过股权，则 Pled 取值为 1，否则取值为 0。

（2）控股股东质押规模。

Pler 为控股股东年度内累计质押股数与年末控股股东持股总数的比值。

控制变量包括控股股东持股比例、股权集中度、两职合一、高管持股、企业盈利能力等公司治理变量和财务特征变量。变量定义如表 4－1 所示。

表 4－1　变量定义

变量类型	变量名称	变量符号	变量描述
因变量	会计谨慎性	C_{Score}	采用 Khan 和 Watts（2009）的方法度量
自变量	控股股东是否质押	Ped	季度财务报告披露后 60 日内控股股东进行过股权质押的为 1，否则为 0
		Pled	季度末存在控股股东股权质押的取值为 1，否则为 0
	控股股东质押规模	Per	季度财务报告披露后 60 日内控股股东股权质押的累计股数/季末持股总数
		Pler	季度末控股股东质押股数/季末持股总数
控制变量	控股股东持股比例	Top	控股股东持股数量/总股本
	股权集中度	Equil	第二至第十大股东持股比例
	两职合一	Dual	董事长与总经理是同一人为 1，否则为 0
	董事会规模	Boar	董事会人数的自然对数
	独董比例	Indb	独立董事人数/董事会总人数
	高管持股	Msha	高管持股比例
	高管薪酬	Sala	高管薪酬的自然对数
	盈利能力	Roe	上期的净资产收益率
	亏损与否	Loss	上期的净利润小于 0 为 1，否则为 0
	企业性质	State	国企为 1，否则为 0
	行业虚拟变量	Ind	以证监会《上市公司行业分类指引》为分类标准，制造业按二级子行业划分
	年度虚拟变量	Year	按年度或季度取虚拟变量

4.3.3　模型设计

为了检验控股股东股权质押前和质押后，会计谨慎性受到的影响，本章构建了模型（4－3）和模型（4－4）：

$$C_{Score_{i,t}} = \alpha_0 + \alpha_1 Pled_{i,t}(Pler_{i,t}) + \alpha_2 Roe_{i,t} + \alpha_3 Loss_{i,t} + \alpha_4 Sala_{i,t} + \alpha_5 Msha_{i,t} + \alpha_6 Top_{i,t} + \alpha_7 Equil_{i,t} + \alpha_8 State_{i,t} + \alpha_9 Dual_{i,t} + \alpha_{10} Indb_{i,t} + \alpha_{11} Boar_{i,t} + \sum Ind_{i,t} + \sum Year_{i,t} + \varepsilon_{i,t} \quad (4-3)$$

$$C_{Score\,i,t+1} = \theta_0 + \theta_1 Pled_{i,t}\ (Pler_{i,t}) + \theta_2 Roe_{i,t} + \theta_3 Loss_{i,t} + \theta_4 Sala_{i,t+1} + \theta_5 Msha_{i,t+1} + \theta_6 Top_{i,t+1} + \theta_7 Equil_{i,t+1} + \theta_8 State_{i,t+1} + \theta_9 Dual_{i,t+1} + \theta_{10} Indb_{i,t+1} + \theta_{11} Boar_{i,t+1} + \sum Ind_{i,t+1} + \sum Year_{i,t+1} + \mu_{i,t} \quad (4-4)$$

模型（4－3）用于检验假设 H1，其中，i 为上市公司，t 为季度，α_0为常数项，$\alpha_1 \sim \alpha_{11}$为变量回归系数，$\varepsilon_{i,t}$为残差。模型（4－4）用于检验假设 H2，其中，i 为上市公司，t 为季度，θ_0为常数项，$\theta_1 \sim \theta_{11}$为变量回归系数，$\mu_{i,t}$为残差。

4.4 实证结果与分析

4.4.1 描述性统计分析

表 4－2 是描述性统计结果。2005～2019 年C_{Score}的均值为 0.0092，中位数为 0.0022。2007 年之前 C_ Score 的均值为 0.0265，中位数为 0.0156，2007 年之后分别为－0.0116 和－0.0074，2007 年之前和之后的均值和中位数差异显著（均值的 t 检验值为－14.17，中位数的 Wilcoxon 检验值为 13.64），表明新会计准则的实施降低了会计稳健性，即新会计准则降低了对稳健性原则的运用，进而降低了会计信息的稳健性。第一大股东持股比例的均值超过 35%，在董事会结构方面，董事长总经理两职合一的样本比例为 10.04%，在董事会人数均值为 9.36 人，独立董事比例均值为 31.85%。

表 4－2 描述性统计结果

变量	均值	中位数	最大值	最小值	标准差
C_{Score}	0.0092	0.0022	0.9825	－0.4548	0.0946
Pled	0.1132	0.0000	1.0000	0.0000	0.3178

续表

变量	均值	中位数	最大值	最小值	标准差
Pler	0.0292	0.0000	0.8972	0.0000	10.8042
Top	0.3914	0.3764	0.8497	0.0502	0.1643
Equil	0.1537	0.1247	0.5933	0.0031	0.1193
State	0.7725	1.0000	1.0000	0.0000	0.4193
Dual	0.1011	0.0000	1.0000	0.0000	0.3015
Boar	9.3627	9.0000	19.0000	4.0000	2.0300
Indb	0.3185	0.3333	0.7143	0.0000	0.1050
Msha	0.0005	0.0000	0.0208	0.0000	0.0193
Sala	13.3148	13.3723	16.6645	9.1623	0.9681
Lev	0.4960	0.5110	0.8520	0.0722	0.1770
Size	21.6600	21.5900	24.7200	19.5400	1.0550
Roe	0.0710	0.0672	0.8642	-1.4842	0.1268
Loss	0.0776	0.0000	1.0000	0.0000	0.2676

按年末是否存在控股股东股权质押将全样本分为质押组和非质押组，如表4-3所示，两组的C_{Score}均值分别为0.007和0.009，质押组的C_{Score}小于非质押组，均值差异的T值为5.687（p=0），表明两组的会计稳健性存在显著差异。

表4-3　会计谨慎性的T检验

分组	N	均值	标准差	均值差异	T检验
非质押组	40602	0.009	0.122	-0.087	5.687***
质押组	21863	0.007	0.098		

4.4.2　相关性分析

表4-4是控股股东股权质押后与会计谨慎性的相关性分析，Pled、Pler与C_{Score}显著负相关，说明股权质押降低了会计谨慎性，初步证实了假设H2。控股

股东股权质押前与会计谨慎性的相关性分析显示，Pled、Pler 与 C_{Score} 显著正相关。各个变量之间的相关系数基本都在 0.5 以下，方差膨胀系数结果也表明 VIF 值小于 10，说明模型可能不存在严重的共线性问题。

表 4－4 控股股东股权质押与会计谨慎性的 Pearson 相关系数分析结果

	C_{Score}	Pled	Pler	Top	Equil	State	Dual	Boar	Indb	Msha	Sala	Roe	Loss
C_{Score}	1												
Pled	-0.02***	1											
Pler	-0.01**	0.13*	1										
Top	-0.05*	-0.02	0.04	1									
Equil	0.01	0.02	0.03	-0.54*	1								
State	-0.01	0.05*	-0.04	0.25*	-0.22*	1							
Dual	0.00	0.02	0.03*	-0.07*	0.01	-0.09*	1						
Boar	-0.01*	0.00*	0.02**	0.00*	0.12*	0.15*	-0.06*	1					
Indb	0.06**	0.00*	0.00*	-0.18*	0.01*	-0.04*	0.00*	-0.10*	1				
Msha	-0.01*	0.00	-0.01	-0.12*	-0.02*	-0.03*	0.05*	0.04	0.05*	1			
Sala	-0.03*	0.09*	0.11*	-0.17*	0.07*	0.00	-0.03	0.02	0.39*	0.20*	1		
Roe	0.02**	-0.01	0.10*	0.07*	0.07*	-0.02	-0.04	0.02	0.08*	0.08*	0.33*	1	
Loss	0.00*	-0.01	-0.07*	-0.04*	0.00**	0.00**	0.00	-0.02	-0.05*	-0.05*	-0.15*	-0.63*	1

注：***、**、*分别表示变量估计系数在 1%、5% 和 10% 置信水平上显著。下同。

4.4.3 回归分析

4.4.3.1 内部公司治理与会计稳健性的实证分析

表 4－5 是内部公司治理与会计稳健性的实证检验结果。在股权治理方面，第一大股东持股的高比例不利于稳健的会计信息的生成与提供；第二至第十大股东持股比例越高，第一大股东持股的高比例不利于稳健的会计信息的生成与提供；第二至第十大股东持股比例越高，会计稳健性越高，表明多个大股东相互制衡，发挥了监督作用；出于政府官员对政绩的追求、内部人为获取过度薪酬和升

迁等原因，国有企业的会计稳健程度低于非国有企业，这些发现与现有文献的结论一致。在董事会治理方面，董事会的大规模不利于稳健会计信息的产出，这与宋增基（2009）的研究结论一致，说明董事数量的增加带来的收益，小于增加的沟通协调成本，影响了其监督职能的有效发挥；独立董事比例、两职合一均与会计稳健性的回归关系不显著，这意味着董事会在提供稳健会计信息方面没有发挥应有的治理功能。在高管激励方面，高管薪酬激励逐步成为公司治理的一项基本机制，但其也成为盈余管理的诱因，表4－5中高管薪酬的回归系数显著为负，表明高管薪酬越高，会计稳健性越差，这与王克敏和王志超（2007）的研究发现相吻合；高管持股比例促进了会计稳健性的提高，符合高管持股的利益趋同假说，由此可见长期激励的治理效果更好。

表4－5　内部公司治理与会计稳健性的回归结果

	(1)	(2)	(3)	(4)	(5)	(6)	(7)	(8)	(9)
Top	-0.070** (-1.701)	—	—	—	—	—	—	—	-0.044*** (-2.968)
Equil	—	0.106*** (2.362)	—	—	—	—	—	—	0.077*** (3.023)
State	—	—	-0.023*** (-2.425)	—	—	—	—	—	-0.010*** (-2.568)
Dual	—	—	—	0.014 (0.121)	—	—	—	—	0.012 (0.142)
Boar	—	—	—	—	-0.043*** (-2.897)	—	—	—	-0.043*** (-2.418)
Indb	—	—	—	—	—	0.004 (0.863)	—	—	-0.021 (0.377)
Msha	—	—	—	—	—	—	2.054** (2.125)	—	2.236** (2.236)
Sala	—	—	—	—	—	—	—	-0.022*** (-3.624)	-0.021*** (-3.547)

续表

	(1)	(2)	(3)	(4)	(5)	(6)	(7)	(8)	(9)
Roe	-0.101*** (-2.932)	-0.129*** (-3.523)	-0.116*** (-3.872)	-0.111*** (-3.025)	-0.113*** (-3.896)	-0.114*** (-3.487)	-0.112*** (-2.936)	-0.062*** (-3.021)	-0.064*** (-3.234)
Loss	0.033*** (4.673)	0.029*** (3.963)	0.032*** (3.529)	0.033*** (3.645)	0.032*** (4.123)	0.033*** (3.985)	0.029*** (3.569)	0.037*** (3.425)	0.032*** (3.256)
截距	0.499 (0.011)	0.445 (0.152)	0.609** (1.934)	0.931** (1.865)	0.898* (1.382)	0.828* (1.528)	1.215* (1.426)	0.172* (1.382)	0.627* (1.487)
季度	控制	控制	控制	控制	控制	控制	控制	控制	控制
行业	控制	控制	控制	控制	控制	控制	控制	控制	控制
调整 R^2	0.287	0.288	0.287	0.286	0.288	0.285	0.287	0.287	0.302
Obs.	62465	62465	62465	62465	62465	62465	62465	62465	62465

4.4.3.2 控股股东股权质押前的会计谨慎性检验

表4-6列示了考虑公司治理变量后控股股东股权质押与会计谨慎性的回归结果。全样本中，Ped、Per的系数在1%水平上显著为正，表明控股股东股权质押前，会计谨慎性较高，符合假设H1的预期，体现了控股股东的投机行为。将样本分为国有企业样本和民营企业样本，在国有企业组中，Pled的系数不再显著，在民营企业组中，Pled的系数显著为负，说明民营企业对通过调节会计信息而获得更多融资的需求更大，国有企业面临的融资约束小，调节会计信息的动机小。

表4-6 控股股东股权质押前的会计谨慎性检验结果

变量	全样本		国企	民企
Ped	0.165** (2.524)	—	0.241 (1.053)	0.218*** (4.021)
Per	—	0.024*** (3.057)	—	—
Top	-0.043*** (-2.672)	-0.068** (-2.478)	-0.022 (-1.002)	-0.026*** (-3.563)

续表

变量	全样本		国企	民企
Equil	0.076*** (3.173)	0.071*** (2.656)	0.124*** (6.628)	0.035** (2.235)
State	-0.011** (-2.068)	-0.018** (-2.558)	—	—
Dual	0.011 (0.107)	0.001 (0.001)	0.002 (0.042)	-0.001 (-0.324)
Boar	-0.023* (-1.818)	-0.025* (-1.901)	-0.012 (-0.760)	-0.034** (-2.201)
Indb	0.052 (0.578)	0.035 (0.687)	0.038 (0.576)	0.026 (0.627)
Msha	1.125* (1.836)	0.989** (2.012)	1.012 (0.874)	0.036** (2.025)
Sala	-0.035*** (-3.687)	-0.028*** (-3.026)	-0.031*** (-3.478)	-0.054*** (-3.092)
Roe	-0.045** (-2.234)	-0.056** (-2.124)	-0.107*** (-3.057)	-0.108*** (-2.925)
Loss	0.057*** (3.784)	0.045*** (3.825)	0.078*** (3.872)	0.068** (3.574)
截距	0.536 (1.087)	0.438*** (2.696)	0.275*** (6.581)	0.382*** (9.739)
季度	控制	控制	控制	控制
行业	控制	控制	控制	控制
调整 R^2	0.225	0.228	0.228	0.247
样本量	62465	62465	18975	43481

4.4.3.3 控股股东股权质押后的会计谨慎性检验

表4-7列示了考虑公司治理变量后控股股东股权质押与会计谨慎性的回归结果。全样本中，Pled、Pler的系数在1%水平上显著为负，表明控股股东股权质押降低了会计谨慎性，符合假设H2的预期。控股股东对稳定股价的需求超越了对债权人谨慎性需求的考虑，作为外部人，债权人并不了解公司内部经营情

况，不清楚信息的谨慎性程度。将样本分为国有企业样本和民营企业样本，在国有企业组中，Pled 的系数不再显著，在民营企业组中，Pled 的系数显著为负，说明控股股东股权质押对会计谨慎性的负面影响只存在于民营企业中，说明民营企业的控股股东股权质押后对股价更为敏感，更可能推迟确认坏消息，披露的信息谨慎性程度低。

表 4－7 控股股东股权质押后的会计谨慎性检验结果

变量	全样本		国企	民企
Pled	−0.192*** (−4.731)	—	0.262 (1.560)	−0.148*** (−3.511)
Pler	—	−0.005*** (−4.337)	—	—
Top	−0.044*** (−2.968)	−0.072*** (−5.452)	−0.019 (−1.339)	−0.063*** (−4.953)
Equil	0.077*** (3.023)	0.052*** (2.651)	0.144*** (7.617)	0.040** (2.229)
State	−0.010*** (−2.568)	−0.023*** (−5.558)	—	—
Dual	0.012 (0.142)	0.000 (0.000)	0.003 (0.590)	−0.002 (−0.425)
Boar	−0.043** (−2.418)	−0.035*** (−3.901)	−0.031*** (−3.760)	−0.034*** (−4.201)
Indb	0.021 (0.377)	0.003 (0.091)	0.007 (0.263)	−0.034 (−1.218)
Msha	2.236** (2.236)	0.023** (2.479)	0.547 (0.449)	0.045*** (2.535)
Sala	−0.021*** (−3.547)	−0.025*** (−4.026)	−0.015*** (−4.501)	−0.021*** (−4.092)
Roe	−0.064*** (−3.234)	−0.062** (−2.463)	−0.118*** (−3.622)	−0.105*** (−3.626)

续表

变量	全样本		国企	民企
Loss	0.032*** (3.256)	0.033*** (3.978)	0.021*** (2.586)	0.020** (2.444)
截距	0.627 (1.487)	0.438*** (3.696)	0.275*** (3.581)	0.382*** (3.739)
季度	控制	控制	控制	控制
行业	控制	控制	控制	控制
调整 R^2	0.267	0.276	0.272	0.272
样本量	62465	62465	18975	43481

4.4.4 稳健性检验

4.4.4.1 内生性检验

（1）工具变量法。

借鉴谢德仁等（2018）的做法，选取同季度同行业的平均质押率 Plerm 作为工具变量。表 4－8 中第（1）列、第（3）列显示 Plerm 的系数显著为正，第（2）列、第（4）列显示 Ped、Per 的系数显著为正；表 4－9 中第（1）列、第（3）列显示 Plerm 的系数显著为正，第（2）列、第（4）列显示 Pled、Pler 的系数显著为负，研究结论保持不变。

表 4－8 控股股东股权质押前会计谨慎性的工具变量检验和 PSM 检验

变量	工具变量检验				PSM 检验	
	Ped	C_{Score}	Per	C_{Score}	C_{Score}	
	第一阶段（1）	第二阶段（2）	第一阶段（3）	第二阶段（4）	（5）	（6）
Plerm	3.267*** (5.021)	—	2.578*** (8.124)	—	—	—
Ped	—	0.312* (2.009)	—	—	0.158*** (6.124)	—

续表

变量	工具变量检验				PSM 检验	
	Ped	C_{Score}	Per	C_{Score}	C_{Score}	
	第一阶段（1）	第二阶段（2）	第一阶段（3）	第二阶段（4）	（5）	（6）
Per	—	—	—	0.331 * (1.882)	—	0.284 *** (5.686)
Top	-0.028 (-1.232)	-0.192 *** (-2.653)	-0.028 (-1.005)	-0.238 *** (-3.005)	-0.288 *** (-3.249)	-0.221 *** (-4.056)
Equil	1.873 *** (3.012)	1.237 *** (2.971)	0.302 *** (3.067)	1.285 *** (3.624)	1.269 *** (3.687)	1.228 *** (3.667)
State	0.227 *** (5.227)	-0.153 (-0.289)	0.022 *** (3.857)	-0.025 (-0756)	-0.081 * (-1.925)	-0.078 (-1.571)
Dual	0.127 (1.023)	0.005 (0.487)	0.041 (0.697)	0.015 (0.101)	0.029 (0.405)	0.039 (1.512)
Boar	1.252 *** (2.721)	-1.008 *** (-2.639)	-0.268 *** (-2.932)	1.274 *** (3.091)	-1.698 *** (-2.745)	-1.453 *** (-2.908)
Indb	-1.587 (-0.429)	-1.322 (-0.329)	-0.565 (-1.586)	-1.687 (-0.320)	-1.981 (-0.677)	-1.058 (-0.637)
Msha	0.686 (1.408)	2.015 ** (2.006)	0.086 (1.023)	2.025 ** (1.999)	2.123 *** (2.714)	1.318 *** (2.759)
Sala	-0.234 ** (-2.283)	-1.012 ** (-2.023)	-0.215 ** (-2.074)	-1.058 * (-1.775)	-1.012 * (-1.778)	-1.254 ** (-2.072)
Roe	0.595 (0.853)	-1.165 ** (-1.898)	-0.244 *** (-2.687)	0.040 (1.568)	-0.452 *** (-2.809)	-0.478 *** (-3.074)
Loss	2.998 *** (5.841)	2.475 *** (5.145)	-0.660 (-0.879)	5.061 *** (9.123)	10.214 *** (7.993)	10.567 *** (6.871)
截距	-1.455 ** (-2.158)	2.487 *** (3.564)	0.169 * (1.704)	1.487 * (2.427)	2.781 *** (3.893)	2.625 *** (3.456)
行业	控制	控制	控制	控制	控制	控制
年份	控制	控制	控制	控制	控制	控制
样本量	62465	62465	62465	62465	30443	30443
Pseudo/调整 R^2	0.155	0.386	0.223	0.396	0.326	0.367

表 4－9　控股股东股权质押后会计谨慎性的工具变量检验和 PSM 检验

变量	工具变量检验				PSM 检验	
	Pled	C_{Score}	Pler	C_{Score}	C_{Score}	
	第一阶段（1）	第二阶段（2）	第一阶段（3）	第二阶段（4）	（5）	（6）
Plerm	3.656*** （5.128）	—	2.663*** （8.235）	—	—	—
Pled	—	－0.493* （－1.889）	—	—	0.262*** （8.054）	—
Pler	—	—	—	－0.630** （－1.986）	—	0.391*** （7.688）
Top	－0.035 （－1.102）	－0.215*** （－2.641）	－0.036 （－1.023）	－0.266*** （－3.685）	－0.178*** （－3.249）	－0.209*** （－4.126）
Equil	1.623*** （3.318）	1.281*** （3.671）	0.292*** （3.291）	1.286*** （4.724）	1.269*** （3.687）	1.228*** （3.667）
State	0.227*** （5.227）	－0.153 （－0.289）	0.026*** （4.657）	－0.027 （－0886）	－0.078* （－1.905）	－0.082 （－1.671）
Dual	0.130 （1.223）	0.006 （0.426）	0.033 （0.727）	0.012 （0.098）	0.028 （0.388）	0.038 （1.206）
Boar	1.742** （2.521）	－1.408*** （－3.039）	－0.265*** （－2.831）	1.698*** （3.791）	－1.736*** （－2.620）	－1.653*** （－2.877）
Indb	－1.671 （－0.539）	－1.442 （－0.336）	－0.650 （－1.586）	－1.687 （－0.320）	－1.981 （－0.677）	－1.058 （－0.637）
Msha	0.686 （1.408）	2.015** （2.006）	0.086 （1.259）	2.026** （2.099）	2.266*** （2.755）	1.268*** （2.659）
Sala	－0.224** （－2.073）	－1.023** （－2.070）	－0.224** （－2.085）	－1.069* （－1.875）	－1.015* （－1.878）	－1.231** （－2.372）
Roe	0.655 （0.953）	－1.187** （－2.098）	－0.248*** （－2.920）	0.035 （1.364）	－0.452*** （－3.809）	－0.475*** （－3.062）
Loss	2.905*** （5.706）	2.572*** （5.678）	－0.660 （－1.123）	4.250*** （5.361）	12.674*** （7.793）	11.567*** （6.981）
截距	－1.645** （－2.106）	2.495*** （3.864）	0.167* （1.664）	2.460*** （7.537）	2.822*** （3.193）	2.758*** （3.112）
行业	控制	控制	控制	控制	控制	控制
年份	控制	控制	控制	控制	控制	控制

续表

变量	工具变量检验				PSM 检验	
	Pled	C_{Score}	Pler	C_{Score}	C_{Score}	
	第一阶段（1）	第二阶段（2）	第一阶段（3）	第二阶段（4）	（5）	（6）
样本量	62465	62465	62465	62465	30443	30443
Pseudo/调整 R^2	0.153	0.456	0.215	0.456	0.386	0.387

（2）倾向得分匹配法。

为排除质押组和非质押组公司特征的差异对结论的干扰，本章考虑企业规模、盈利能力、资产负债率、成长性、产权性质、控股股东持股比例、市值账面比，采用最近邻匹配方法对是否存在控股股东股权质押进行 1∶1 配对，配对成功的样本量为 20452 个。表 4－8 中第（5）列、第（6）列显示 Ped、Per 的系数显著为正，表 4－9 中第（5）列、第（6）列显示 Pled、Pler 的系数显著为正，研究结论保持不变。

4.4.4.2 变量的其他计量方法

本章采用权益市值账面比 MB、Ahmend 和 Duellaman（2007）的三年累计应计项重新计算了会计稳健性，作为会计稳健性的代理变量，其中的应计项为税后净利润与经营活动现金净流量的差除以期初资产合计。除部分变量的显著性水平、系数大小有所变化外，主要结论基本保持一致。

4.5 进一步分析

4.5.1 内部综合治理的调节作用

借鉴蒋琰和陆正飞（2009）的做法，本章将八个公司治理变量进行了主成分分析，将第一主成分作为内部综合治理指数G，其最终结果为：

$$G = -0.610Top + 0.535Equil - 0.360State - 0.002Boar + 0.306Indb + 0.084Dual + 0.005Mshar + 0.332Sala \quad (4-5)$$

除了两职合一Dual以外，其他变量的系数符号符合理论预测，这一点与白重恩等（2005）的研究结论相似。内部综合治理指数G数值越大，说明内部综合治理水平越高。根据内部综合治理指数的大小，将全样本分为内部综合治理低水平组和内部综合治理高水平组。

表4-10是内部综合治理水平对控股股东股权质押与会计稳健性关系的调节作用的回归结果，对于内部综合治理水平较高的公司而言，控股股东是否质押Pled、控股股东质押比例Pler的系数不显著，表明质押后，控股股东的股权质押行为没有降低会计信息质量，内部治理在某种程度上对控股股东的私利行为起到了制衡作用。但对于内部控制指数低的公司而言，控股股东是否质押Pled、控股股东质押比例Pler的系数显著为负，说明内控制度的设计没有发挥应有的监督制衡作用，第二类代理问题较为突出。

表4-10　内部综合治理水平的调节作用

变量	内部治理指数高			内部治理指数低		
	（1）	（2）	（3）	（1）	（2）	（3）
Pled	-0.093 (-1.618)	—	—	-0.200*** (-5.136)	—	—
Pler	—	-0.023 (-1.435)	—	—	-0.056*** (-3.156)	—
Roe	-0.125*** (-3.461)	-0.122*** (-3.352)	-0.121*** (-3.302)	-0.114*** (-6.473)	-0.106*** (-6.013)	-0.093*** (-5.165)
Loss	0.028*** (3.022)	0.026*** (2.872)	0.027*** (2.980)	0.024*** (2.912)	0.024*** (2.948)	0.025*** (3.017)
截距	0.070*** (5.173)	0.093*** (6.408)	0.069*** (5.255)	-0.013* (-1.959)	-0.010 (-1.268)	-0.016** (-2.409)

续表

变量	内部治理指数高			内部治理指数低		
	(1)	(2)	(3)	(1)	(2)	(3)
Year/Ind	YES	YES	YES	YES	YES	YES
调整 R^2	0.202	0.201	0.202	0.183	0.180	0.183
F	42.369***	42.123***	42.361***	37.366***	36.666***	37.410***
样本量	31230	31230	31230	31235	31235	31235

4.5.2 控制权转移风险的调节作用

信息质量的调整也是有成本的。控股股东可能会在控制权转移风险较大时通过降低会计信息谨慎性来稳定股价，本章以 t 季度末控股股东股权质押的公司为样本，构建模型（4-6）来研究控制权转移风险的调节作用。

$$C_{Score_{i,t+1}} = \delta_0 + \delta_1 Risk_{i,t} + \delta_2 Top_{i,t+1} + \delta_3 Equil_{i,t+1} + \delta_4 Boa_{i,t+1} + \delta_5 Indb_{i,t+1} + \delta_6 Dual_{i,t+1} + \delta_7 State_{i,t} + \delta_8 Msha_{i,t} + \delta_9 Sala_{i,t} + \delta_{10} Roe_{i,t} + \delta_{11} Loss_{i,t} + \sum Ind_{i,t} + \sum Year_i + \upsilon_{i,t} \tag{4-6}$$

其中，Risk 为控制权转移风险，δ_0 为常数项，$\delta_1 \sim \delta_{11}$ 为变量回归系数，$\upsilon_{i,t}$ 为残差。Risk1、Risk2、Risk3、Risk4、Risk5 分别表示 t+1 季度最低股价离平仓线的距离从小到大，Risk1 控制权转移风险最大，Risk5 控制权转移风险最小。表 4-11 显示，Risk 1 ~ Risk 4 的系数显著为正，系数大小和显著性整体而言有下降趋势，Risk5 的系数不再显著，说明当股价下跌越临近平仓线时，控股股东影响会计谨慎性的可能性更大。

表 4-11 控制权转移风险的进一步分析

	因变量：C_{Score}				
	Risk1	Risk 2	Risk 3	Risk 4	Risk 5
Risk	0.295*** (4.536)	0.446*** (6.763)	0.208*** (3.069)	0.198** (2.126)	-0.101 (-0.967)

续表

	因变量：C_{Score}				
	Risk1	Risk 2	Risk 3	Risk 4	Risk 5
Top	0.113 (0.128)	0.116 (0.131)	0.074 (0.083)	0.075 (0.085)	0.039 (0.044)
Equil	-0.746 (-0.593)	-0.871 (-0.687)	-0.620 (-0.492)	-0.589 (-0.467)	-0.517 (-0.409)
Dual	0.048 (0.661)	0.046 (0.625)	0.047 (0.645)	0.047 (0.647)	0.047 (0.646)
Boar	-0.103 (-0.427)	-0.125 (-0.520)	-0.091 (-0.376)	-0.089 (-0.369)	-0.073 (-0.300)
Indb	-0.523 (-0.679)	-0.494 (-0.640)	-0.525 (-0.681)	-0.532 (-0.691)	-0.562 (-0.729)
Msha	0.229*** (5.536)	0.256*** (6.166)	0.214*** (5.249)	0.205*** (5.097)	0.198*** (4.965)
Sala	-0.003 (-0.016)	-0.000 (-0.002)	-0.003 (-0.015)	0.004 (0.026)	0.006 (0.037)
Roe	-0.150* (-1.801)	-0.171** (-2.159)	-0.139* (-1.758)	-0.138* (-1.738)	-0.136* (-1.721)
State	-0.467*** (-3.640)	-0.428*** (-3.381)	-0.469*** (-3.662)	-0.469*** (-3.650)	-0.460*** (-3.586)
Loss	-1.335*** (-16.248)	-1.309*** (-15.968)	-1.347*** (-16.413)	-1.348*** (-16.488)	-1.356*** (-16.586)
截距	-3.988*** (-3.603)	-4.602*** (-4.147)	-3.660*** (-3.333)	-3.491*** (-3.207)	-3.182*** (-2.975)
行业	控制	控制	控制	控制	控制
Pseudo R^2	0.069	0.073	0.068	0.067	0.067
样本量	20124	20124	20124	20124	20124

4.5.3 控股股东股权质押下会计谨慎性的经济效应

本章从股权资本成本和债务资本成本角度检验对控股股东股权质押后会计谨

慎性降低的经济后果。其中，采用 GLS、OJ、PEG、GGM5（T=5）四种模型估算值的平均数来度量股权资本成本，构建模型（4-7）。债务资本成本采用财务费用与债务总额的比值来度量。其中，财务费用包括利息支出、筹资发生的其他财务费用等，债务总额是企业流动负债与非流动负债的期末总额，构建模型（4-8）。将股权资本成本和债务资本成本的加权平均值作为综合资本成本，构建模型（4-9）。

$$Re_{i,t} = \eta_0 + \eta_1 Pled_{i,t}\ (Pler_{i,t}) + \eta_2 C_{Score_{i,t}} + \eta_3 Pled_{i,t} \times C_{Score_{i,t}}\ (Pler_{i,t} \times C_{Score_{i,t}}) + \eta_4 Inst_{i,t} + \eta_5 Dual_{i,t} + \eta_6 State_{i,t} + \eta_7 Size_{i,t} + \eta_8 Lev_{i,t} + \sum Ind_{i,t} + \sum Year_{i,t} + \psi_{i,t} \tag{4-7}$$

$$Rd_{i,t} = \omega_0 + \omega_1 Pled_{i,t}\ (Pler_{i,t}) + \omega_2 C_{Score_{i,t}} + \omega_3 Pled_{i,t} \times C_{Score_{i,t}}\ (Pler_{i,t} \times C_{Score_{i,t}}) + \omega_4 Inst_{i,t} + \omega_5 Dual_{i,t} + \omega_6 State_{i,t} + \omega_7 Size_{i,t} + \omega_8 Lev_{i,t} + \sum Ind_{i,t} + \sum Year_{i,t} + \epsilon_{i,t} \tag{4-8}$$

$$Wac_{i,t} = \rho_0 + \rho_1 Pled_{i,t}\ (Pler_{i,t}) + \rho_2 C_{Score_{i,t}} + \rho_3 Pled_{i,t} \times C_{Score_{i,t}}\ (Pler_{i,t} \times C_{Score_{i,t}}) + \rho_4 Inst_{i,t} + \rho_5 Dual_{i,t} + \rho_6 State_{i,t} + \rho_7 Size_{i,t} + \rho_8 Lev_{i,t} + \sum Ind_{i,t} + \sum Year_{i,t} + \mu_{i,t} \tag{4-9}$$

模型（4-7）中，Re 为股权资本成本，η_0为常数项，$\eta_1 \sim \eta_8$为变量回归系数，$\psi_{i,t}$为残差项；模型（4-8）中，Rd 为债务资本成本，ω_0为常数项，$\omega_1 \sim \omega_8$为变量回归系数，$\epsilon_{i,t}$为残差项，采用年度公司数据进行回归分析；模型（4-9）中，Wac 为综合资本成本，ρ_0为常数项，$\rho_1 \sim \rho_8$为变量回归系数，$\mu_{i,t}$为残差项。采用年度公司数据对模型（4-4）、模型（4-5）、模型（4-6）进行回归分析。

表4-12 给出了模型（4-7）的回归结果，第（2）列、第（3）列、第（5）列中C_{Score}的系数在1%水平上显著为负，说明谨慎的会计信息缓解了信息不对称程度，降低了未来股价的波动性，提高了股票的流动性，降低了投资者的风险，进而降低了投资者要求的风险溢价。$Pled \times C_{Score}$、$Pler \times C_{Score}$的系数显著为

正，说明控股股东股权质押削弱了会计谨慎性对股权资本成本的降低作用，且股权质押比例越高，控股股东股权质押消极作用越大。

表 4-12　控股股东股权质押、会计稳健性与股权资本成本

变量	Re				
	(1)	(2)	(3)	(4)	(5)
Pled	-0.003 (-1.629)	—	-0.002 (-1.494)	—	—
C_{Score}	—	-0.018*** (-13.674)	-0.018*** (-13.631)	—	-0.018*** (-13.669)
Pled × C_{Score}	—	—	0.008*** (2.906)	—	—
Pler	—	—	—	-0.003 (-0.535)	-0.002 (-0.363)
Pler × C_{Score}	—	—	—	—	0.046*** (3.195)
Inst	-0.000*** (-5.055)	-0.000*** (-4.072)	-0.000*** (-4.066)	-0.000*** (-5.056)	-0.000*** (-4.067)
Dual	-0.003** (-2.253)	-0.003** (-2.068)	-0.003** (-2.017)	-0.003** (-2.299)	-0.003** (-2.066)
Size	0.007*** (9.277)	0.008*** (10.304)	0.008*** (10.329)	0.007*** (9.173)	0.008*** (10.269)
Lev	0.054*** (13.800)	0.049*** (12.561)	0.049*** (12.533)	0.054*** (13.770)	0.049*** (12.505)
State	0.004** (2.454)	0.003* (1.885)	0.003 (1.461)	0.005*** (2.881)	0.003* (1.818)
截距	-0.003 (-0.105)	-0.007 (-0.267)	-0.007 (-0.277)	-0.002 (-0.064)	-0.006 (-0.235)
年份	控制	控制	控制	控制	控制
行业	控制	控制	控制	控制	控制
调整 R^2	0.265	0.284	0.285	0.265	0.285
样本量	40013	40013	40013	40013	40013

表4-13 给出了模型（4-8）的回归结果，第（2）列、第（3）列、第（5）列中C_{Score}的系数在1%水平上显著为负，说明谨慎的会计信息缓解了债权人的信息不对称程度，降低了债权人的契约风险，进而降低了债权人要求的风险溢价。$Pled \times C_{Score}$、$Pler \times C_{Score}$的系数显著为正，说明控股股东股权质押削弱了会计谨慎性对债务资本成本的降低作用，且股权质押比例越高，控股股东股权质押消极作用越大。

表4-13 控股股东股权质押、会计稳健性与债务资本成本

变量	Rd				
	(1)	(2)	(3)	(4)	(5)
Pled	-0.015* (-1.829)	—	-0.002 (-1.494)	—	—
C_{Score}	—	-0.210*** (-5.674)	-0.231*** (-5.631)	—	-0.222*** (-5.724)
$Pled \times C_{Score}$	—	—	0.008*** (2.906)	—	—
Pler	—	—	—	-0.024 (-1.535)	-0.031 (-1.363)
$Pler \times C_{Score}$	—	—	—	—	0.052*** (4.115)
Inst	-0.010*** (-3.145)	-0.011*** (-3.065)	-0.009*** (-3.012)	-0.0112*** (-3.026)	-0.010*** (-3.052)
Dual	-0.012** (-2.012)	-0.012** (-1.968)	-0.012** (-2.012)	-0.012** (-2.239)	-0.012** (-2.156)
Size	-0.010** (-2.277)	-0.008** (-2.304)	-0.008** (-2.329)	-0.007** (-2.173)	-0.008** (-2.269)
Lev	0.024*** (5.621)	0.029*** (5.561)	0.026*** (5.533)	0.027*** (5.770)	0.028*** (5.505)
State	-0.014** (-2.054)	-0.013* (-1.785)	-0.013 (-1.361)	-0.015*** (-2.881)	-0.013* (-1.918)

续表

变量	Rd				
	(1)	(2)	(3)	(4)	(5)
截距	0.023 (0.105)	0.026 (0.167)	0.027 (0.178)	0.022 (0.163)	0.025 (0.138)
年份	控制	控制	控制	控制	控制
行业	控制	控制	控制	控制	控制
调整 R^2	0.155	0.174	0.175	0.155	0.175
样本量	52015	52015	52015	52015	52015

表4－14给出了模型（4－9）的回归结果，得出了类似的结论，即会计谨慎性降低了综合资本成本，但控股股东股权质押削弱这种积极作用。

表4－14　控股股东股权质押、会计稳健性与综合资本成本

变量	Re				
	(1)	(2)	(3)	(4)	(5)
Pled	−0.009 (−1.529)	—	−0.003 (−1.228)	—	—
C_{Score}	—	−0.008*** (−4.526)	−0.017*** (−4.546)	—	−0.020*** (−4.253)
Pled × C_{Score}	—	—	0.008*** (3.006)	—	—
Pler	—	—	—	−0.002 (−1.535)	−0.002 (−1.561)
Pler × C_{Score}	—	—	—	—	0.028** (2.195)
Inst	−0.012*** (−4.156)	−0.011*** (−4.278)	−0.013*** (−4.574)	−0.011*** (−4.524)	−0.012*** (−4.347)
Dual	−0.012** (−1.953)	−0.013** (−2.068)	−0.013* (−1.907)	−0.011** (−2.299)	−0.015** (−2.066)

续表

变量	Re				
	(1)	(2)	(3)	(4)	(5)
Size	0.023 ** (2.277)	0.028 ** (2.304)	0.023 ** (2.329)	0.024 ** (2.173)	0.024 ** (2.269)
Lev	0.035 *** (2.800)	0.028 *** (3.561)	0.039 *** (3.533)	0.018 *** (2.770)	0.028 *** (3.505)
State	0.004 (1.124)	0.003 (1.041)	0.003 (1.456)	0.005 (1.087)	0.003 (1.321)
截距	-0.023 (-0.235)	-0.028 (-0.367)	-0.027 (-0.377)	-0.026 (-0.387)	-0.029 (-0.389)
年份	控制	控制	控制	控制	控制
行业	控制	控制	控制	控制	控制
调整 R^2	0.255	0.274	0.275	0.255	0.275
样本量	40013	40013	40013	40013	40013

4.6 本章小结

本章以 2005 ~2019 年全部 A 股上市公司的季度样本为研究对象，研究了控股股东股权质押对会计信息谨慎性的影响。实证结果表明：

第一，控股股东股权质押前，控股股东提高了会计信息谨慎性，其动机是满足债权人对谨慎会计信息的需求以获得更多融资，但这种关系仅存在于民营企业中。控股股东股权质押后，为了规避控制权转移风险，控股股东通过提前确认好消息、推迟确认坏消息的方式，降低了会计谨慎性，但这种关系仅存在于民营企业中。内生性检验和采用其他方法度量变量，主要结论保持不变。

第二，进一步研究发现，对内部公司治理水平较高的公司而言，控股股东股权质押后对会计谨慎性的影响并不显著，说明内部公司治理在某种程度上起到了制衡控股股东侵占行为的作用，当控制权转移风险较大时，控股股东股权质押后对会计谨慎性的影响更为显著。

第三，从债务资本成本、股权资本成本和综合资本成本角度，分析控股股东股权质押与会计谨慎性的经济后果，研究发现谨慎的会计信息降低了股权资本成本、债务资本成本和综合资本成本，缓解了信息不对称，但控股股东股权质押后削弱了会计信息谨慎性降低资本成本的积极作用，控股股东持股比例越大，这种消极影响越大。

5　控股股东股权质押与融资约束

本章以 2005 ~ 2019 年我国 A 股上市公司为样本，研究控股股东股权质押对上市公司融资约束的影响，分析了代理成本、分析师跟踪、分析师预测分歧对该影响的中介传导作用，从融资规模和融资成本两个方面分析了融资约束的表现形式，从外部高质量审计、机构投资者持股和参股银行三个方面分析了缓解控股股东股权质押对融资约束负面影响的治理机制。

5.1　引言

融资约束会造成资本配置的非效率，影响企业固定资产投资、存货管理、劳动雇佣等经营活动，进而影响宏观经济增长。发展中国家金融市场和金融机构欠发达，融资约束现象普遍存在，融资成本和融资渠道是发展中国家的企业首要考虑的问题之一。作为发展中国家，我国企业面临着不同程度的融资约束。据统计，企业平均融资成本为 7.6%，加上其他中介费用等，平均融资成本超过 8%，中小企业融资成本大部分为 10%（高连奎等，2018）。虽然政府将降低资金成本、拓展融资渠道作为供给侧改革的重点任务之一，多次出台减税、降费、降息等缓解企业融资难的相关政策，但融资约束现象依然存在。较高的融资成本和有限的融资渠道缩小了企业融资规模，是制约企业成长与发展的主要障碍之一，成为我国“调结构、促增长”战略转型的“瓶颈”。

学术界普遍认为，资本市场摩擦提高了外部融资成本，信息不对称和代理问题是产生融资约束的重要原因，提高信息披露水平、引入机构投资者等可以有效缓解融资约束。这些研究主要以股权较为分散的西方资本市场为研究背景，聚焦于第一类代理问题。随着学术界对股权结构、控股股东道德风险的关注，学者研究发现第二类代理问题也会加重企业的融资约束，控股股东控制权和现金流权分离程度越大，融资约束越严重（Luo 等，2015）。在我国等新兴市场上，控股股东与中小股东之间的第二类代理问题更为突出（La Porta 等，1999）。但控股股东大多为非上市公司，其财务状况及其侵占中小股东利益的动机与行为难以直接观察。现有研究主要基于代理理论推断控股股东的掏空动机，用上市公司财务数据度量掏空行为，存在一定的局限性。近几年备受关注的控股股东股权质押为研究控股股东的财务行为、侵占动机及其经济后果提供了进一步的研究空间。

控股股东股权质押是个体财务行为，融入资金的同时不改变控股股东的控股地位，但股价的下行带来了控制权转移风险。控制权是控股股东非常重视的权利（王雄元等，2018），为了规避控制权转移风险，控股股东有能力与管理层合谋进行市值管理，损害了中小股东利益，第二类代理矛盾凸显，有可能加重上市公司的融资约束水平。基于此，本章以 2005～2018 年沪深 A 股上市公司为样本，实证研究了控股股东股权质押对上市公司融资约束的影响、作用路径及其表现形式，并进一步从董事会结构、参股银行、机构投资者角度研究了治理机制。本章可能的贡献在于：第一，丰富了融资约束的影响因素研究。现有融资约束的相关研究主要以第一类代理问题为基础，即使以第二类代理问题为研究视角，但缺乏控股股东侵占动机的直接表征。股权质押后规避控制权转移风险为研究控股股东利益侵占动机及其行为提供了可直接观察的财务数据，提高了此类研究的解释力。第二，拓展了控股股东股权质押的经济后果研究。现有的后果研究主要集中在企业创新、信息质量、投资决策、股价崩盘风险、税收规避等，但对企业融资约束的影响及其作用路径关注的还不够。本章分析了第二类代理成本、分析师跟踪、预测偏差在控股股东股权质押与融资约束之间的中介传导效应，从融资成本与融资规模角度分析了融资约束的表现形式，是对现有研究的补充与完善。

5.2 理论分析与研究假设

从资本供应角度来看，当供应曲线缺乏弹性时，企业融入边际单位资本的成本更高，其极端情况是资本供应曲线垂直，完全缺乏弹性，即使再高的成本也无法融资（Whited 和 Wu，2006），融资约束表现为融资渠道萎缩。在完美无摩擦的资本市场中，企业可以筹集到充足的资金，无须考虑流动性问题。在现实市场中，信息不对称和代理问题导致外源融资成本大于内源融资成本，该差值越大，企业面临的融资约束程度越大（Fazzari 等，1988），融资约束也可以表现为高成本外源融资。其中，代理问题对融资约束的影响源自股权结构的安排。

作为人为设计的制度安排，股权结构是政治、经济、文化、法律等因素影响下收益与成本权衡的理性回应，因而呈现出不同的特征。不同的法律体系赋予了投资者不同的权利束，在投资者法律保护较强的国家，公司股权较为分散（La porta 等，1998）。德国在民粹主义影响下，共同决策制度成为制衡资本主义、解决劳资矛盾的手段，银行、创业家族等大量持股，股权集中度较高；日本具有集权传统，“二战”前的家族集团和“二战”后交叉持股体系使得日本公司股权也较为集中（Roe，1994）。和其他国家不同，我国早期资本市场的上市公司大多是国有企业改制而来，国家股和以国有公司为主的法人股是大部分上市公司的实际控制人，国有股占主导地位是上市公司股权结构的特点。2005 年的股权分置改革后，国有股占比逐年下降，但国有股权比重仍较高，非国企企业股权集中现象也十分明显，整体而言，我国上市公司的第二类代理问题更为突出。依据出资额或合同安排，控股股东能够控制董事会和高管的人事任免，有能力影响公司战略管理、经营决策等政策选择。此外，控股股东还可以通过信任、亲缘关系等社会资本影响管理层、强化控制权。双重控制链促进了控股股东与管理层的合谋，为控股股东获取私利提供了可能。已有研究表明，控股股东可以通过资金占用、现金股利、关联交易等方式实现对上市公司优势资源的侵占利用（郑国坚等，2014；罗琦和吴哲栋，2016；吴先聪等，2019）。

控股股东大多为非上市公司，以银行贷款为主要融资渠道，但贷款手续繁琐、门槛高、限制条件多。近几年股权质押业务以其方便快捷、不转移控制权的优势成为控股股东融资的渠道之一。控股股东的地位增强了质权人对股权这一标的物价值的信心，助推了股权质押的热潮，但预警线和平仓线的设置加大了控制权转移风险。一旦控制权发生转移，控股股东将失去控制权私利，公司也可能面临生产经营中断、公司战略和人事任用的重大变革。我国国有企业经理人市场受到一定程度的管制，民营企业经理人市场并不成熟，管理层的声誉风险和法律风险较低，为谋求职位稳定和平静生活，管理层有动机配合控股股东的策略选择。

为了规避控制权转移风险，可能引起股价波动但能提升企业价值的长期投资受到了抑制。例如，企业研发投入的长期性和创新产出的不确定性会影响股价表现，因而控股股东股权质押降低了企业的研发投入（李常青等，2018），抑制了创新产生，尤其是对风险更大的发明类专利这种实质性创新产出的抑制作用更强（杨鸣京等，2019）。实业投资回收期长、调整成本高、流动性差，金融投资可以在短期内带来超额收益，当控股股东质押比例较高时，控制权转移风险较大，企业会增加金融投资和现金持有，实业投资和资本性投资缩水（李常青等，2018；

柯艳荣等，2019）。上市公司的信息披露也受到控股股东的干预，控股股东股权质押的公司向上的真实盈余管理程度更高（谢德仁和廖珂，2018），更可能及时披露好消息而延迟公布坏消息（钱爱民和张晨宇，2018），为了规避高质量的外部监督，更可能选择质量较低的非四大审计师（徐会超等，2019）。当市场出现剧烈波动时，控股股东还可以通过申请停牌来维持股价（罗进辉等，2020）。此外，我国《担保法》第六十八条规定，“质权人有权收取质物所生的孳息”，即控股股东在股权质押期间无法获得该股权所产生的现金流，现金流收益下降，从而提高了现金流权与控制权的分离程度，控股股东的侵占和掏空动机随之增大（郝项超和梁琪，2009）。

综上所述，股权质押强化了控股股东的投机动机，降低了信息披露质量，提高了信息不对称程度，其非效率投资损害了企业价值和中小股东利益，加重了第二类代理冲突，进而提高了融资约束程度。因此本章提出假设：

H1：控股股东股权质押提高了企业融资约束程度。

在第二类代理冲突中，控股股东的自利行为主要表现为帝国建造和掏空效应。控股股东利用质押股权的融资在其控制的集团内形成内部资本市场方便其帝国建造，集团内配置资源形成了复杂的关联交易，增大了其他股东、资本市场、媒体、监管层的监督难度（王娴，2019）。为了规避股价下跌导致的控制权转移风险，控股股东倾向于采用短视的财务政策，道德风险随之增大。外部投资者和债权人预期到投资收益将会被控股股东侵占，其投资意愿降低，或对风险溢价要求额外补偿，资本成本提高，融资约束程度随之加重。因此本章提出假设：

H2：控股股东股权质押提高了第二类代理成本。

H3：第二类代理成本在控股股东股权质押与融资约束程度之间发挥了显著的中介效应。

信息不对称来源于内部人主观的信息操纵和外部市场客观的信息环境不透明

（夏常源和贾凡胜，2019）。现有文献主要分析了控股股东股权质押对公司信息披露的影响，本章从分析师角度分析市场信息环境的变化，进行中介效应检验。若资本市场强式有效，即股票价格已充分反映了公开或未公开的所有信息，分析师就没有存在的必要，但现实的资本市场远没有达到强式有效的理想状态。受信息不对称的影响，投资者在套利过程中会产生对分析师的需求。分析师掌握专业的信息解读技能和预测技能，拥有广泛的信息搜集渠道，做出盈余预测、价格走势预测、股票买卖推荐等，是信息到价值的转化机制。分析师提供的公开信息是财务报告的有益补充，跟踪的分析师越多越能促进信息的传播，主要表现在分析师预测与股价运动有显著关系（Womack，1996）、当前盈余对股价的影响小（Lobo 和 Mahmoud，1989）、体现未来盈余的股价更有信息含量（Ayers 和 Freeman，2003）、公共信息融入到股价中的速度增快（Brennan 等，1993）、错误定价的可能性小（Griffin 和 Lemmon，2002），分析师预测解释了未来盈余的 4.6%、市价账面的 22%，分析师盈余预测的有用性在研发成本高、应计制程度高和科技含量高的行业更重要（Cheng，2005）。这些研究说明分析师追随提高了股价的信息含量。

公司特征是分析师跟踪的重要影响因素。Bhushan（1989）发现，跟随公司的分析师数量随公司规模、机构投资人持股和回报波动而增加。O’Brien 和 Bhushan（1990）发现，当回报波动减少、披露条款越多时，跟随公司的分析师数量增加。Brenna 和 Hughes（1991）发现，控制住公司规模、回报波动和历史回报后每股价格低的公司跟随的分析师增多。分析师的信息渠道包括公开披露信息、对公司的调研、监管部门、新闻媒体、私下接触等，估值方法有财务比率法、折现现金流模型、资本资产定价模型、剩余收益模型等。由于信息途径广泛、方法众多，分析师盈余预测分歧不可避免。有更多信息披露政策和披露质量高的公司会有更多的分析师跟随、更准确的分析师盈余预测、分析师预测分歧更少、预测修正更少（Lang 和 Lundholm，1996），便于私有信息融入资本市场，提高分析师的预测准确度。分析师盈余预测的质量依赖于公司披露的信息质量，例如 Bowen 等（2002）研究发现，分析师预测准确度依赖于电话会议信息和管理层讨论与分析的披露质量。分析师之间越高的分歧意味着公司越高的不确定性，预测分歧分析师衡量了公司之间的内在不确定（Barron 等，1998）。

综上所述，分析师跟踪及分析师预测给资本市场传递了积极信号，优化了上市公司的市场信息环境。但股权质押下控股股东对信息的策略性披露加剧了企业与投资者之间的信息不对称程度，降低了上市公司信息质量，而公司披露的信息质量影响了分析师预测的准确性（Lang 和 Lundholm，1996）。同时股权质押增大了上市公司财务政策的不确定性，可能会提高分析师预测偏差。为了声誉，分析师更希望跟踪不确定性低的上市公司，控股股东股权质押的上市公司难以吸引更多的分析师跟踪，跟踪的分析师减少。分析师在企业与投资者之间的信息桥梁作用和在资本市场中的外部治理作用无法全面发挥，恶化了市场信息环境，难以吸引潜在投资者，可能会提高资本成本或导致融资渠道受阻。因此本章提出假设：

H4a：控股股东股权质押减少了分析师跟踪。

H4b：控股股东股权质押提高了分析师预测偏差。

H5a：分析师跟踪在控股股东股权质押与融资约束程度之间发挥了显著的中介效应。

H5b：分析师预测偏差在控股股东股权质押与融资约束程度之间发挥了显著的中介效应。

产业政策是政府优化资源配置、促进产业结构调整的重要手段。受产业政策支持的行业往往被认为未来发展前景较好，向市场传递了积极信号，提高了市场预期。尤其是敏感的机构投资者在产业政策正式公布之前就大量买入扶持行业的股票（韩乾和洪永淼，2014），引发资本市场的投资热点。在产业发展战略的信息效应下，金融机构、外部投资者与企业之间的信息不对称程度得以缓解。同时，地区经济增速和产业转型是地方官员晋升的重要影响因素，在政治锦标赛推动下，地方政府更关注短期目标，倾向于直接挑选“赢家”给予资源，出台系列优惠政策以配合产业政策的实施，例如税收减免、信贷优惠、政府补助等，而不是通过放松管制、降低进入壁垒等市场手段促进产业竞争（孟庆玺等，2016）。在信息效应和资源效应下，受产业政策支持的企业融资约束程度降低（车嘉丽和薛瑞，2017），得到了更多的银行借款尤其是长期借款，获得更多IPO融资额、股权再融资和配股增发机会（张纯和潘亮，2012；Chen等，2017）。产业政策在对扶持行业提供生产要素和配套优惠时，也缩紧了非扶持行业的融资渠道。一方面，这些企业的信贷审批程序更严格，获得的信贷资源有限、融资成本高（祝继高等，2015），受到了政策方面的歧视。另一方面，非扶持行业不是国家战略发展的重点领域，向市场传递了未来发展不容乐观的不利信号，降低了投资者的价值判断，股权融资也会受限。综上所述，扶持行业的上市公司融资渠道更为广阔，资金更为充足，而非扶持企业可能面临着融资约束。

扶持企业的融资便利为控股股东资金占用提供了充足的资源，在我国股权结构较为集中的情境下，上市公司财务状况良好时，控股股东更可能进行隧道挖掘（Peng等，2011）。对上市公司的利益侵占行为隐蔽、不易被监管，即使被证监会或交易所查处，其违规成本也不足以起到威慑作用。违规成本的低廉变相激励了控股股东的攫取行为，尤其是在控股股东股权质押后。某种程度上股权质押融资是控股股东的无奈之举，表明其资金链紧张。在这种情况下，控股股东的投机动机更强。若质押后股价下行触及预警线或跌至平仓线，则会给控股股东的资金状况雪上加霜。为规避控制权转移风险，侵占上市公司资金和选择性信息披露毫无疑问成为质押后控股股东的理性选择。

产业政策缓解融资约束的机制中，信息效应是中介机构、金融机构、外部投资者对产业政策理性预期的综合反应，向资本市场传递了积极信号，更多体现了市场职能。控股股东股权质押行为被市场视为负面信息，股价崩盘风险显著提高

（夏常源和贾凡胜，2019），可能会削弱产业政策市场化信息效应的积极作用。资源效应主要来自政府的优惠政策，受市场判断影响小，更多体现了政府的行政职能，股权质押这种市场行为对资源效应可能不会产生影响。虽然产业政策信息效应和资源效应缓解融资约束的作用机制不同，但整体而言，股权质押对产业政策缓解融资约束会产生不利影响。因此本章提出假设：

H6：控股股东股权质押削弱了产业政策对扶持企业融资约束的缓解作用。

5.3 研究设计

5.3.1 样本选择与数据来源

本章以 2005～2019 年全部 A 股上市公司为研究对象，其中因变量融资约束、自变量产业政策和反映公司治理特征的控制变量区间为 2006～2019 年，自变量股权质押和反映企业财务特征的控制变量滞后一期处理，区间为 2005～2018 年。股权质押数据来自 WIND 数据库，财务数据和公司治理数据来自 CSMAR 数据库，产业政策来自五年规划文件，GDP 增长率来自中经网，M2 增长率和 CPI 增长率来自《中国统计年鉴》。剔除金融类公司、特别处理公司和数据缺失的观测值，最终得到公司年度样本 24464 个。为了减轻极端异常值的影响，对所有连续变量在 1% 和 99% 分位上进行了缩尾处理。

5.3.2 变量定义

5.3.2.1 因变量

现有文献采用模型的回归系数（投资—现金流敏感系数、现金—现金流敏感性）、构建指数（Kz 指数、WW 指数、SA 指数）、企业特征（股利政策、信用评级等）、调查数据、文本分析来度量融资约束。本章采用 Kz 指数度量融资约束。借鉴 Kaplan 和 Zingales（1997）的做法，首先，计算托宾 Q、现金及现金等价物与总资产的比值、经营活动现金流量与总资产的比值、资产负债率、现金股利与总资产的比值，小于各财务指标中位数的取值为 1，否则取值为 0。其次，赋值后的各财务指标加总得到 Kz，以 Kz 为因变量，以上述财务指标为自变量，采用有序 Logit 回归，计算回归系数。最后，将五个财务指标的原值代入回归模型，计算出 Kz 指数，该指数越大融资约束程度越高。

5.3.2.2 自变量

（1）控股股东是否质押。

Pled 为控股股东是否质押，控股股东年度内质押股权，则 Pled 取值为 1，否则取值为 0。

（2）控股股东质押规模。

Pler 为控股股东年度内累计质押股数与年末控股股东持股总数的比值。

（3）产业政策。

Nip 为产业政策，依据“十一五”“十二五”和“十三五”规划文件来选取受产业政策扶持的行业，若在规划文件中明确提到支持、鼓励发展、大力发展或重点发展时，认定该行业被产业政策扶持，取虚拟变量为 1，否则取值为 0。

5.3.2.3 中介变量

（1）第二类代理成本。

Agen2 为第二类代理成本，用其他应收款与总资产的比值度量。

（2）分析师跟踪。

采用跟踪人数和预测偏差两个变量来度量分析师跟踪。Lncoverage 为分析师跟踪人数，用当年分析师跟踪人数加 1 后的自然对数度量。Ferr 为分析师预测偏差，用实际每股收益减去预测每股收益均值的绝对值与实际每股收益绝对值的比值度量。

5.3.2.4 控制变量

在公司治理方面，控股股东持股比例（Top）为持股数量与总股本的比值；股权集中度（Herf5）为前五大股东持股比例的平方和；独董比例（Indb）为独董人数与董事会总人数的比值；董事长总经理是否两职合一（Dual），若两职合一则 Dual 为 1，否则 Dual 为 0；管理层持股比例（Share）为管理层持股数量与总股本的比值；国有企业时，企业性质（State）为 1，否则为 0。在企业特征方面，企业规模（Size）为总资产的自然对数；财务杠杆（Lev）为负债与资产的比值；发展能力（Grow）为营业收入增长率；盈利能力（Roe）为净资产收益率；现金流状况（Cash）为经营活动现金净流量与总资产的比值。在宏观经济政策方面，货币供应量（Mp）为名义货币增长率与 GDP 增长率、CPI 增长率之差的相反数。此外还控制了行业虚拟变量（Ind）和年份虚拟变量（Year）。

各个变量的计算如表 5－1 所示。

表 5－1 变量定义

变量类型	变量名称	变量符号	变量描述
因变量	融资约束	Kz	借鉴 Kaplan 和 Zingales（1997）的做法来计算
自变量	控股股东是否质押	Pled	年度内控股股东进行过股权质押的取值为 1，否则为 0
	控股股东质押规模	Pler	年内控股股东累计质押股数/年末持股总数
	产业政策	Nip	受产业政策扶持的行业为 1，否则为 0
中介变量	代理成本	Agen2	其他应收款/总资产
	分析师跟踪人数	Incov	当年分析师跟踪人数加 1 后的自然对数
	分析师盈余预测偏差	Ferr	｜实际每股收益－预测每股收益均值｜/｜实际每股收益｜

续表

变量类型	变量名称	变量符号	变量描述
控制变量	控股股东持股比例	Top	控股股东持股数量/总股本
	股权集中度	Herf5	前五大股东持股比例的平方和
	独董比例	Indb	独立董事人数/董事会总人数
	两职合一	Dual	董事长与总经理是同一人为1，否则为0
	管理层持股比例	Share	管理层持股数量/总股本
	货币供应	Mp	（M2 增长率 - GDP 增长率 - CPI 增长率）×（-1）
	企业性质	State	国企为1，否则为0
	企业规模	Size	上期末总资产的自然对数
	财务杠杆	Lev	上期末的负债/资产
	发展能力	Grow	营业收入增长率
	盈利能力	Roe	净资产收益率
	现金流状况	Cash	经营活动现金净流量/总资产
	行业虚拟变量	Ind	以证监会《上市公司行业分类指引》为分类标准，制造业按二级子行业划分
	年份虚拟变量	Year	按年度或季度取虚拟变量

5.3.3 模型设计

为验证假设 H1，本章构建模型如下：

$$Kz_{i,t} = \alpha_0 + \alpha_1 Pled_{i,t-1}(Pler_{i,t-1}) + \alpha_2 Size_{i,t-1} + \alpha_3 Lev_{i,t-1} + \alpha_4 Grow_{i,t-1} + \alpha_5 Roe_{i,t} + \alpha_6 Cash_{i,t} + \alpha_7 Top_{i,t} + \alpha_8 Herf5_{i,t} + \alpha_9 Dual_{i,t} + \alpha_{10} Indb_{i,t} + \alpha_{11} Share_{i,t} + \alpha_{12} State_{i,t} + \alpha_{13} Mp_{i,t} + \sum Ind_{i,t} + \sum Year_{i,t} + \varepsilon_{i,t} \tag{5-1}$$

其中，α_0为常数项，$\alpha_1 \sim \alpha_{13}$为变量回归系数，$\varepsilon_{i,t}$为残差。

为验证假设 H2 和假设 H3，本章采用中介效应三步法构建模型如下：

$$Kz_{i,t} = \gamma_0 + \gamma_1 Pled_{i,t-1} + \gamma_2 Size_{i,t-1} + \gamma_3 Lev_{i,t-1} + \gamma_4 Grow_{i,t-1} + \gamma_5 Roe_{i,t} + \gamma_6 Cash_{i,t} + \gamma_7 Top_{i,t} + \gamma_8 Herf5_{i,t} + \gamma_9 Dual_{i,t} + \gamma_{10} Indb_{i,t} + \gamma_{11} Share_{i,t} +$$

$$\gamma_{12}State_{i,t} + \gamma_{13}Mp_{i,t} + \sum Ind_{i,t} + \sum Year_{i,t} + \varphi_{i,t} \quad (5-2)$$

$$Agen2_{i,t} = \beta_0 + \beta_1 Pled_{i,t-1} + \beta_2 Size_{i,t-1} + \beta_3 Lev_{i,t-1} + \beta_4 Grow_{i,t-1} + \beta_5 Roe_{i,t} + \beta_6 Cash_{i,t} + \beta_7 Top_{i,t} + \beta_8 Herf5_{i,t} + \beta_9 Dual_{i,t} + \beta_{10} Indb_{i,t} + \beta_{11} Share_{i,t} + \beta_{12} State_{i,t} + \beta_{13} Mp_{i,t} + \sum Ind_{i,t} + \sum Year_{i,t} + \omega_{i,t} \quad (5-3)$$

$$Kz_{i,t} = \delta_0 + \delta_1 Pled_{i,t-1} + \delta_2 Agen2_{i,t} + \delta_3 Size_{i,t-1} + \delta_4 Lev_{i,t-1} + \delta_5 Grow_{i,t-1} + \delta_6 Roe_{i,t} + \delta_7 Cash_{i,t} + \delta_8 Top_{i,t} + \delta_9 Herf5_{i,t} + \delta_{10} Dual_{i,t} + \delta_{11} Indb_{i,t} + \delta_{12} Share_{i,t} + \delta_{13} State_{i,t} + \delta_{14} Mp_{i,t} + \sum Ind_{i,t} + \sum Year_{i,t} + \theta_{i,t} \quad (5-4)$$

模型（5－2）中的γ_0为常数项，$\gamma_1 \sim \gamma_{13}$为变量回归系数，$\varphi_{i,t}$为残差。模型（5－3）中的$\beta_0$为常数项，$\beta_1 \sim \beta_{13}$为变量回归系数，$\omega_{i,t}$为残差。模型（5－4）中的$\delta_0$为常数项，$\delta_1 \sim \delta_{14}$为变量回归系数，$\theta_{i,t}$为残差。

为验证假设 H4 和假设 H5，本章采用中介效应三步法构建模型如下：

$$Incov_{i,t}(Ferr_{i,t}) = \mu_0 + \mu_1 Pled_{i,t-1} + \mu_2 Size_{i,t-1} + \mu_3 Lev_{i,t-1} + \mu_4 Grow_{i,t-1} + \mu_5 Roe_{i,t} + \mu_6 Cash_{i,t} + \mu_7 Top_{i,t} + \mu_8 Herf5_{i,t} + \mu_9 Dual_{i,t} + \mu_{10} Indb_{i,t} + \mu_{11} Share_{i,t} + \mu_{12} State_{i,t} + \mu_{13} Mp_{i,t} + \sum Ind_{i,t} + \sum Year_{i,t} + \pi_{i,t} \quad (5-5)$$

$$Kz_{i,t} = \pi_0 + \pi_1 Pled_{i,t-1} + \pi_2 Incov_{i,t}(Ferr_{i,t}) + \pi_3 Size_{i,t-1} + \pi_4 Lev_{i,t-1} + \pi_5 Grow_{i,t-1} + \pi_6 Roe_{i,t} + \pi_7 Cash_{i,t} + \pi_8 Top_{i,t} + \pi_9 Herf5_{i,t} + \pi_{10} Dual_{i,t} + \pi_{11} Indb_{i,t} + \pi_{12} Share_{i,t} + \pi_{13} State_{i,t} + \pi_{14} Mp_{i,t} + \sum Ind_{i,t} + \sum Year_{i,t} + \psi_{i,t} \quad (5-6)$$

模型（5－5）中的μ_0为常数项，$\mu_1 \sim \mu_{13}$为变量回归系数，$\pi_{i,t}$为残差。模型（5－6）中的π_0为常数项，$\pi_1 \sim \pi_{14}$为变量回归系数，$\psi_{i,t}$为残差。

为验证假设 H6，本章构建模型如下：

$$Kz_{i,t} = \alpha_0 + \alpha_1 Pled_{i,t-1} + \alpha_2 Nip_{i,t} + \alpha_3 Pled_{i,t-1} \times Nip_{i,t} + \alpha_4 Size_{i,t-1} +$$

$$\alpha_5 Lev_{i,t-1} + \alpha_6 Grow_{i,t-1} + \alpha_7 Roe_{i,t-1} + \alpha_8 Cash_{i,t-1} + \alpha_9 Top_{i,t} + \alpha_{10} Herf5_{i,t} + \alpha_{11} Dual_{i,t} + \alpha_{12} Indb_{i,t} + \alpha_{13} Share_{i,t} + \alpha_{14} State_{i,t} + \alpha_{15} Mp_{i,t} + \alpha_{16} Ind_{i,t} + \alpha_{17} Year_{i,t} \quad (5-7)$$

5.4 实证结果与分析

5.4.1 描述性统计分析

表 5 -2 是描述性统计结果。样本中 39.28% 的企业和 52.24% 的民营企业年末存在控股股东股权质押现象，质押比例 Pler 的最大值为 1，表明个别控股股东质押了所有股权。控股股东持股比例 Top 的中位数为 0.333，表明我国企业股权集中度较高。管理层持股比例 Share 较低，均值为 5.5%。货币供应 Mp 大于零表示货币紧缩，数值越大表示紧缩程度越高，Mp 的均值为 -0.033，中位数为 -0.034，均小于零，表明整体而言货币供应较为宽松。

表 5 -2 描述性统计结果

变量	样本量	均值	标准差	最小值	中位数	最大值
Kz	24464	1.066	2.127	-5.5370	1.319	5.697
Pled	24464	0.393	0.488	0.0000	0.000	1.000
Pler	24464	0.228	0.347	0.0000	0.000	1.000
Nip	24040	0.629	0.495	0.0000	1.000	1.000
Agen2	24464	0.019	0.029	0.0000	0.010	0.185
Incov	24464	1.261	1.160	0.0000	1.098	3.951
Ferr	24464	2.496	5.392	0.0060	0.773	36.312
Size	24464	22.000	1.268	19.1400	21.840	25.950
Lev	24464	0.446	0.209	0.0593	0.445	1.036
Grow	24464	0.171	0.366	-0.6340	0.118	2.204
Roe	24464	0.077	0.121	-0.6000	0.079	0.406

续表

变量	样本量	均值	标准差	最小值	中位数	最大值
Cash	24464	0.044	0.080	-2.4970	0.044	0.892
Top	24464	0.353	0.150	0.0877	0.333	0.750
Herf5	24464	0.165	0.116	0.0139	0.136	0.563
Dual	24464	0.237	0.425	0.0000	0.000	1.000
Indb	24464	0.371	0.053	0.2860	0.333	0.571
Share	24464	0.055	0.125	0.0000	0.000	0.577
State	24464	0.420	0.494	0.0000	0.000	1.000
Mp	24464	-0.033	0.041	-0.1790	-0.034	0.015

按年末是否存在控股股东股权质押将全样本分为质押组和非质押组，如表5-3所示，两组的Kz指数均值分别为1.477和0.780，质押组的Kz指数大于非质押组，均值差异的T值为-24.788（P=0），Mann-Whitney秩和检验Z值为-23.992（P=0），表明两组的融资约束程度存在显著差异，初步符合假设H1的预期。

表5-3　融资约束的T检验和Mann-Whitney秩和检验

分组	N	均值	标准差	均值差异	T检验	秩和检验Z值
非质押组	14722	0.780	2.171	-0.677	-24.788***	-23.992***
质押组	9742	1.477	1.990			

5.4.2　相关性分析

表5-4是样本中各个变量的Pearson相关性分析结果。由表5-4可知，Pled、Pler与Kz在1%水平上显著正相关，意味着控股股东股权质押及其质押比例提高了融资约束程度，假设H1初步得到验证。Pled、Pler与Agen2在1%水平上显著正相关，意味着控股股东股权质押及其质押比例提高了第二类代理成本，

表 5-4　控股股东股权质押与融资约束的 Pearson 相关系数分析结果

	Kz	Pled	Pler	Agen2	Incov	Ferr	Size	Lev	Grow	Roe	Cash	Top	Herf5	Indb	Dual	Share	State
Kz	1																
Pled	0.155***	1															
Pler	0.188***	0.818***	1														
Agen2	0.204***	0.082***	0.143***	1													
Incov	-0.207***	-0.033***	-0.077***	-0.101***	1												
Ferr	0.173***	0.051***	0.052***	0.017**	-0.134***	1											
Size	0.144***	-0.020***	-0.038***	-0.044***	0.309***	-0.038***	1										
Lev	0.563***	0.059***	0.102***	0.190***	-0.051***	-0.0020	0.440***	1									
Grow	-0.018***	0.056***	0.044***	-0.014**	0.149***	-0.087***	0.028***	0.026***	1								
Roe	-0.293***	-0.071***	-0.120***	-0.150***	0.364***	-0.170***	0.124***	-0.175***	0.251***	1							
Cash	-0.339***	-0.080***	-0.098***	-0.100***	0.176***	-0.126***	0.035***	-0.120***	0.00900	0.257***	1						
Top	-0.107***	-0.137***	-0.183***	-0.092***	0.036***	-0.050***	0.196***	0.055***	-0.014**	0.106***	0.081***	1					
Herf5	-0.137***	-0.156***	-0.193***	-0.098***	0.051***	-0.055***	0.222***	0.036***	-0.0100	0.118***	0.089***	0.961***	1				
Dual	0.017***	0.049***	0.037***	0.005	0.019**	0.038***	0.022***	-0.040***	0.00400	0.00100	-0.044***	0.029***	0.037***	1			
Indb	-0.074***	0.086***	0.063***	-0.021***	0.022***	0.026***	-0.143***	-0.160***	0.025***	0.027***	-0.023***	-0.061***	-0.058***	0.121***	1		
Share	-0.198***	0.055***	-0.018***	-0.076***	0.059***	0.018***	-0.225***	-0.309***	0.064***	0.086***	-0.037***	-0.061***	-0.047***	0.114***	0.465***	1	
State	0.123***	-0.314***	-0.325***	0.001	-0.054***	-0.048***	0.251***	0.295***	-0.085***	-0.076***	0.056***	0.217***	0.193***	-0.096***	-0.268***	-0.361***	1

注：***、**和*分别表示在1%、5%和10%水平上显著。下同。

假设 H2 初步得到验证。Pled、Pler 与 Incov 在 1% 水平上显著负相关，与 Ferr 在 1% 水平上显著正相关，假设 H4 初步得到验证。各个变量之间的相关系数基本都在 0.5 以下，方差膨胀系数结果也表明 VIF 值小于 10，说明模型可能不存在严重的共线性问题。

5.4.3 回归分析

5.4.3.1 控股股东股权质押与融资约束

表 5－5 给出了控股股东股权质押与融资约束的回归结果。表 5－5 中第（1）列、第（2）列显示 Pled、Pler 的系数在 1% 水平上显著为正，表明控股股东股权质押显著提高了企业融资约束程度，质押比例越大，融资约束程度越高，假设 H1 得到验证。按产权性质进行分组回归，表 5－5 中第（4）列非国企样本中 Pled 的系数依然显著为正，但第（3）列国企样本中 Pled 的系数不再显著，说明股权质押恶化融资约束的负面效应只存在于非国企中。国有企业在获取信贷资源、政府补助等方面具有天然的政治优势，股权质押对资金提供方的供给策略影响不大。

表 5－5 控股股东股权质押影响融资约束的回归结果

变量	全样本		国企	非国企
	(1)	(2)	(3)	(4)
Pled	0.322*** (10.610)	—	-0.005 (-0.462)	0.032*** (4.857)
Pler	—	0.449*** (9.165)	—	—
Size	-0.159*** (-6.761)	-0.157*** (-6.7247)	-0.025*** (-3.369)	0.053*** (9.488)
Lev	5.452*** (48.931)	5.437*** (49.022)	0.1239*** (3.9510)	0.221*** (9.709)

续表

变量	全样本		国企	非国企
	(1)	(2)	(3)	(4)
Grow	0.064 (1.520)	0.067 (1.585)	-0.023*** (-3.141)	-0.011* (-1.927)
Roe	-1.947*** (-11.826)	-1.614*** (-7.157)	-1.543*** (-10.002)	-1.068*** (-9.866)
Cash	-6.428*** (-25.253)	-5.856*** (-14.483)	-6.523*** (-25.204)	-4.498*** (-20.023)
Dual	0.068* (1.646)	0.081 (1.412)	0.072* (1.723)	0.023 (1.463)
Top	1.986*** (4.423)	2.133*** (4.757)	0.5741*** (3.8292)	0.347*** (3.583)
Herf5	-4.439*** (-6.942)	-4.573*** (-7.143)	-1.038*** (-5.416)	-0.841*** (-6.162)
Indb	1.074*** (3.460)	1.079*** (3.469)	1.012*** (2.687)	1.056*** (3.212)
Share	-1.212*** (-7.319)	-1.115*** (-6.737)	-3.165*** (-6.098)	-0.427*** (-17.156)
State	0.179 (0.486)	0.197 (0.465)	—	—
Mp	15.921*** (6.245)	8.428* (1.826)	18.223*** (7.794)	12.210*** (6.794)
截距	2.351*** (4.542)	2.312*** (4.497)	2.1302*** (4.3241)	2.238*** (4.409)
行业	控制	控制	控制	控制
年份	控制	控制	控制	控制
调整 R^2	0.415	0.415	0.354	0.406
样本量	24464	24464	9859	14605

注：***、**和*分别表示在1%、5%和10%水平上显著。括号中为经公司层面聚类调整的t值。下同。

5.4.3.2 代理成本的中介效应

如前文分析，股东质押后为了规避控制权转移，控股股东利用其控股地位与管理层形成利益共同体，第一类代理问题得以缓解，第二类代理问题更为突出。本章用管理费用与销售费用之和与总资产的比来度量第一类代理成本 Agen1。

第一类代理成本的三步法检验结果如表 5 - 6 所示。第（3）列和第（6）列中 Agen1 的系数显著为正，表明第一类代理成本越大，融资约束程度越高，证实了代理问题是融资约束的原因之一。第（2）列和第（5）列中 Pled 和 Pler 的回归系数显著为负，表明股权质押降低了第一类代理成本，质押比例越高，第一类代理成本越低。同时采用 Sobel 检验，以 Pled 和 Pler 为自变量，SobelZ 值分别为 -3.807（P = 0）和 -2.944（P = 0.003）。

表 5 - 6 第一类代理成本的中介效应三步法检验结果

变量	Agen1 为中介变量					
	Kz	Agen1	Kz	Kz	Agen1	Kz
	(1)	(2)	(3)	(4)	(5)	(6)
Pled	0.017*** (2.820)	-0.006*** (-3.374)	0.018*** (2.958)	—	—	—
Pler	—	—	—	0.159*** (12.145)	-0.016*** (-4.347)	0.162*** (12.370)
Agen1	—	—	0.137*** (2.602)	—	—	0.167*** (2.626)
Size	0.017*** (3.226)	-0.008*** (-9.568)	0.018*** (3.438)	0.032*** (5.359)	-0.009*** (-6.381)	0.034*** (5.609)
Lev	0.214*** (10.739)	0.002 (0.316)	0.214*** (10.740)	0.147*** (5.911)	-0.003 (-0.362)	0.147*** (5.951)
Grow	-0.017*** (-3.544)	-0.002 (-1.256)	-0.017*** (-3.499)	-0.013** (-2.081)	-0.002 (-1.023)	-0.013** (-2.037)
Roe	-0.032 (-1.565)	0.036*** (6.048)	-0.037* (-1.821)	0.023 (0.857)	0.027*** (3.331)	0.019 (0.691)

续表

变量	Agen1 为中介变量					
	Kz	Agen1	Kz	Kz	Agen1	Kz
	(1)	(2)	(3)	(4)	(5)	(6)
Cash	0. 131 *** (4. 392)	0. 123 *** (12. 809)	0. 114 *** (3. 854)	0. 100 *** (2. 599)	0. 116 *** (9. 160)	0. 080 ** (2. 093)
Dual	0. 001 (0. 205)	0. 003 (1. 132)	0. 001 (0. 155)	0. 008 (0. 895)	0. 004 (1. 348)	0. 008 (0. 825)
Indb	-0. 100 (-1. 590)	0. 007 (0. 407)	-0. 101 (-1. 603)	0. 022 (0. 307)	0. 007 (0. 322)	0. 021 (0. 291)
Top	0. 576 *** (6. 104)	-0. 047 ** (-1. 984)	0. 582 *** (6. 183)	0. 330 *** (2. 880)	-0. 076 ** (-2. 473)	0. 343 *** (2. 998)
Herf5	-1. 138 *** (-8. 778)	0. 065 ** (2. 143)	-1. 147 *** (-8. 871)	-0. 744 *** (-4. 690)	0. 086 ** (2. 123)	-0. 759 *** (-4. 789)
Share	-0. 523 *** (-19. 728)	0. 005 (0. 593)	-0. 524 *** (-19. 841)	-0. 471 *** (-15. 256)	0. 010 (0. 855)	-0. 473 *** (-15. 475)
State	0. 135 *** (14. 658)	0. 000 (0. 178)	0. 135 *** (14. 660)	0. 122 *** (9. 596)	-0. 003 (-0. 695)	0. 123 *** (9. 655)
Mp	6. 404 *** (25. 674)	0. 046 (0. 636)	6. 397 *** (25. 640)	5. 156 *** (14. 633)	-0. 038 (-0. 310)	5. 162 *** (14. 662)
截距	-0. 419 *** (-3. 686)	0. 158 *** (7. 479)	-0. 441 *** (-3. 871)	-0. 766 *** (-5. 672)	0. 164 *** (5. 029)	-0. 794 *** (-5. 895)
样本量	23437	23437	23437	9394	9394	9394
调整 R^2	0. 385	0. 234	0. 386	0. 358	0. 213	0. 360
SobelZ	-3. 807 ***			-2. 944 ***		

进一步采用 Bootstrap 方法检验，检验结果如表 5-8 所示，第一类代理成本的间接效应 Z 值分别为 -3. 79（P=0）和 -2. 95（P=0. 003），说明第一类代理成本在股权质押与融资约束之间的间接效应显著。但由于股权质押及质押比例通过第一类代理成本影响融资约束的间接效应分别为 ab = -0. 001 和 ab = -0. 003，股权质押及质押比例影响融资约束的直接效应分别为 c′=0. 018 和 c′=0. 162，间接效应与直接效应的符号相反，说明第一类代理成本 Agen1 在股权质押与融资约

束之间表现为遮掩效应，即股权质押通过降低第一类代理成本的间接路径削弱了股权质押对融资约束的直接效应，但遮掩效应较小，说明在股权质押与融资约束之间还存在更大的正向机制。

表 5 -7 是第二类代理成本在控股股东股权质押与融资约束之间的中介效应检验结果。第（1）列是模型（5 -2）的检验结果，Pled 的系数在 1% 的水平上显著为正，表明控股股东股权质押显著提高了融资约束程度。第（2）列是模型（5 -3）的检验结果，Pled 的系数在 1% 的水平上显著为正，表明控股股东股权质押提高了第二类代理成本。第（3）列是模型（5 -4）的检验结果，Pled、Agen2 的系数在 1% 的水平上显著为正，表明第二类代理成本提高了融资约束水平，第二类代理成本在 Pled 与 Kz 之间发挥的是部分中介效应。

表 5 -7 第二类代理成本的中介效应三步法和 Sobel 检验结果

变量	Agen2 为中介变量					
	Kz	Agen2	Kz	Kz	Agen2	Kz
	(1)	(2)	(3)	(4)	(5)	(6)
Pled	0.315*** (10.169)	0.002*** (4.039)	0.303*** (9.786)	—	—	—
Pler	—	—	—	0.160*** (12.269)	0.008*** (5.432)	0.158*** (12.074)
Agen2	—	—	5.236*** (7.864)	—	—	0.315** (2.341)
Size	-0.160*** (-6.714)	-0.002*** (-5.390)	-0.150*** (-6.329)	0.032*** (5.444)	-0.003*** (-4.221)	0.033*** (5.562)
Lev	5.451*** (48.109)	0.022*** (11.322)	5.334*** (46.994)	0.140*** (5.719)	0.022*** (5.946)	0.133*** (5.396)
Grow	0.065 (1.480)	-0.001 (-1.234)	0.069 (1.579)	-0.012* (-1.960)	-0.001 (-1.204)	-0.012* (-1.917)
Roe	-0.021*** (-8.018)	-0.021 (-1.016)	-0.023*** (-5.698)	0.025 (0.931)	-0.023*** (-5.698)	0.032 (1.203)

续表

变量	Agen2 为中介变量					
	Kz	Agen2	Kz	Kz	Agen2	Kz
	(1)	(2)	(3)	(4)	(5)	(6)
Cash	-0.011*** (-3.160)	0.130*** (4.409)	-0.017*** (-2.836)	0.091** (2.440)	-0.017*** (-2.836)	0.096*** (2.579)
Dual	0.001 (0.964)	0.001 (0.079)	0.001 (0.549)	0.008 (0.817)	0.001 (0.549)	0.007 (0.798)
Top	2.011*** (4.376)	-0.014** (-2.076)	2.084*** (4.527)	0.322*** (2.836)	-0.013 (-1.104)	0.326*** (2.875)
Herf5	-4.536*** (-6.859)	0.003 (0.377)	-4.553*** (-6.872)	-0.727*** (-4.626)	0.001 (0.075)	-0.728*** (-4.639)
Indb	1.066*** (3.412)	0.006 (1.243)	1.036*** (3.303)	0.025 (0.352)	-0.003 (-0.446)	0.026 (0.368)
Share	-1.209*** (-7.289)	-0.006*** (-3.128)	-1.175*** (-7.105)	-0.472*** (-15.371)	-0.006** (-2.053)	-0.470*** (-15.345)
State	0.187 (0.620)	-0.003 (-0.672)	0.203 (0.983)	0.123*** (9.757)	-0.004*** (-2.736)	0.124*** (9.885)
Mp	-0.332*** (-9.175)	6.566*** (26.621)	-0.548*** (-7.030)	5.148*** (14.826)	-0.548*** (-7.030)	5.320*** (14.956)
截距	2.484*** (4.745)	0.037*** (4.567)	1.174** (2.250)	-0.766*** (-5.747)	0.058*** (4.223)	2.589*** (19.403)
行业	控制	控制	控制	控制	控制	控制
年份	控制	控制	控制	控制	控制	控制
调整 R^2	0.414	0.133	0.417	0.358	0.144	0.359
样本量	23707	23707	23707	9546	9546	9546
Sobel Z	5.054***			2.140**		

为了提高结论的准确性，本研究同时采用 Sobel 和 Bootstrap 法做进一步检验。分别以 Pled 和 Pler 为自变量，Sobel Z 值分别为 5.054（P=0.004）和 2.14（P=0.032）。进一步采用 Bootstrap 方法检验，检验结果如表 5-8 所示，第二类代理成本的间接效应 Z 值分别为 3.16（P=0.002）和 2.16（P=0.031）。以上

检验结果说明第二类代理成本在股权质押与融资约束之间的中介效应显著，即控股股东股权质押提高了第二类代理成本，加重了企业融资约束的程度，H3 得到验证。

表 5－8 代理成本的中介作用 Bootstrap 检验结果

	Observed Coef.	z	P > |z|	Normal－based [95% Conf. Interval]	
以 Pled 为自变量，第一类代理成本为中介变量					
ind_ dff	－0.0006	－3.79	0	－0.0009	－0.0003
dir_ dff	0.0294	9.84	0	0.0235	0.0352
以 Pler 为自变量，第一类代理成本为中介变量					
ind_ dff	－0.0018	－2.95	0.003	－0.0029	－0.0006
dir_ dff	0.1354	19.45	0	0.1218	0.1491
以 Pled 为自变量，第二类代理成本为中介变量					
ind_ dff	0.0004	3.16	0.002	0.0001	0.0006
dir_ dff	0.0299	10.31	0	0.0242	0.0356
以 Pler 为自变量，第二类代理成本为中介变量					
ind_ dff	0.0014	2.16	0.031	0.0001	0.0027
dir_ dff	0.1332	19.69	0	0.1200	0.1465

5.4.3.3 分析师跟踪的中介效应检验

表 5－9 给出了分析师跟踪人数在控股股东股权质押与融资约束之间的中介效应检验结果。第（1）列、第（4）列是模型（5－2）的检验结果，Pled、Pler 的系数在 1% 的水平上显著为正，表明控股股东股权质押显著提高了融资约束程度。第（2）列、第（5）列是模型（5－5）的检验结果，Pled 的系数在 5% 的水平上显著为正，Pler 的系数在 1% 的水平上显著为正，表明控股股东股权质押减少了分析师跟踪人数，假设 H4a 得到验证。第（3）列、第（6）列是模型（5－6）的检验结果，Pled、Pler、Incov 的系数在 1% 的水平上显著为正，表明控股股东股权质押提高了融资约束程度，分析师跟踪人数越少、融资约束程度越高，因而分析师跟踪人数在 Pled 与 Kz 之间发挥了部分中介效应。

表 5-9 分析师跟踪的中介效应三步法和 Sobel 检验结果

变量	Incov 为中介变量					
	Kz	Incov	Kz	Kz	Incov	Kz
	(1)	(2)	(3)	(4)	(5)	(6)
Pled	0.317*** (8.131)	-0.064** (-2.552)	0.301*** (7.716)	—	—	—
Pler	—	—	—	0.160*** (12.284)	-0.375*** (-8.915)	0.149*** (11.411)
Incov	—	—	-0.249*** (-12.475)	—	—	-0.031*** (-8.309)
Size	—	—	0.048 (1.472)	0.032*** (5.446)	0.375*** (24.781)	0.044*** (7.191)
Lev	-0.060** (-2.079)	0.436*** (32.671)	5.319*** (42.262)	0.139*** (5.703)	-0.440*** (-5.324)	0.126*** (5.267)
Grow	5.555*** (45.084)	-0.946*** (-12.039)	0.236*** (4.543)	-0.012** (-1.966)	0.170*** (7.082)	-0.007 (-1.127)
Roe	1.838*** (22.598)	0.030 (1.561)	1.620*** (14.900)	0.025 (0.947)	1.620*** (14.900)	0.075*** (2.926)
Cash	1.066*** (9.973)	0.158*** (5.693)	0.977*** (7.135)	0.090** (2.402)	0.977*** (7.135)	0.119*** (3.241)
Dual	0.008 (0.360)	0.001 (0.135)	-0.016 (-0.491)	0.007 (0.798)	-0.016 (-0.491)	0.007 (0.759)
Top	0.169*** (3.289)	0.268*** (8.939)	2.774*** (5.026)	0.322*** (2.841)	0.188 (0.544)	0.328*** (2.941)
Herf5	2.580*** (4.671)	0.777** (2.545)	-5.224*** (-6.465)	-0.728*** (-4.637)	-0.518 (-1.146)	-0.744*** (-4.818)
Indb	-4.836*** (-6.015)	-1.558*** (-4.064)	0.850** (2.523)	0.026 (0.363)	-0.387 (-1.530)	0.014 (0.199)
Share	0.909*** (2.656)	-0.237 (-1.027)	-0.626*** (-3.099)	-0.472*** (-15.356)	0.597*** (5.298)	-0.454*** (-14.802)
State	-0.781*** (-3.918)	0.624*** (5.735)	0.118 (0.423)	0.123*** (9.773)	-0.238*** (-5.705)	0.116*** (9.365)

续表

变量	Incov 为中介变量					
	Kz	Incov	Kz	Kz	Incov	Kz
	(1)	(2)	(3)	(4)	(5)	(6)
Mp	-2.735*** (-3.295)	6.393*** (26.279)	2.305 (1.605)	5.144*** (14.824)	2.305 (1.605)	5.216*** (15.299)
截距	0.175 (0.581)	-0.226 (-0.470)	-2.600*** (-3.490)	2.613*** (19.618)	-7.710*** (-20.903)	-0.997*** (-7.376)
行业	控制	控制	控制	控制	控制	控制
年份	控制	控制	控制	控制	控制	控制
样本量	13258	13258	13258	9550	9550	9550
调整 R^2	0.439	0.333	0.448	0.358	0.462	0.369
SobelZ	3.845***			7.369***		

为了提高结论的准确性，本研究同时采用 Sobel 和 Bootstrap 法做进一步检验。自变量分别为是否质押（Pled）和质押规模（Pler）时，Sobel 检验的 Z 值分别为 3.845（P=0）和 7.369（P=0）；Bootstrap 检验法的检验结果如表5-10所示，自变量分别为是否质押（Pled）和质押规模（Pler）时，间接效应的 Z 值分别为 6.25（P=0）和 6.752（P=0），控股股东股权质押对融资约束的直接效应显著，分析师跟踪人数的间接效应也显著。以上结果表明，控股股东股权质押降低了分析师跟踪人数，进而提高了融资约束程度，假设 H5a 得到验证。

表 5-10 分析师跟踪的中介作用 Bootstrap 检验结果

	Observed Coef.	z	P > |z|	Normal - based [95% Conf. Interval]	
以 Pled 为自变量，分析师人数为中介变量					
ind_ dff	0.003	6.250	0	0.002	0.004
dir_ dff	0.035	11.120	0	0.029	0.041
以 Pler 为自变量，分析师人数为中介变量					
ind_ dff	0.009	6.752	0	0.006	0.011
dir_ dff	0.155	20.092	0	0.140	0.170

5.4.3.4 分析师预测分歧的中介效应检验

表5-11给出了分析师预测分歧在控股股东股权质押与融资约束之间的中介效应检验结果。第（1）列是模型（5-2）的检验结果，Pled的系数在1%的水平上显著为正，表明控股股东股权质押显著提高了融资约束程度。第（2）列是模型（5-5）的检验结果，Pled的系数在1%的水平上显著为正，表明控股股东股权质押提高了分析师预测分歧，假设H4b得到验证。第（3）列是模型（5-6）的检验结果，Pled、Ferr的系数在1%的水平上显著为正，表明控股股东股权质押提高了融资约束程度，分析师跟踪人数越少、融资约束程度越高，因而分析师跟踪人数在Pled与Kz之间发挥了部分中介效应。

表5-11 分析师预测分歧的中介效应三步法和Sobel检验结果

变量	Ferr为中介变量					
	Kz	Ferr	Kz	Kz	Ferr	Kz
	(1)	(2)	(3)	(4)	(5)	(6)
Pled	0.307*** (9.414)	0.293*** (2.947)	0.293*** (9.132)	—	—	—
Pler	—	—	—	0.156*** (10.282)	1.069** (2.439)	0.153*** (10.226)
Ferr	—	—	0.047*** (20.089)	—	—	0.003*** (4.465)
Size	-0.056** (-2.199)	-0.072 (-1.476)	-0.052** (-2.076)	0.044*** (6.420)	-0.833*** (-5.001)	0.047*** (6.634)
Lev	5.288*** (43.497)	0.219 (0.773)	5.277*** (43.772)	0.121*** (3.874)	0.911 (0.911)	0.119*** (3.825)
Grow	0.097** (2.234)	-0.804*** (-6.756)	0.135*** (3.109)	-0.019** (-2.302)	-0.882*** (-3.630)	-0.017** (-2.048)
Roe	-0.042 (-1.475)	-11.005*** (-10.767)	-0.020 (-0.732)	-0.011 (-0.279)	-9.004*** (-6.172)	0.012 (0.317)
Cash	0.184*** (5.169)	-6.372*** (-4.570)	0.197*** (5.587)	0.099** (2.074)	-5.594*** (-3.432)	0.114** (2.395)

续表

变量	Ferr 为中介变量					
	Kz	Ferr	Kz	Kz	Ferr	Kz
	(1)	(2)	(3)	(4)	(5)	(6)
Dual	-0.009 (-1.188)	0.056 (0.279)	-0.010 (-1.206)	-0.006 (-0.571)	-0.035 (-0.126)	-0.006 (-0.564)
Top	2.601*** (5.563)	0.529 (0.490)	2.577*** (5.554)	0.407*** (3.063)	2.663 (0.864)	0.400*** (3.024)
Herf5	-5.068*** (-7.487)	-1.758 (-1.317)	-4.986*** (-7.415)	-0.852*** (-4.562)	-7.460* (-1.785)	-0.833*** (-4.472)
Indb	0.900*** (2.823)	2.517*** (2.949)	0.782** (2.495)	0.089 (1.080)	4.257 (1.598)	0.078 (0.961)
Share	-0.843*** (-4.944)	-0.697* (-1.724)	-0.810*** (-4.814)	-0.381*** (-11.775)	-3.561*** (-3.887)	-0.372*** (-11.632)
State	0.160 (0.828)	-0.253 (-0.099)	0.171 (0.169)	0.120*** (7.666)	0.741* (1.816)	0.118*** (7.593)
Mp	5.461*** (17.438)	62.621*** (8.643)	5.337*** (16.983)	3.987*** (8.692)	80.030*** (6.672)	3.783*** (8.243)
截距	0.160 (0.828)	-0.253 (-0.099)	0.171 (0.169)	2.402*** (15.940)	19.546*** (4.698)	-1.116*** (-7.335)
行业	控制	控制	控制	控制	控制	控制
年份	控制	控制	控制	控制	控制	控制
样本量	20716	20716	20716	5716	5716	5716
调整 R^2	0.413	0.064	0.425	0.384	0.090	0.389
Sobel Z	3.564***			2.336**		

为了提高结论的准确性，本研究同时采用 Sobel 和 Bootstrap 法做进一步检验。自变量为是否质押（Pled）和质押规模（Pler）时，Sobel 检验的 Z 值分别为 3.564（P=0）和 2.336（P=0.012）；Bootstrap 检验法的检验结果如表 5-12 所示，控股股东股权质押对融资约束的直接效应显著，分析师预测分歧的间接效应也显著。以上结果表明，控股股东股权质押提高了分析师预测分歧，进而提高了融资约束程度，假设 H5b 得到验证。

表5－12　分析师预测分歧的中介作用 Bootstrap 检验结果

	Observed Coef.	z	P > |z|	Normal－based [95% Conf. Interval]	
以 Pled 为自变量，分析师预测偏差为中介变量					
ind_ dff	0.0123	3.201	0.032	0.0002	0.0045
dir_ dff	0.1022	9.236	0	0.1056	0.1223
以 Pler 为自变量，分析师预测偏差为中介变量					
ind_ dff	0.0029	2.79	0.005	0.0009	0.0050
dir_ dff	0.1511	16.61	0	0.1368	0.1734

5.4.3.5　控股股东股权质押对产业政策与扶持企业融资约束的调节作用

表5－13是模型（5－6）的回归结果，控股股东股权质押对产业政策与扶持企业融资约束的调节作用的检验结果。全样本中，第（3）列产业政策（Nip）的系数为－0.013，在10%的水平上显著为负，表明扶持企业的融资约束程度低。第（4）列交乘项 Pled × Nip 的回归系数在1%的水平上显著为正，说明控股股东股权质押削弱了产业政策缓解融资约束的正向效应，假设 H6 得到验证。

按产权性质进行分组回归，表5－13显示，在非国企样本中，是否质押（Pled）的系数依然显著为正，但国企样本中 Pled 的系数不再显著，表明控股股东股权质押没有恶化国有企业的融资约束。在非国企样本中，第（6）列交乘项 Pled × Nip 的系数显著为正，但在国企样本中，第（5）列该交乘项的系数不再显著，说明股权质押削弱产业政策融资约束的积极效应只存在于非国企样本中。国有企业承担着发挥国有经济控制力、保就业促增长等政治目标和社会责任，在获取信贷资源、政府补助、税收减免方面具有天然的政治优势，尤其是受产业政策扶持的国有企业，股权质押对资源提供方的供给策略影响不大。非国企受到信贷歧视（余明桂等，2019），获取资源的条件较为苛刻，控股股东股权质押加重了信息不对称程度和第二类代理问题，进而提高了融资约束。即使受扶持的非国有企业，其控股股东股权质押向资金提供方传递了负面信号，这种负面效应大于产业政策缓解融资约束的积极影响，加重了非国有企业的融资约束程度。

表 5-13 控股股东股权质押对产业政策与扶持企业融资约束的调节作用的检验结果

变量	全样本				国企	非国企
	(1)	(2)	(3)	(4)	(5)	(6)
Pled	0.018 *** (2.962)	—	—	0.018 *** (3.017)	-0.005 (-0.455)	0.032 *** (4.840)
Pler	—	0.160 *** (12.284)	—	—	—	—
Nip	—	—	-0.013 * (-1.811)	-0.014 * (-1.859)	-0.013 (-1.082)	-0.008 (-0.952)
Pled × Nip	—	—	—	-0.028 *** (2.605)	0.015 (0.826)	0.033 *** (2.788)
Size	0.015 *** (2.882)	0.032 *** (5.446)	0.015 *** (2.869)	0.015 *** (2.925)	-0.024 *** (-3.337)	0.053 *** (9.527)
Lev	0.210 *** (10.530)	0.139 *** (5.703)	0.215 *** (10.862)	0.208 *** (10.459)	0.122 *** (3.900)	0.220 *** (9.695)
Grow	-0.016 *** (-3.489)	-0.012 ** (-1.966)	-0.015 *** (-3.120)	-0.016 *** (-3.382)	-0.022 *** (-3.069)	-0.011 * (-1.902)
Roe	-0.027 (-1.326)	0.025 (0.947)	-0.030 (-1.483)	-0.026 (-1.297)	0.035 (1.293)	-0.090 *** (-3.359)
Cash	0.125 *** (4.446)	0.090 ** (2.402)	0.121 *** (4.308)	0.123 *** (4.379)	0.077 * (1.757)	0.158 *** (4.979)
Dual	0.001 (0.096)	0.007 (0.798)	0.001 (0.172)	0.001 (0.101)	-0.003 (-0.217)	0.006 (0.755)
Indb	-0.078 (-1.254)	0.026 (0.363)	-0.074 (-1.175)	-0.076 (-1.224)	-0.067 (-0.678)	-0.004 (-0.064)
Top	0.558 *** (6.003)	0.322 *** (2.841)	0.573 *** (6.187)	0.559 *** (6.031)	0.576 *** (3.853)	0.346 *** (3.584)
Herf5	-1.102 *** (-8.649)	-0.728 *** (-4.637)	-1.126 *** (-8.880)	-1.102 *** (-8.677)	-1.039 *** (-5.433)	-0.840 *** (-6.180)
Share	-0.528 *** (-19.941)	-0.472 *** (-15.356)	-0.531 *** (-19.956)	-0.528 *** (-19.944)	-3.166 *** (-6.117)	-0.426 *** (-17.150)
State	0.136 *** (14.767)	0.123 *** (9.773)	0.130 *** (14.150)	0.135 *** (14.754)	—	—

续表

变量	全样本				国企	非国企
	(1)	(2)	(3)	(4)	(5)	(6)
Mp	6.477*** (26.362)	5.144*** (14.824)	6.402*** (25.285)	6.318*** (24.819)	9.385*** (20.696)	4.048*** (12.701)
截距	3.086*** (27.535)	2.613*** (19.618)	3.102*** (27.534)	3.089*** (27.591)	4.122*** (25.568)	2.251*** (17.826)
行业	控制	控制	控制	控制	控制	控制
年份	控制	控制	控制	控制	控制	控制
样本量	24040	9550	24040	24040	9859	14181
调整 R^2	0.379	0.358	0.378	0.379	0.304	0.407

5.4.4 稳健性检验

5.4.4.1 内生性问题检验

（1）工具变量法。

借鉴谢德仁等（2018）的做法，选取同年度同行业的平均质押率 Plerm 作为 Pled 的工具变量。表 5-14 中第（1）列、第（3）列显示 Plerm 的系数显著为正，第（2）列、第（4）列显示 Pled、Pler 的系数显著为正，研究结论保持不变。

（2）倾向得分匹配法。

为排除质押组和非质押组公司特征的差异对结论的干扰，本章考虑企业规模、盈利能力、资产负债率、成长性、产权性质、控股股东持股比例、市值账面比，采用最近邻匹配方法对是否存在控股股东股权质押进行 1∶1 配对，配对成功的样本量为 19443 个。表 5-14 第（5）列、第（6）列显示，Pled、Pler 的系数显著为正，研究结论保持不变。

表 5-14 工具变量检验和 PSM 检验

变量	工具变量检验				PSM 检验	
	Pled	Kz	Pler	Kz	Kz	
	第一阶段 (1)	第二阶段 (2)	第一阶段 (3)	第二阶段 (4)	(5)	(6)
Plerm	4.656*** (8.029)	—	0.663*** (9.219)	—	—	—
Pled	—	0.493* (1.687)	—	—	0.262*** (8.054)	—
Pler	—	—	—	0.630* (1.686)	—	0.391*** (7.688)
Size	-0.035 (-1.102)	-0.165*** (-13.241)	-0.006 (-1.351)	-0.163*** (-12.885)	-0.182*** (-7.250)	-0.179*** (-7.181)
Lev	1.923*** (11.318)	5.291*** (39.671)	0.292*** (12.586)	5.286*** (38.854)	5.269*** (41.987)	5.228*** (41.767)
Grow	0.327*** (7.201)	0.031 (0.778)	0.041*** (5.829)	0.038 (0.986)	0.081* (1.855)	0.082* (1.871)
Roe	-0.955*** (-4.953)	-0.197** (-2.098)	-0.248*** (-7.920)	0.035 (1.364)	-0.552*** (-6.809)	-0.270*** (-3.142)
Cash	-0.878*** (-3.192)	-0.025 (-0.286)	-0.081* (-1.701)	0.093*** (3.233)	-0.484*** (-4.174)	-0.183 (-1.622)
Dual	0.130** (2.148)	0.025* (1.654)	0.031*** (2.731)	0.006 (1.099)	0.078*** (3.388)	0.048** (2.298)
Top	4.740*** (6.521)	1.458*** (4.039)	0.265*** (2.831)	1.698*** (5.991)	1.735*** (3.620)	1.853*** (3.877)
Herf5	-7.671*** (-7.739)	-3.442*** (-6.436)	-0.650*** (-5.556)	-3.687*** (-8.420)	-3.981*** (-5.679)	-4.058*** (-5.781)
Indb	0.686 (1.408)	1.014*** (5.006)	0.086 (1.259)	1.025*** (5.099)	1.263*** (3.655)	1.265*** (3.659)
Share	-0.624*** (-3.073)	-1.199*** (-10.570)	-0.324*** (-10.085)	-1.069*** (-6.675)	-1.115*** (-5.878)	-1.017*** (-5.372)
State	-1.524 (-0.163)	0.227 (0.415)	-0.261 (-0.671)	0.240 (0.365)	0.230 (0.750)	0.263 (0.429)

续表

变量	工具变量检验				PSM 检验	
	Pled	Kz	Pler	Kz	Kz	
	第一阶段 (1)	第二阶段 (2)	第一阶段 (3)	第二阶段 (4)	(5)	(6)
Mp	16.905 *** (5.706)	9.572 *** (5.678)	-0.660 (-1.123)	5.250 *** (15.361)	12.674 *** (8.793)	11.567 *** (6.981)
截距	-1.645 ** (-2.106)	2.495 *** (7.864)	0.167 * (1.664)	2.460 *** (7.537)	2.822 *** (5.193)	2.758 *** (5.112)
行业	控制	控制	控制	控制	控制	控制
年份	控制	控制	控制	控制	控制	控制
样本量	24464	24464	24464	24464	19443	19443
Pseudo/调整 R^2	0.153	0.456	0.215	0.456	0.386	0.387

注：当因变量为 Pled 时，括号中数据为经公司层面聚类调整的 z 值，当因变量为 Kz 和 Pler 时，括号中数据为经公司层面聚类调整的 t 值。

5.4.4.2 融资约束的替代变量

借鉴 Almeida 等（2004）的做法，用现金—现金流敏感性度量融资约束，构建模型（5-8）：

$$\Delta Cash_{i,t} = \alpha_0 + \alpha_1 Pled_{i,t-1}/Pler_{i,t-1} + \alpha_2 Cashflow_{i,t-1} + \alpha_3 Pled_{i,t-1} \times Cashflow_{i,t-1}/Pler_{i,t-1} \times Cashflow_{i,t-1} + \alpha_4 Q_{i,t-1} + \alpha_5 Size_{i,t-1} + \alpha_6 \Delta SD_{i,t-1} + \alpha_7 \Delta NWC_{i,t-1} + \alpha_8 Inv_{i,t-1} + \alpha_9 Control + \sum Ind_{i,t} + \sum Year_{i,t} + \theta_{i,t} \quad (5-8)$$

其中，ΔCash 为当年新增现金持有量与总资产的比值，Cashflow 为经营活动现金净流量与总资产的比值，Q 为托宾 Q 值，ΔSD 为短期流动负债增加额与总资产的比值，ΔNWC 为非现金营运资本增加额与总资产的比值，Inv 为资本支出，Control 为控制变量，控制变量及其定义与上文一致。表 5-15 中第（1）列、第（2）列是没有加入控制变量的回归结果，第（3）列、第（4）列是加入控制变量的回归结果。Pled × Cashflow 的系数显著为正，说明股权质押提高了企业融资约束，主要研究结论保持不变。

表 5 - 15 融资约束的替代变量（现金—现金流敏感性）

变量	(1)	(2)	(3)	(4)
Pled	0.004 *** (4.620)	—	0.004 *** (4.272)	—
Cashflow	0.252 *** (28.586)	0.234 *** (18.402)	0.243 *** (26.409)	0.2128 *** (16.322)
Pler	—	0.0027 (1.2671)	—	-0.002 (-0.846)
Pled × Cashflow	0.045 *** (2.8849)	—	0.049 *** (3.104)	—
Pler × Cashflow	—	0.0228 (0.6322)	—	0.002 (0.040)
Q	0.003 *** (6.602)	0.0012 * (1.7315)	0.002 *** (4.519)	0.000 (0.221)
ΔSD	0.044 *** (6.727)	0.0503 *** (5.6282)	0.0202 *** (2.785)	0.021 ** (2.109)
ΔNWC	-0.175 *** (-20.530)	-0.147 *** (-12.676)	-0.196 *** (-21.444)	-0.182 *** (-14.392)
Inv	-0.323 *** (-27.850)	-0.277 *** (-15.689)	-0.325 *** (-27.160)	-0.284 *** (-16.107)
Size	0.007 *** (16.627)	0.007 *** (9.284)	0.007 *** (15.072)	0.008 *** (10.309)
Lev	—	—	-0.006 ** (-2.268)	-0.022 *** (-5.060)
Grow	—	—	0.024 *** (13.883)	0.024 *** (10.019)
Roe	—	—	0.042 *** (11.924)	0.037 *** (7.399)
Cash	—	—	-0.591 *** (-9.138)	-0.414 *** (-3.884)

续表

变量	(1)	(2)	(3)	(4)
Dual	—	—	0.002 (0.461)	-0.001 (-0.156)
Top	—	—	0.035*** (3.732)	0.020 (1.236)
Herf5	—	—	-0.090*** (-6.513)	-0.066*** (-3.012)
Indb	—	—	0.000 (0.044)	-0.005 (-0.427)
Share	—	—	-0.032*** (-7.161)	-0.019*** (-3.319)
State	—	—	0.004*** (3.846)	-0.003 (-1.581)
Mp	—	—	0.004** (2.192)	0.005** (2.003)
截距	-0.151*** (-15.814)	-0.155*** (-9.825)	-0.148*** (-14.327)	-0.162*** (-9.464)
行业	控制	控制	控制	控制
年份	控制	控制	控制	控制
样本量	26697	11464	25371	11008
调整 R^2	0.186	0.146	0.202	0.162

5.5 进一步分析

5.5.1 融资约束的表现形式

融资约束表现为融资规模的缩小和融资成本的提高，本章进一步检验控股股东股权质押对信贷规模和商业信用的影响，以及对债务资本成本和股权资本成本的影响，为研究结论提供进一步的证据。

5.5.1.1 控股股东股权质押对信贷规模和商业信用的影响

信贷期限结构是债务履约成本和违约风险的重要影响因素。银行对短期债务履约行为的监督成本低，面临的潜在违约风险低，而长期债务违约行为的观测成本高，因此商业银行更倾向于短期信贷（Diamond，1991），当信息不对称程度高时，债务期限更短（Bharath 等，2008）。我国金融体系仍以银行信贷为主导，本章用长期借款与短期借款之和除以总资产来度量信贷规模（Loan），并用短期借款除以总资产（Shortloan）和长期借款除以总资产（Longloan）度量信贷结构。表5－16给出了控股股东是否股权质押与信贷规模、商业信用的回归结果，表5－17给出了控股股东股权质押规模与信贷规模、商业信用的回归结果，Pled 与 Loan、Shortloan 显著正相关，与 Longloan 的正相关关系不显著，表明质押和质押比例提高了短期信贷规模，对长期信贷规模没有影响，这说明控股股东股权质押提高融资约束程度并没有表现在信贷规模的缩小，反而增加了短期信贷。就资金需求方而言，股权质押后控股股东普遍会采取市值管理以避免股价持续下跌，短期信贷对银行而言监督成本低，可以通过停止续贷来减少银行承担风险的损失，但长期信贷监督成本高。此外，为化解股权质押引起的资本市场风险，各地政府牵头发起的纾困基金为企业增加短期贷款提供了契机。综上所述，对资金的需求、相对而言的低风险和政府援助促使股权质押后短期信贷增多。

作为非正式融资方式，建立在信任基础上的商业信用发挥着缓解企业融资约束的重要功能。与企业的长期合作使供应商更了解客户的信用状况，企业高质量的信息披露增强了信任，商业信用增大（Biais 和 gollier，1997）。前文证实控股股东股权质押提高了信息不对称程度，加重了第二类代理问题，若供应商将股权质押视为不利信号，预期到控股股东的侵占行为，可能会降低对企业的信用评估水平，减少商业信用供给。本章用应付票据、应付账款、预收账款之和除以总资产来度量商业信用（Credit）。如表 5－16 和表 5－17 所示，Pled、Pler 与 Credit 分别显著负相关，表明股权质押缩小了商业信用，质押比例越大，商业信用越少，供应商将股权质押视为不利信号。

表 5－16　控股股东是否股权质押与信贷规模、商业信用的回归结果

变量	Loan	Shortloan	Longloan	Credit
Pled	0. 015 *** (4. 594)	0. 011 *** (4. 530)	0. 003 (1. 320)	－0. 020 *** (－6. 561)
Size	－0. 006 *** (－3. 363)	－0. 010 *** (－7. 178)	0. 004 ** (2. 358)	－0. 006 ** (－2. 538)
Lev	0. 385 *** (32. 550)	0. 274 *** (30. 493)	0. 128 *** (14. 228)	0. 294 *** (25. 876)
Grow	－0. 000 (－0. 009)	－0. 004 * (－1. 859)	0. 002 (0. 998)	－0. 004 (－1. 185)
Roe	－0. 094 *** (－6. 857)	－0. 079 ** (－2. 386)	－0. 094 *** (－3. 417)	0. 093 *** (6. 277)
Cash	－0. 165 *** (－9. 078)	－0. 296 * (－1. 683)	－0. 019 (－0. 559)	0. 053 *** (2. 755)
Dual	0. 001 (0. 346)	0. 002 (0. 567)	－0. 007 (－1. 270)	－0. 004 (－0. 827)
Top	0. 067 (1. 488)	0. 117 *** (3. 567)	－0. 052 (－1. 541)	－0. 038 (－0. 819)
Herf5	－0. 072 (－1. 220)	－0. 150 *** (－3. 543)	0. 078 * (1. 696)	0. 136 ** (2. 105)
Indb	0. 054 * (1. 869)	0. 016 (0. 724)	0. 036 (1. 584)	－0. 031 (－1. 000)
Share	0. 022 (1. 421)	0. 004 (0. 405)	0. 007 (0. 692)	0. 046 *** (4. 170)
State	－0. 007 * (－1. 692)	－0. 015 *** (－4. 410)	0. 003 (0. 809)	0. 014 *** (3. 214)
Mp	－1. 505 *** (－9. 498)	－0. 934 *** (－5. 189)	0. 095 (0. 492)	0. 349 ** (2. 119)

续表

变量	Loan	Shortloan	Longloan	Credit
截距	0.180*** (4.043)	0.261*** (7.779)	-0.081** (-2.265)	0.128** (2.453)
行业	控制	控制	控制	控制
年份	控制	控制	控制	控制
样本量	13029	19632	13955	16384
调整 R^2	0.383	0.317	0.306	0.297

表5-17 控股股东股权质押规模与信贷规模、商业信用的回归结果

变量	Loan	Shortloan	Longloan	Credit
Pler	0.016*** (3.483)	0.016*** (4.348)	0.003 (0.812)	-0.024*** (-5.635)
Size	-0.006*** (-3.383)	-0.010*** (-7.161)	0.004** (2.343)	-0.006** (-2.517)
Lev	0.385*** (32.434)	0.273*** (30.253)	0.129*** (14.189)	0.294*** (25.795)
Grow	0.000 (0.068)	-0.004* (-1.812)	0.002 (1.037)	-0.004 (-1.328)
Roe	-0.071*** (-3.534)	-0.120*** (-4.055)	-0.065 (-1.644)	0.052*** (2.611)
Cash	-0.169*** (-6.609)	-0.066* (-1.837)	0.038 (0.969)	0.079*** (3.413)
Dual	0.001 (0.141)	-0.003 (-0.395)	0.003 (0.342)	0.004 (0.677)
Top	0.074* (1.649)	0.121*** (3.719)	-0.051 (-1.489)	-0.048 (-1.022)
Herf5	-0.080 (-1.352)	-0.154*** (-3.637)	0.076* (1.647)	0.146** (2.252)
Indb	0.054* (1.869)	0.015 (0.714)	0.036 (1.592)	-0.031 (-1.010)

续表

变量	Loan	Shortloan	Longloan	Credit
Share	0.026* (1.729)	0.008 (0.755)	0.008 (0.774)	0.041*** (3.698)
State	-0.008* (-1.733)	-0.014*** (-4.205)	0.002 (0.733)	0.014*** (3.161)
Mp	-1.440*** (-5.355)	-1.100*** (-3.612)	0.774** (2.133)	0.239 (0.968)
截距	0.183*** (4.088)	0.261*** (7.752)	-0.080** (-2.230)	0.126** (2.420)
行业	控制	控制	控制	控制
年份	控制	控制	控制	控制
样本量	13029	19632	13955	16384
调整 R^2	0.3819	0.3167	0.3058	0.3714

5.5.1.2 控股股东股权质押对债务资本成本的影响

债务资本成本一般通过债务契约提前确定好，企业在未来的生产经营过程中，只需按照债权债务合同的约定向债权人支付既定的债务利息即可，因此债务资本成本比较容易确定，是稳定的。债权人的利益由具有法律意义的债权债务合同保护，企业需按合同约定偿还债权人的利息和本金，是一种显性成本，会计核算中需要确认。因此债权人的投资报酬率有法律保证，不承担企业的最终风险。但控股股东股权质押提高了债权人的信息风险和代理风险，因而会索求更高的风险补偿。

本章采用两种方法度量债务资本成本，一种是利息支出、资本化支出之和与长短期借款之和的比值来度量债务资本成本（Rd1），另一种是财务费用与债务总额的比值来度量债务资本成本（Rd2），其中，财务费用包括利息支出、筹资发生的其他财务费用等，债务总额是企业流动负债与非流动负债的期末总额。本章构建模型如下：

$Rd_{i,t} = g_0 + g_1 Pled_{i,t-1}(Pler_{i,t-1}) + g_2 Size_{i,t-1} + g_3 Lev_{i,t-1} + g_4 Grow_{i,t-1} +$

$$g_5 Top_{i,t} + g_6 Herf5_{i,t} + g_7 Indb_{i,t} + g_8 Share_{i,t} + g_9 State_{i,t} + \sum Ind_{i,t} + \sum Year_{i,t} + \varepsilon_{i,t} \quad (5-9)$$

其中，g_0为常数项，$g_1 \sim g_9$为变量回归系数，$\varepsilon_{i,t}$为残差。表 5－18 给出了控股股东股权质押与债务资本成本的回归结果。Pled、Pler 的系数显著为正，表明控股股东股权质押后，债权人索要了更高的风险溢价，且质押比例越高，债务资本成本越大，提高了融资约束水平。

表 5－18 控股股东股权质押与债务资本成本的回归结果

变量	Rd1		Rd2	
Pled	0.002** (1.999)	—	0.011** (2.322)	—
Pler	—	0.007*** (2.6211)	—	0.020*** (3.856)
Size	0.003*** (4.346)	0.004*** (3.942)	0.006*** (5.727)	0.006*** (3.298)
Lev	0.009** (2.141)	0.017*** (2.733)	0.010** (2.346)	0.023*** (3.056)
Grow	0.000 (0.207)	−0.001 (−0.652)	0.001 (1.207)	−0.003 (−1.352)
Roe	−0.019*** (−3.498)	−0.027*** (−3.671)	−0.122** (−2.068)	−0.126*** (−2.671)
Cash	0.021*** (3.048)	0.019** (1.970)	0.056** (2.057)	0.089** (2.370)
Dual	0.000 (0.062)	−0.001 (−0.697)	0.012 (0.098)	−0.015 (−0.789)
Top	−0.011 (−0.658)	−0.018 (−0.873)	−0.016 (−0.728)	−0.023 (−1.073)
Herf5	−0.004 (−0.207)	0.010 (0.348)	−0.006 (−0.207)	0.010 (0.348)

续表

变量	Rd1		Rd2	
Indb	-0.028*** (-2.741)	-0.029** (-2.037)	-0.015** (-2.041)	-0.018** (-1.937)
Share	-0.014** (-2.344)	-0.011 (-1.492)	-0.016** (-1.934)	-0.010 (-1.028)
State	0.002 (0.932)	-0.001 (-0.390)	0.005 (0.856)	-0.001 (-0.276)
Mp	-0.019*** (-3.498)	-0.027*** (-3.671)	-0.026** (-2.498)	-0.032*** (-2.871)
截距	-0.006 (-0.385)	-0.020 (-0.910)	-0.005 (-0.478)	-0.032 (-1.014)
行业	控制	控制	控制	控制
年份	控制	控制	控制	控制
样本量	12391	12391	13542	13542
调整 R^2	0.035	0.053	0.036	0.054

5.5.1.3　控股股东股权质押对股权资本成本的影响

股权资本成本是资本市场上投资者权衡风险与收益后提出的要求报酬率，从微观角度来看，关系到企业的融资能力、投资行为、利润分配和绩效考核，从宏观角度来看，关系到资本市场资金流动、资源配置效率，因而是理财学中的核心概念之一。本章构建了模型（5-10）：

$$R_{i,t} = \partial_0 + \partial_1 Pled_{i,t-1}(Pler_{i,t-1}) + \partial_2 Size_{i,t-1} + \partial_3 Lev_{i,t-1} + \partial_4 Grow_{i,t-1} + \partial_5 Top_{i,t} + \partial_6 Herf5_{i,t} + \partial_7 Indb_{i,t} + \partial_8 Share_{i,t} + \partial_9 State_{i,t} + \sum Ind_{i,t} + \sum Year_{i,t} + \varepsilon_{i,t} \quad (5-10)$$

其中，∂_0为常数项，$\partial_1 \sim \partial_9$为变量回归系数，$\varepsilon_{i,t}$为残差。$R_{i,t}$为股权资本成本，分别用四种模型估算$Rpeg_{i,t}$、$Roj_{i,t}$、$Rgls_{i,t}$、$Rggm_{i,t}$，用$Re_{i,t}$作为四种模型的平均数。表5-19给出了控股股东股权质押与股权资本成本的回归结果。第（1）列、第（3）列、第（5）列、第（7）列、第（9）列的Pled系数显著为正，第

表 5－19　控股股东股权质押与股权资本成本的回归结果

变量	Rpeg		Roj		Rgls		Rggm		Re	
	(1)	(2)	(3)	(4)	(5)	(6)	(7)	(8)	(9)	(10)
Pled	0.012*** (5.714)	—	0.012*** (5.621)	—	0.007** (2.206)	—	0.011*** (5.393)	—	0.013*** (5.753)	—
Pler	—	0.023*** (4.346)	—	0.023*** (4.230)	—	0.003 (0.471)	—	0.019*** (4.058)	—	0.023*** (4.273)
Size	0.005*** (4.631)	0.005*** (2.910)	0.007*** (6.443)	0.006*** (3.614)	0.008*** (5.967)	0.007*** (3.250)	0.004*** (4.840)	0.004*** (2.720)	0.006*** (6.039)	0.006*** (3.428)
Lev	0.066*** (10.602)	0.052*** (5.306)	0.059*** (9.169)	0.050*** (4.829)	0.018** (2.095)	0.019 (1.525)	0.068*** (11.727)	0.058*** (6.506)	0.062*** (9.838)	0.053*** (5.280)
Grow	-0.004 (-1.490)	-0.002 (-0.499)	-0.005* (-1.846)	-0.004 (-1.037)	-0.003 (-1.003)	-0.004 (-0.856)	-0.006** (-2.550)	-0.004 (-1.141)	-0.005* (-1.713)	-0.004 (-0.867)
Indb	-0.027 (-1.471)	-0.014 (-0.452)	-0.023 (-1.152)	-0.024 (-0.740)	-0.043 (-1.503)	-0.029 (-0.670)	-0.024 (-1.458)	-0.012 (-0.466)	-0.027 (-1.414)	-0.021 (-0.644)
Top	-0.041* (-1.740)	-0.027 (-0.672)	-0.026 (-1.037)	-0.002 (-0.046)	0.011 (0.309)	-0.028 (-0.509)	-0.042* (-1.903)	-0.036 (-0.985)	-0.029 (-1.196)	-0.004 (-0.108)
Herf5	0.014 (0.449)	-0.017 (-0.314)	-0.004 (-0.109)	-0.047 (-0.828)	-0.030 (-0.642)	0.029 (0.377)	0.023 (0.794)	0.004 (0.081)	0.001 (0.029)	-0.045 (-0.811)
Share	-0.005 (-0.720)	-0.001 (-0.131)	-0.004 (-0.561)	0.001 (0.055)	0.035** (2.385)	0.011 (0.616)	-0.008 (-1.251)	-0.006 (-0.630)	-0.006 (-0.764)	-0.001 (-0.135)
State	0.001 (0.256)	0.011** (2.143)	0.001 (0.425)	0.011** (2.080)	-0.007** (-2.034)	-0.005 (-0.771)	0.000 (0.003)	0.010** (2.015)	0.001 (0.492)	0.011** (2.139)
截距	0.050** (2.016)	0.057 (1.333)	0.030 (1.141)	0.049 (1.090)	-0.005 (-0.147)	0.064 (1.191)	0.036 (1.559)	0.051 (1.349)	0.030 (1.156)	0.046 (1.033)
样本量	14152	5806	14118	5821	15968	6350	14151	5806	13920	5739
调整 R^2	0.141	0.160	0.140	0.154	0.030	0.043	0.140	0.162	0.142	0.157

（2）列、第（4）列、第（8）列、第（10）列的 Pler 系数显著为正，虽然第（6）列的 Pler 系数不显著，但也为正数，说明控股股东股权质押提高了股权资本成本，质押比例越大股权资本成本越大。

5.5.2 控股股东股权质押对融资约束负面影响的治理机制

5.5.2.1 内部治理机制

董事会是内部治理的核心，但控股股东难以通过股权形成对公司的实质性控制时，会通过控制董事会来控制公司，侵害中小股东利益。本章按照董事会人数和独立董事比例的年度行业均值分组，如表 5-20 所示，无论董事会规模大小和独董比例高低，Pled 的系数都显著为正，说明董事会对控股股东没有起到约束作用，董事会在某种程度上成为控股股东的合谋者。

表 5-20 控股股东股权质押对融资约束的影响：基于董事会结构的进一步分析

变量	Kz			
	董事会大规模	董事会小规模	独董高比例	独董低比例
Pled	0.023* (1.681)	0.017*** (2.625)	0.023*** (2.952)	0.013* (1.716)
Size	-0.033*** (-3.356)	0.031*** (5.707)	0.010* (1.742)	0.020*** (3.010)
Lev	0.205*** (4.652)	0.205*** (9.757)	0.223*** (8.605)	0.195*** (8.023)
Grow	-0.032*** (-2.814)	-0.015*** (-2.951)	-0.010 (-1.428)	-0.024*** (-3.808)
Roe	-0.039 (-0.945)	-0.027 (-1.207)	-0.017 (-0.629)	-0.038 (-1.445)
Cash	0.115 (1.589)	0.120*** (4.175)	0.090** (2.479)	0.158*** (4.240)
Dual	-0.011 (-0.507)	0.004 (0.595)	-0.000 (-0.048)	0.003 (0.287)

续表

变量	Kz			
	董事会大规模	董事会小规模	独董高比例	独董低比例
Indb	0.098 (0.653)	-0.104 (-1.557)	-0.023 (-0.241)	-0.471 (-1.162)
Top	0.626*** (3.359)	0.485*** (4.836)	0.513*** (4.597)	0.579*** (4.850)
Herf5	-0.957*** (-3.896)	-1.052*** (-7.532)	-1.084*** (-7.126)	-1.094*** (-6.588)
Share	-0.678*** (-7.542)	-0.497*** (-19.019)	-0.468*** (-15.010)	-0.608*** (-15.934)
State	0.102*** (5.376)	0.142*** (14.334)	0.144*** (12.011)	0.130*** (11.773)
Mp	8.887*** (15.069)	5.814*** (21.285)	6.555*** (18.576)	6.493*** (19.897)
截距	4.046*** (18.269)	2.761*** (22.704)	3.192*** (22.790)	3.069*** (15.482)
行业	控制	控制	控制	控制
年份	控制	控制	控制	控制
样本量	4841	19623	11383	13081
调整 R^2	0.312	0.415	0.399	0.364

5.5.2.2 外部治理机制

(1) 外部审计的治理。

大所与小所的审计质量有本质区别，大所规模大、专业能力更强，面临的诉讼风险更大，为了维护声誉，其独立性更高，提供的审计服务质量更优（徐会超等，2019），因而雇用国际四大审计向资本市场传递了积极的信号，某种程度上抑制了控股股东股权质押的负面影响。本章按照是否聘请国际四大审计进行分组回归，如表 5-21 所示，非四大审计组中控股股东股权质押显著提高了融资约束，四大审计组中这种正相关关系不显著，表明四大审计传递了会计信息质量较高的积极信号，缓解了控股股东股权质押的负面效应。

（2）机构投资者持股的治理。

一方面，机构投资者在信息收集、解读及传播方面具有专业化和规模化优势，提高了信息的可得性。其主动交易促进了资本市场的价格效率（Boehmer 和 Kelley，2009），降低了公司与投资者之间的信息不对称程度；其实地调研提高了信息的可得性，削弱了内部人的信息优势，因而机构投资者通过降低信息不对称进而缓解了融资约束（甄红线和王谨乐，2016）。另一方面，为获得更多收益，机构投资者有动机积极监管上市公司（McConnell 和 Servaes，1990），有效监督控股股东（Chung 等，2002），持股比例越高这种监管动机越强（陆瑶等，2012）。梅洁和张明泽（2016）发现机构投资者在一定程度上参与了上市公司治理，并有效抑制了管理层的盈余管理行为。持有期限较长的机构投资者可以缓解代理问题，提高公司治理水平（Ghaly 等，2017）。因而在新兴市场中，机构投资者通过降低监督成本、提高公司治理，进而降低了融资约束。

本章按机构投资者持股比例的年度行业中位数分组，如表 5－21 所示，控股股东股权质押与融资约束的正相关关系在高持股组中不显著，表明持股比例较高时，机构投资者在降低信息不对称和加强公司治理方面发挥了积极作用，缓解了控股股东股权质押对融资约束的负面影响。

表 5－21　控股股东股权质押对融资约束的影响：基于外部治理的进一步分析

变量	Kz					
	四大审计组	非四大审计组	机构投资者高持股组	机构投资者低持股组	参股银行	未参股银行
Pled	-0.047 (-1.457)	0.012** (1.965)	-0.004 (-0.454)	0.036*** (5.546)	0.010 (0.536)	0.018*** (2.949)
Size	-0.130*** (-7.327)	0.033*** (6.566)	-0.016*** (-2.610)	0.056*** (9.515)	-0.030** (-2.072)	0.019*** (3.864)

续表

变量	Kz					
	四大审计组	非四大审计组	机构投资者高持股组	机构投资者低持股组	参股银行	未参股银行
Lev	0.163* (1.933)	0.206*** (10.011)	0.220*** (8.234)	0.193*** (8.640)	0.210*** (3.149)	0.202*** (9.968)
Grow	0.000 (0.013)	-0.020*** (-3.971)	-0.035*** (-4.826)	-0.004 (-0.677)	-0.012 (-0.732)	-0.015*** (-3.134)
Roe	-0.073 (-0.822)	-0.072*** (-3.345)	0.052* (1.784)	-0.081*** (-3.505)	0.085 (1.313)	-0.041** (-1.974)
Cash	0.236 (1.423)	0.104*** (3.898)	0.088** (2.020)	0.127*** (4.533)	0.122 (1.511)	0.116*** (4.052)
Dual	-0.037 (-1.068)	0.006 (0.928)	-0.023** (-2.332)	0.018** (2.090)	0.015 (0.657)	-0.001 (-0.126)
Indb	0.030 (0.130)	0.008 (0.134)	-0.057 (-0.661)	-0.006 (-0.095)	-0.120 (-0.656)	-0.036 (-0.587)
Top	0.438 (1.243)	0.375*** (4.005)	0.664*** (5.340)	0.326*** (3.467)	0.403 (1.549)	0.558*** (5.956)
Herf5	-0.801** (-2.001)	-0.853*** (-6.635)	-1.123*** (-6.921)	-0.931*** (-7.314)	-1.084*** (-3.087)	-1.075*** (-8.331)
Share	-1.309*** (-5.588)	-0.497*** (-19.232)	-0.704*** (-15.363)	-0.392*** (-14.871)	-0.876*** (-8.650)	-0.506*** (-19.306)
State	0.134*** (3.348)	0.137*** (14.919)	0.116*** (10.225)	0.143*** (12.529)	0.077*** (3.404)	0.143*** (15.252)
Mp	3.297 (1.627)	3.769*** (6.950)	8.383*** (18.732)	4.127*** (14.371)	8.801*** (5.963)	6.552*** (25.588)
截距	6.669*** (15.752)	2.696*** (24.114)	3.790*** (27.920)	2.129*** (16.529)	4.320*** (13.462)	2.953*** (27.000)
行业	控制	控制	控制	控制	控制	控制
年份	控制	控制	控制	控制	控制	控制
样本量	11383	13081	12562	11902	2615	21849
调整 R^2	0.399	0.364	0.305	0.474	0.378	0.387

（3）参股银行的治理。

作为产融结合的主要形式，企业参股银行拓宽了与银行的沟通渠道，尤其是方便银行搜集有关企业高管行为特征、贷款项目运转情况等难以计量和传递的软信息（刘星和蒋水全，2015），缓解了银企之间的信息不对称（万良勇等，2015），降低了贷款后银行的监督成本，银行贷款意愿增强。参股银行本身也是一种声誉和隐性担保机制，传递了企业融资能力较强的信号，进一步降低了企业的融资约束。本章将持有财务公司股权、非上市银行股权、上市银行前十大股东的上市公司作为参股银行样本，其中持股非上市银行股权和财务公司股权数据来自万得数据库“持有非上市金融企业股权”，按是否参股银行进行分组回归。如表5－21所示，控股股东股权质押与融资约束的正相关关系只存在于未参股银行组，表明参股银行的上市公司控股股东股权质押不影响其融资约束，参股银行作为一种信息机制，抑制了控股股东股权质押的不利影响。

5.6　本章小结

本章以2005～2018年全部A股非金融类上市公司为样本，基于股权质押视角研究了控股股东财务行为对上市公司融资约束的影响，进一步检验了作用路径、具体表现和治理机制。主要结论如下：

第一，控股股东股权质押提高了企业融资约束程度，质押比例越大，融资约束程度越高，该影响主要存在于非国有企业中。受产业政策扶持的企业融资约束降低，控股股东股权质押削弱了产业政策缓解融资约束的积极作用，这种削弱影响只存在于非国企样本中。

第二，进一步分析作用路径发现，控股股东股权质押恶化了市场信息环境，提高了第二类代理成本，进而加重了融资约束程度，分析师跟踪、预测偏差和第二类代理成本发挥了显著的中介效应。控股股东股权质押后，控股股东与管理层成为利益共同体，第一类代理成本降低，第一类代理成本在股权质押与融资约束之间发挥了较小的遮掩效应。

第三，检验控股股东股权质押加重融资约束的具体表现发现，控股股东股权质押后债务资本成本和股权资本成本显著提高，商业信用融资规模显著缩小，但短期信贷规模增大，长期信贷规模不受影响，说明控股股东股权质押给市场传递了负面信息，影响了资金供给方的风险判断。

第四，内部董事会结构并不能缓解控股股东股权质押对融资约束的负面影响，但采用四大审计、参股银行、机构投资者可以达到缓解作用。

6 总结与展望

本章对全书进行总结，根据研究结论提出启示和政策建议，并总结了本书的局限性和未来的研究方向。

6.1 研究结论

股权质押是股东以其持有的公司股权为担保，向金融机构贷款的融资方式。由于融资便捷、不改变控股地位备受上市控股股东的青睐，成为主流的融资方式之一。但质押合同规定了质押股权的预警线和平仓线。因此，股东融得资金的同时，面临着控制权转移的风险。股权质押不仅是股东个人的财务行为，而且会影响上市公司的财务行为及中介机构的决策。本书在现有研究基础上，主要探究了控股股东股权质押对上市公司业绩预告披露、会计信息谨慎性和融资约束产生的影响，得到了以下结论：

第一，控股股东股权质押与业绩预告披露的关系。本书构建了控股股东股权质押与业绩预告的实证模型，研究发现：①控股股东股权质押后，上市公司发布积极的业绩预告可能性提高，质押比例越大发布积极业绩预告的可能性越大；控股股东股权质押提高了上市公司发布积极业绩预告的次数，质押比例越大发布积极业绩预告的次数越多；控股股东股权质押降低了上市公司业绩预告的精确度，质押比例越大业绩预告的精确度越低。②控股股东股权质押影响业绩预告披露的路径分析表明，控股股东股权质押和质押比例降低了第一类代理成本，提高了第二类代理成本，进而降低了业绩预告的精确度，第二类代理成本在股权质押与业绩预告精确度之间发挥了部分中介传导效应。③进一步分组研究发现，控股股东股权质押显著影响业绩预告披露性质的结论只存在于非国有企业中和控股股东持股比例较低组；无论董事会规模的大小和独董比例的高低，控股股东股权质押与积极业绩预告披露的可能性之间仍然呈现负相关关系，在某种程度上说明董事会结构在控股股东股权质押的负面影响方面没有起到调节作用，董事会与控股股东成为利益共同体，董事会没有起到应有的监督约束作用；无论资本市场是熊市还是牛市，控股股东股权质押与积极业绩预告披露之间的负相关关系保持不变。④从长期来看，积极业绩预告降低了股权资本成本，但积极业绩预告对股权资本成本的降低作用被控股股东股权质押的消极影响所抵消，质押比例越高，这种抵消作用越大。

第二，控股股东股权质押与会计信息谨慎性的关系。本书构建了控股股东股权质押与会计谨慎性的实证模型，研究发现：①为了获得更多质押融资，控股股东尽可能满足债权人对谨慎会计信息的需求，控股股东股权质押前，会计信息谨慎性较高，但这种关系仅存在于民营企业中。控股股东股权质押后，为了规避控制权转移风险，控股股东通过提前确认好消息、推迟确认坏消息的方式，降低了会计谨慎性，但这种关系仅存在于民营企业中。内生性检验和采用其他方法度量变量，主要结论保持不变。②进一步分组研究发现，对内部公司治理水平较高的公司而言，控股股东股权质押后对会计谨慎性的影响并不显著，说明内部公司治理在某种程度上发挥了制衡控股股东侵占行为的作用。当控制权转移风险较大时，控股股东股权质押后对会计谨慎性的影响更为显著。③从资本成本角度分析控股股东股权质押与会计谨慎性的经济后果，研究发现会计信息谨慎性发挥了积极作用，缓解了信息不对称，降低了股权资本成本、债务资本成本和综合资本成本，但控股股东股权质押后抵消了会计信息谨慎性并降低了资本成本的积极作用，控股股东持股比例越大，这种消极影响越大。

第三，控股股东股权质押与上市公司融资约束的关系。本书构建了控股股东股权质押与上市公司融资约束的实证模型，研究发现：①控股股东股权质押提高了企业融资约束程度，质押比例越大，融资约束程度越高，该影响主要存在于非国有企业中。受产业政策扶持的企业融资约束降低，控股股东股权质押削弱了产业政策缓解融资约束的积极作用，这种削弱影响只存在于非国企样本中。②进一步分析作用路径发现，控股股东股权质押减少了分析师跟踪人数，提高了分析师预测分歧度，提高了第二类代理成本，进而加重了融资约束程度，分析师跟踪、预测偏差和第二类代理成本发挥了显著的中介效应。控股股东股权质押后，控股股东与管理层成为利益共同体，第一类代理成本降低，第一类代理成本在股权质押与融资约束之间发挥了较小的遮掩效应。③检验控股股东股权质押加重融资约束的具体表现发现，控股股东股权质押后债务资本成本和股权资本成本显著提高，商业信用融资规模显著缩小；但短期信贷规模增大，长期信贷规模不受影响，说明控股股东股权质押给市场传递了负面信息，影响了资金供给方的风险判断。④研究治理机制发现，无论董事会规模的大小还是独立董事比例的高低，控股股东股权质押提高上市公司融资约束的负面影响保持一致，说明内部董事会结构并不能缓解控股股东股权质押对融资约束的负面影响。但国际四大审计的上市公司、参股银行的上市公司、机构投资者持股比例较高的上市公司中，控股股东股权质押对融资约束的负面影响不显著，而非国际四大审计的上市公司、非参股银行的上市公司、机构投资者持股比例较低的上市公司中，控股股东股权质押对融资约束的负面影响更显著，说明采用国际四大审计、参股银行、机构投资者可以起到治理作用，对控股股东起到了一定的制衡作用。

6.2 研究启示

控股股东股权质押是一种融资方式，但出于信息不对称等原因，其可能会加重第二类代理问题，可能引起投资者对风险的过度解读，给上市公司带来不利的经济后果。如何制衡控股股东的侵占行为、保护中小股东利益、缓解投资者的风险压力是各方共同关注的课题。本研究的结论对监管部门、投资者、上市公司有如下启示：

6.2.1 对政府相关部门的启示

监管部门包括中国证监会、上海证券交易所和深圳证券交易所，启示如下：①监管部门应当加强对业绩预告信息和财务报告的披露监管，完善经理人市场，提高违规信息披露的惩罚力度，通过声誉机制和诉讼风险来降低内部人利用信息优势从事自利行为的可能性。②重点关注高质押比例的上市公司，完善股权质押的相关要求，包括限定股权质押比例，合理控制质押风险，要求明确披露质押资金的用途等。目前上市公司对控股股东股权质押的资金用途披露避而不谈或含糊不清，容易引发投资者的猜想，资金可能会用于上市公司的生产经营，也可能用于控股股东的自利行为，投资者出于利益保护做最坏打算，会提高对上市公司的风险溢价需求。③加强对质权人的监管，近几年质权人以证券公司为主体，可能对股权质押的风险重视程度不够，应当对股权质押违约事件负责，将对证券公司的处罚纳入证券公司分类监管评分体系中。④加强投资者教育，继续鼓励机构投资者积极参与公司治理，促进其外部监督职能的发挥。

民营企业的控股股东质押股权居多，从某种程度上说明其融资困境依然存在，政府相关部门应当进一步改善融资环境，尤其是优先解决民营企业融资难、融资贵问题，为民营企业的高质量发展提供金融支持。

6.2.2 对投资者的启示

中小投资者是资本市场的弱势群体，应持谨慎态度理性对待上市公司披露的信息，关注信息披露的动机，丰富参与资本市场交易的相关专业技能和知识，避免盲目跟风而造成的财富损失。

6.2.3 对上市公司的启示

控股股东股权质押是个体融资行为，鉴于控股股东的控股地位，市场参与者将这一行为视为负面信息，影响了资金供给方的风险判断，作为信息披露的主体，上市公司应当注意以下几点：①充分披露控股股东财务状况、质押资金的用途等信息，保障信息传递渠道的顺畅，避免市场过度解读控股股东的投机心理和道德风险。②在内部治理方面，上市公司应当加强有效的治理机制来约束控股股东的机会主义行为，可以借助混合所有制改革，增强其他大股东对控股股东的监督与制衡，完善董事会制度建设，增强董事会的独立性，强化董事的责任与义务，健全独立董事的激励约束机制。在外部治理方面，上市公司可以一定程度上参股银行，促进银企双方的信息沟通，实现多元化的同时发挥融资协同优势，同时以开放姿态引入机构投资者。

6.3 研究局限与未来展望

6.3.1 研究局限

尽管本书对我国上市公司股权质押行为的经济后果进行了较为深入的研究，但仍存在以下局限性：

第一，在国家工商行政管理部门登记的非上市公司也存在股权质押现象，但受到数据收集的限制，本书以公开披露信息的上市公司控股股东股权质押为研究对象，可能会导致结论不够全面，难以涵盖所有的公司。

第二，控股股东大多没有上市，没有公开披露信息，难以收集控股股东的财务状况、经营情况的数据资料，因而，本书以控股股东股权质押来间接描述控股股东的财务困境，限制了对控股股东股权质押的动机研究。

第三，对内生性问题的处理可能还存在不足。虽然本书采用了工具变量法、倾向得分匹配法、改变变量度量等方法，但可能无法完全减轻内生性问题。

6.3.2 未来展望

鉴于股权质押已经成为我国资本市场上一种便捷快速的融资方式之一，探究其对上市公司本身和内外部利益相关者的影响具有重要的意义，未来可以从以下方面展开进一步的研究：

第一，目前研究控股股东股权质押相关问题的理论基础是第二类代理问题，即控股股东与中小股东的利益冲突，我国上市公司中控股股东超额委派董事现象并不少见，控股股东利用其控股地位在董事会会议表决中占有多数席位，容易引发第二类代理冲突，那么控股股东超额委派董事是否会影响控股股东股权质押的经济后果有待深入研究。

第二，本书只关注了控股股东股权质押，而没有考虑非控股股东股权质押。与控股股东不同，非控股股东没有上市公司的控制权，无法通过董事会、管理层来实质性影响上市公司，可能通过监督等方式对上市公司实施有限影响。但与控股股东一样的是，非控股股东股权质押也同样关注股价波动，担心质押爆仓。那么非控股股东是否会与控股股东形成合谋，共同通过盈余管理、信息披露等影响股价，还是会制衡控股股东的这些不当操作来维护自己的利益，这些研究对完善我国公司治理同样有重要的意义。

参考文献

[1] Abarbanell, J. S. , Bushee, J. B. Fundamental Analysis, Future Earnings, and Stock Prices [J] . Journal of Accounting Research, 1997, 35 (1): 1 -24.

[2] Almeida, H, Campello, M. , Weisbach, M. S. The Cash Flow Sensitivity of Cash [J] . The Journal of Fiance, 2004, 59 (4): 1777 -1804.

[3] Ashbaugh, H. Collins D. W. , Lafond, R. Corporate Governance and the Cost of Equity Capital [EB/OL] . (2010 -12 -26) [2012 -04 -03] . http: //tippie. uiowa. edu, 2004.

[4] Attig, N. , Guedhami, O. , Mishra, D. Multiple Large Shareholders, Control Contests, and Implied Cost of Equity [J] . Journal of Corporate Finance, 2008, 14 (5): 721 -737.

[5] Bernard, V. L. The Feltham - Ohlson Framework: Implications for Empiricists [J] . Contemporary Accounting Research, 1995, 11 (2): 733 -747.

[6] Brav, A. , Lehavy, R. , Michaely, R. Expected Returns and Asset Pricing [R] . Working Paper, 2004.

[7] Chu, S. Y. T. Ultimate Ownership and the Cost of Capital [D] . Hong Kong: The Chinese University of Hong Kong, 2008.

[8] Clement, M. B. , Tse, S. Y. Do Investors Respond to Analysts' Forecast

Revisions As If Forecast Accuracy is All That Matters [J]. The Accounting Review, 2003, 78 (1): 227-249.

[9] Daniel, K., Titman, S. Evidence on the Characteristics of Cross Sectional Variation in Stock Returns [J]. The Journal of Finace, 1997, 52 (1): 1-33.

[10] Dechow, P. M., Hutton, A. P., Sloan, R. G. An Empirical Assessment of the Residual Income Valuation Model [J]. Journal of Accounting and Economics, 1999, 26 (1-3): 1-34.

[11] Demsetz, H., Lehn, K. The Structure of Corporate Ownership: Cause and Conseguence [J]. Journal of Political Economy, 1985, 93 (6): 1155-1177.

[12] Demsetz, H. Ownership and Control: A Review [J]. International Journal of the Economics of Business, 1996, 3 (1): 107-112.

[13] Elliott, J. A., Philbrick, D. R., Weidman, C. I. Evidence from Archival Data on the Relation Between Security Analysts' Forecast Errors and Prior Forecast Revisions [J]. Contemporary Accounting Research, 1995, 11 (2): 919-938.

[14] Fama, E., French, K. The Cross-Section of Expected Stock Returns [J]. The Journal of Finance, 1992, 47 (2): 427-465.

[15] Garmaise M. J., Liu, J. Corruption, Firm Governance, and the Cost of Capital [EB/OL]. (2005-01-05) [2012-04-03], http://ssrn.com/abstract=644017.

[16] Gebhardt, W., Lee, C., Swaminathan, B. Towards An Implied Cost of Capital [J]. Journal of Accounting Research, 2001, 39 (1): 135-176.

[17] Gode, D., Mohanaram, P. Inferring the Cost of Capital Using the Ohlson-Juettner Model [J]. Review of Accounting Studies, 2003 (8): 399-431.

[18] Gordon, J., Gordon, M. The Finite Horizon Expected Return Model [J]. Financial Analysts Journal, 1997, 53 (3): 52-61.

[19] Guedhami, O., Mishra, D. Excess Control, Corporate Governance and Implied Cost of Equity: International Evidence [J]. The Financial Review, 2009 (44): 489-524.

[20] Healy, P. M., Hutton, A. P. Stock Performance and Intermediation Changes Surrounding Sustained Increases in Disclosure [J]. Contemporary Accounting Research, 1999, 16 (3): 485-520.

[21] Helwege, J., Pirinsky, C., Stulz, R. M. Why Do Firms Become Widely Held An Analysis of the Dynamics of Corporate Ownership [J]. The Journal of Finance, 2007, 62 (3): 995-1028.

[22] Huang, H. H. Shareholder Rights and the Cost of Equity Capital [D]. Houston: University of Houston, 2005.

[23] Kang, S., O' Brien, J., Sivaramakrishnan. K. Analysts' Interim Earnings Forecasts: Evidence on the Forecasting Process [J]. Journal of Accounting Research, 1994, 32 (1): 103-112.

[24] Kothari, S. P., Shanken, J., Sloan, R. Another Look at the Cross-section of Expected Stock Retunrs [J]. The Journal of Finace, 1995, 50 (1): 185-224.

[25] Lang, M. H., Lundholm, R. J. Corporate Disclosure Policy and Analyst Behavior [J]. The Accounting Review, 1996, 71 (4): 467-492.

[26] Lee, C. M., Myers, J., Swaminathan, B. What is the Intrinsic Value of the Dow? [J]. The Journal of Finance, 1999, 54 (5): 1693-1741.

[27] Lopea-de-Silance, F., La Porta, R., Shleifer, A., Vishny, R. W. Law and Finance [J]. Journal of Political Economy, 1998, 106 (1): 1113-1155.

[28] Magni, C. A. Splitting Up Value: A Critical Review of Residual Income Theories [J]. European Journal of Operational Research, 2009, 198 (1): 1-22.

[29] Ohlson, J., Juettner – Nauroth, B. Expected EPS and EPS Growth as Determinants of Value [J]. Review of Accounting Studies, 2005 (10): 349 – 365.

[30] Shleifer, A., Vishny, R. W. Large Shareholders and Corporate Control [J]. Journal of Political Economy, 1986, 94 (3): 1155 – 1177.

[31] Teoh, S. H., Wong, T. J. Why New Issues and High – Accrual Firms Underperform: The Role of Analysts' Credulity [J]. The Review of Financial Studies, 2002, 15 (3): 869 – 900.

[32] Zeitlin, M. Corporate Ownership and Control: The Large Corporation and the Capitalist Class [J]. The American Journal of Sociology, 1974, 79 (5): 1073 – 1119.

[33] Fazzari, S. M., Hubbard, R. G., Peterson, B. C., Blinder, A. S., Poterba J. M. Financing Constraints and Corporate Investment [J]. Brookings Papers on Economic Activity, 1988 (1): 141 – 206.

[34] Aboodya, D., Kasznik, R. CEO Stock Option Awards and Corporate Voluntary Disclosures [J]. Journal of Accounting and Economics, 2000, 29 (1): 73 – 100.

[35] Ahmed, A. S., Duellman, S. Accounting Conservatism and Board of Director Characteristics: An Empirical Analysis [J]. Journal of Accounting and Economics, 2007, 43 (2): 189 – 224.

[36] Bourveau, T., Schoenfeld, J. Shareholder Activism and Voluntary Disclosure [J]. Review of Accounting Studies, 2017, 22 (3): 75 – 120.

[37] Chen, Y., Hu, S. The Controlling Shareholder's Personal Leverage and Firm Performance [J]. Applied Economics, 2007, 39 (8): 1059 – 1075.

[38] Cheng, Q., Lo, K. Insider Trading and Voluntary Disclosures [J]. Journal of Accounting Research, 2006, 44 (5): 815 – 848.

[39] Cullinan, C. P., Wang, F., Wang, Peng, Zhang, J. Ownership Structure and Accounting Conservatism in China [J]. Journal of International Accounting, Auditing and Taxation, 2012, 21 (1): 95-128.

[40] Denis D., McConnell J. International Corporate Governance [J]. Journal of Financial and Quantitative Analysis, 2003, 38 (1): 1-36.

[41] Ertugrul, M., Lei, J., Qiu, J., Wan, C. Annual Report Readability, Tone Ambiguity, and the Cost of Borrowing [J]. Journal of Financial and Quantitative Analysis, 2017, 52 (2): 155-177.

[42] Fan, J. P. H., Wong, T. J. Corporate Ownership Structure and the Informativeness of Accounting Earnings in East Asia [J]. Journal of Accounting and Economics, 2002, 33 (3): 113-155.

[43] Frank, H., William, J., Kross, I. S. Asymmetric Effects of Regulation FD on Management Earnings Forecasts [J]. The Accounting Review, 2016, 91 (1): 119-152.

[44] Ge, R., Lennox, C. Do Acquirers Disclose Good News or Withhold Bad News When They Finance Their Acquisitions Using Equity? [J]. Review of Accounting Studies, 2011, 16 (1): 183-217.

[45] Healy, P., Wahlen, J. A Review of the Earnings Management Literature and Its Implications for Standard [J]. Accounting Horizons, 1999, 13 (4): 365-383.

[46] Jaffe, J. F. Special Information and Insider Trading [J]. The Journal of Business, 1974, 47 (3): 410-428.

[47] Luo, Q., Li, H., Zhang, B. Financing Constraints and the Cost of equity: Evidence on the Moral Hazard of the Controlling Shareholder [J]. International Review of Economics and Finance, 2015 (36): 99-106.

[48] Ohlson, J. Earning, Book Value, and Dividends in Security Valuation [J]. Contemporary Accounting Reseach, 1995, 11 (2): 661 -687.

[49] Patell, J. M. Corporate Forecasts of Earnings Per Share and Stock Price Behavior: Empirical Test [J]. Journal of Accounting Research, 1976, 14 (2): 246 -276.

[50] Peek, E., Cuijpers, R., Buijink, W. Creditors' and Shareholders' Reporting Demands in Public Versus Private Firms: Evidence from Europe [J]. Contemporary Accounting Research, 2010, 27 (1): 49 -91.

[51] Penman, S. H. An Empirical Investigation of the Voluntary Disclosure of Corporate Earnings Forecasts [J]. Journal of Accounting Research, 1980, 18 (1): 132 -160.

[52] Rogers, J. L. Disclosure Quality and Management Trading Incentives [J]. Journal of Accounting Research, 2008, 46 (5): 1265 -1296.

[53] Lambert, Leuz, Verrecchia, R. Accounting Information, Disclosure, and the Cost of Capital [J]. Journal of Accounting Research, 2007, 45 (2): 421 -426.

[54] Ahmed, A. S., Duellman, S. Accounting Conservatism and Board of Director Characteristics: An Empirical Analysis [J]. Journal of Accounting and Economics, 2007 (43): 411 -437.

[55] Amihud, Y., Mendelson, H. Asset Pricing and the Bid - ask Spread [J]. Journal of Financial Economics, 1986, 17 (2): 223 -249.

[56] Attig, N., Guedhami, O., Mishra, D. Multiple Large Shareholders, Control Contests, and Implied Cost of Equity [J]. Journal of Corporate Finance, 2008, 14 (5): 721 -737.

[57] Ayers, B., Freeman, R. Evidence That Analyst Following and Institutions

Accelerate the Pricing of Future Earnings [J]. Review of Accounting Studies, 2003, 8 (1): 47-67.

[58] Bae, K. H., Kang, J. K., Kim, J. M. Tunneling or Value Added? Evidence from Mergers by Korean Business Groups [J]. Journal of Finance, 2002 (57): 2695-2740.

[59] Baginski, S. P., Conrad, E. J., Hassell, J. M. The Effects of Management Forecast Precision on Equity Pricing and on the Assessment of Earnings Uncertainty [J]. The Accounting Review, 1993, 68 (4): 913-927.

[60] Ball, R., Shivakumar, L. Earnings Quality in UK Private Firms: Comparative Loss Recognition Timeliness [J]. Journal of Accounting and Economics, 2005 (39): 83-128.

[61] Ball, R., Robin, A., Wu, J. S., Incentives versus Standards: Properties of Accounting Income in Four East Asian Countries and Implications for Acceptance of IAS [J]. Journal of Accounting & Economics, 2003 (36): 235-270.

[62] Ball, R., Kothari, S., Robin, A. The Effect of Institutional Factors on Properties on Accounting Earnings: International Evidence [J]. Journal of Accounting and Economics, 2000, 29 (1): 1-52.

[63] Barron, O. E., Kim, O., Lim, S. C., Stevens, D. E. Using Analysts' Forecasts to Measure Properties of Analysts' InformationEnvironment [J]. The Accounting Review, 1998 (73): 421-433.

[64] Barry, C., Brown, S. Differential Information and Security Market Equilibrium [J]. Journal of Financial and Quantitative Analysis, 1985 (20): 407-422.

[65] Basu, S. The Conservatism Principle and the Asymmetric Timeliness of Earnings [J]. Journal of Accounting and Economics, 1997, 24 (1): 3-37.

[66] Beekes, W., Pope, P. F., Young, S. The Link between Earnings Time-

liness, Earnings Conservatism and Board Composition: Evidence from the UK [J]. Corporate Governance, 2004, 12 (1): 47 – 51.

[67] Bertrand, M., Mehta, P., Mullainathan, S. Ferreting out Tunneling: An Application to Indian Business Groups [J]. Quarterly Journal of Economics, 2002 (117): 121 – 148.

[68] Bharath, S. T., Sunder, J., Sunder, S. V. Accounting Quality and Debt Contracting [J]. The Accounting Review, 2008, 83 (1): 1 – 28.

[69] Bhushan, R. Firm Characteristics and Analyst Following [J]. Journal of Accounting & Economics, 1989, 11 (2 – 3): 255 – 274.

[70] Biais, B., Gollier, C. Trade Credit and Credit Rationing [J]. The Review of Financial Studies, 1997, 10 (4): 903 – 937.

[71] Boehmer, E., Kelley, E. K. Institutional Investors and the Informational Efficiency of Prices [J]. Review of Financial Studies, 2009, 22 (9): 3563 – 3594.

[72] Botosan, C. A. Disclosure Level and the Cost of Equity Capital [J]. The Accounting Review, 1997, 72 (3): 323 – 349.

[73] Botosan, C. A., Plumlee, M. A. A Re – examination of Disclosure Level and the Expected Cost of Equity Capital [J]. Journal of Accounting Research, 2002, 40 (1): 21 – 40.

[74] Bowen, R., Davis, A., Matsumoto, D. Do conference Callsaffect Analysts' Forecasts? [J]. The Accounting Review, 2002 (77): 285 – 316.

[75] Brenna M., Hughes, P. Stock Prices and the Supply of Information [J]. Journal of Finance, 1991 (46): 1665 – 1691.

[76] Brennan, M. J., Jegadeesh, N., Swaminathan, B. Investment Analysis and the Adjustment of Stock Prices to Common Information [J]. Review of Financial

Studies, 1993, 6 (4): 799 - 824.

[77] Brockman, P., Khurana, I., Martin, X. Voluntary Disclosure around Actual Share Repurchases [J]. Journal of Financial Economics, 2007, 89 (1): 175 - 191.

[78] Brown, L. D., Richardson, G., Schwager, S. An Information Interpretation of Financial Analyst Superiority in Forecasting Earnings [J]. Journal of Accounting Research, 1987, 25 (1): 49 - 67.

[79] Bushmana, R. M., Piotroskib, J. D. Financial Reporting Incentives for Conservative Accounting: The Influence of Legal and Political Institutions [J]. Journal of Accounting and Economics, 2006, 42 (1 - 2): 107 - 148.

[80] Cheng, Q., Luo, T., Yue, H. Managerial Incentives and Management Forecast Precision [J]. The Accounting Review, 2013 (88): 1575 - 1602.

[81] Cheng, Q. TheRole of Analysts' Forecasts in Accounting - Based Valuation: A Critical Evaluation [J]. Review of Accounting Studies, 2003 (10): 5 - 31.

[82] Cheung, Y., Jing, L., Lu, T. et al. Tunneling and Propping Up: An Analysis of Related Party Transactions by Chinese Listed Companies [J]. Pacific Basin Finance Journal, 2009, 17 (3): 372 - 393.

[83] Cheung, Y. L., Ran, P. R., Stouraitis, A. Tunneling, Propping, and Expropriation: Evidence from Connected Party Transactions in Hong Kong [J]. Journal of Financial Economics, 2006 (82): 343 - 386.

[84] Claus, J., Thomas, J. Equity Risk Premium as Low as Three Percent? Evidence from Analysts' Earnings Forecasts for Domestic and International Stocks [J]. Journal of Finance, 2001, 56 (5): 1629 - 1666.

[85] Damodaran, A. The Weekend Effect in Information Releases: A Study of

Earnings and Dividend Announcements [J] . Review of Financial Studies, 1989, 2 (4): 607 - 623.

[86] Demsetz, H. Ownership and Control: A Review [J] . International Journal of the Economics of Business, 1996, 3 (1): 107 - 112.

[87] Dhaliwal, D., Huang, S., Khurana, I. K., Pereira, R. Product Market Competition and Accounting Conservatism [J] . Review of Accounting Studies, 2014 (1): 92 - 121.

[88] Diamond, D. W. Debt maturity structure and liquidity risk [J] . The Quarterly Journal of Economic, 1991, 106 (3): 709 - 737.

[89] Diamond, M. Optimal Release of Information by Firms [J] . Journal of Finance, 1985, 40 (4): 1071 - 1094.

[90] Dierker, M. Does Conservatism Help or Hurt Market Efficiency? [EB/OL]. http://ssrn.com/abstract=895504, 2006.

[91] Dou, Y., Masulis, R., Zein, J. Shareholder Wealth Consequence of Insider Pledging of Company Stock as Collateral for Personal Loans [J] . The Review of Financial Studies, 2019, 32 (12): 4810 - 4854.

[92] Easley, D., O' hara, M. Information and the Cost of Capital [J] . The Journal of Finance, 2004 (4): 1553 - 1583.

[93] Easton, P., Monahan, S. An Evaluation of the Reliability of Accounting Based Measures of Expected Returns [J] . The Accounting Review, 2005, 80 (2): 501 - 538.

[94] Ertimur, Y., Sletten, E., Sunder, J. Large Shareholders and Disclosure Strategies: Evidence from IPO Lockup Expirations [J] . Journal of Accounting & Economics, 2014, 58 (1): 79 - 95.

[95] Facco, M., Lang, L. H. P., Young, L. Debt and Expropriation [R].

Working Paper, 2003.

[96] Facco, M., Lang, L. H. P., Young, L. Expropriatiorl and Dividends [J]. American Economic Review, 2001 (91): 1 –25.

[97] Francies, J., Per, M. O., Katherine, S. Cost of Equity and Earnings Attribute [J]. The Accounting Review, 2004, 79 (4): 967 –1010.

[98] Francis, J., LaFond, R., Olsson, P., Schipper, K. Costs of Equity and Earnings Attributes [J]. The Accounting Review, 2004, 79 (4): 967 –1010.

[99] Frankel, R. F., Lee, C. M. C. Accounting Valuation, Market Expectation, and Cross – sectional Stock Returns [J]. Journal of Accounting and Economics, 1998, 25 (3): 283 –320.

[100] Friedman, E., Johnson, S., Mitton, T. Propping and Tunneling [J]. Journal of Comparative Economics, 2003, 31 (4): 732 –750.

[101] Gao, Pingyang. A Measurement Approach to Conservatism and Earnings Management [EB/OL]. http: //ssrn. com/abstract =1918339, 2012.

[102] Gao, Y., Wagenhofer, A. Accounting Conservatism and Board Efficiency [EB/OL]. http: //ssrn. com/abstract =2128226, 2012.

[103] Ghaly, M., Dang, V. A., Konstantinos, V. A. Institutional Investors' Horizons and Corporate Employment Decisions [EB/OL]. https: / /ssrn. com/abstract = 2606272.

[104] Gode, D., Mohanaram, P. Inferring the Cost of Capital Using the Ohlson – Juettner Model [J]. Review of Accounting Studies, 2003 (8): 399 –431.

[105] Griffin, J. M., Lemmon, M. L. Book – to – Market Equity, Distress risk, and Stock Returns [J]. The Journal of Finance, 2002, 57 (5): 2317 –2336.

[106] Guay, W., Samuels, D., Taylor, D. Guiding through the Fog: Financial Statement Complexity and Voluntary Disclosure [J]. Journal of Accounting and Eco-

nomics，2016，62（2－3）：234－269.

［107］Guay，W.，Kothari，S. P.，Shu，S. Properties of the Implied Cost of Capital Using Analysts' Forecasts［EB/OL］.（2003－07－10）［2012－06－01］，http：//ssrn. com/abstract＝426560.

［108］Haw，In－Mu，Simon，Ho Tong Jamie Yixing，Zhang，F. Complex Ownership Structures and Accounting Conservatism［EB/OL］. https：//papers. ssrn. com/sol3/papers. cfm? abstract_ id＝1478641，2012.

［109］Hinson，L. A. Management Earnings Forecast Policies and the Cost of Equity Capital：Do Motives Matter［EB/OL］. https：//papers. ssrn. com，2016.

［110］Huijgen，C.，Lubberink，M. Earnings Conservatism，Litigation，and Contracting：The Case of Cross－listed firms［J］. University of Groningen and Lancaster University，2003（32）：1275－1309.

［111］Hutton，A. P.，Miller，G. S.，Skinner，D. J. The Role of Supplementary Statements with Management Earnings Forecasts［J］. Journal of Accounting Research，2003，41（5）：867－890.

［112］Jiang，H. Y.，Habib，A.，Gong，R. Business Cycle and Management Earnings Forecasts［J］. Journal of Accounting，Finance and Business Studies，2015，51（2）：279－310.

［113］John，J.，McConnell，H.，Additional Evidence on Equity Ownership and Corporate Value［J］. Journal of Financial Economics，1990，27（1）：595－612.

［114］Jones，M. J. Readability of Annual Reports：Western versus Asian Evidence［J］. Accounting，Auditing & Accountability Journal，1995，8（2）：4－17.

［115］Kao，L.，Chen，A. Directors' Share Collateralization，Earnings Management and Firm Performance［J］. Taiwan Accounting Review，2007（6）：153－

172.

[116] Kaplan, S., Zingales, L. Do Investment – cash Flow Sensitivities Provide Useful Measures of Financing Constraints? [J]. Quarterly Journal of Economics, 1997, 112 (1): 169 – 215.

[117] Khan, M., Watts, R. L. Estimation and Empirical Properties of A Firm – year Measureof Accounting Conservatism [J]. Journal of Accounting and Economics, 2009, 48 (2 – 3): 132 – 150.

[118] Kim, J. W., Shi, Y. Q. Voluntary Disclosure and the Cost of Equity Capital: Evidence from Management Earnings Forecasts [J]. Journal Account Public Policy, 2011 (30): 348 – 366.

[119] La Porta, Lopez – de – Silanes, F., Shleifer A. Corporate Ownership around the World [J]. The Journal of Finance, 1999, 54 (2): 471 – 517.

[120] LaFond, R., Roychowdhury, S. Managerial Ownership and Accounting Conservatism [J]. Journal of Accounting Research, 2008, 46 (1): 101 – 135.

[121] LaFond, R., Watts, R. The Information Role of Conservative Financial Statements [J]. The Accounting Review, 2008, 83 (2): 447 – 478.

[122] Lambert, R. A. Discussion of Implications for GAAP from An Analysis of Positive Research in Accounting [J]. Journal of Accounting and Economics, 2010, 50 (2 – 3): 287 – 295.

[123] Lang, M., Lundholm, R. Voluntary Disclosure and Equity Offerings: Reducing Information Asymmetry or Hyping the Stock? [J]. Contemporary Accounting Research, 2000, 17 (4): 623 – 662.

[124] Lang, M., Lundholm, R. Corporate Disclosure Policy and Analyst Behavior [J]. The Accounting Review, 1996 (71): 467 – 492.

[125] Lang, M. H., Lundholm, R. J. Corporate Disclosure Policy and Analyst

Behavior [J] . The Accounting Review, 1996, 71 (4): 467 –492.

[126] Lang, M. , Raedy, J. , Yetman, M. How Representative are Firms That are Cross – listed in the United States? An Analysis of Accounting Quality [J] . Journal of Accounting Research, 2003, 41 (2): 363 –386.

[127] Lara, J. , Osma, B. , Penalva, F. Board of Directors' Characteristics and Conditional Accounting [J] . European Accounting Review, 2007, 16 (4): 727 –755.

[128] Lee, T. S. , Yeh, Y. H. Corporate Governance and Financial Distress: Evidence from Taiwan [J] . Corporate Governance: An International Review, 2004 (12): 378 –388.

[129] Li, K. K. , Mohanram, P. Evaluating Cross – Sectional Forecasting Models for Implied Cost of Capital [J] . Review of Accounting Studies, 2014, 19 (3): 1152 –1185.

[130] Li, F. Annual Report Readability, Current Earnings, and Earnings Persistence [J] . Journal of Accounting and Economics, 2008, 45 (2/3): 221 –247.

[131] Liu, J. , Thomas, J. K. Stock Returns and Accounting Earnings [EB/OL] . (1998 –11 –12) [2012 –06 –01], http: //ssrn. com/abstract =139419.

[132] Lobo, G. , Mahmoud, A. A. W. Relationship between Differential Amounts of Prior Information and Security Return Variability [J] . Journal of Accounting Research, 1989, 27 (1): 116 –134.

[133] Loughran, T. , Mcdonald, B. Measuring Readability in Financial Disclosures [J] . The Journal of Finance, 2014, 69 (4): 1643 –1671.

[134] March, J. G. Exploration and Exploitation in Organizational Learning [J]. Organization Science, 1991, 2 (1): 134 –169.

[135] Merton, R. C. A Simple Model of Capital Market Equilibrium with Incom-

plete Information [J]. The Journal of Finance, 1987, 42 (3): 483-510.

[136] Morck, R., Shleifer, A., Vishny, R. W. Management Ownership and Market Valuation: An Empirical Analysis [J]. Journal of Financial Economics, 1988, 20 (1): 293-315.

[137] Nagar, V., Nanda, D., Wysocki, P. Discretionary Disclosure and Stock-Based Incentives [J]. Journal of Accounting and Economics, 2003, 34 (1): 283-309.

[138] O' Brien, P., Bhushan, R. Analyst Following and Institutional Ownership [J]. Journal of Accounting Research, 1990 (28): 55-76.

[139] Ohlson, J. On Accounting-Based Valuation Formulae [J]. Review of Accounting Studies, 2005, 10 (2-3): 323-347.

[140] Ohlson, J., Zhang, X. J. On the Theory of Forecast Horizon in Equity Valuation [J]. Journal of Accounting Research, 1999, 37 (2): 437-449.

[141] Peng, W. Q., Wei, K. C. J., Yang, Z. S. Tunneling or Propping: Evidence from Connected Transactions in China [J]. Journal of Corporate Finance, 2011, 17 (2): 306-325.

[142] Penman, S. H. An Empirical Investigation of the Voluntary Disclosure of Corporate Earnings Forecasts [J]. Journal of Accounting Research, 1980, 18 (1): 132-160.

[143] Rennekamp, K. Processing Fluency and Investors' Reactions to Disclosure Readability [J]. Journal of Accounting Research, 2012, 50 (5): 1319-1354.

[144] Rogers, J. L., Stocken, P. C. Credibility of Management Forecasts [J]. The Accounting Review, 2005, 80 (4): 1233-1260.

[145] Rogers, J. L. Disclosure Quality and Management Trading Incentives [J]. Journal of Accounting Research, 2008, 46 (5): 1265-1296.

[146] Roulstone, D. T. Analyst Following and Market Liquidity [J]. Contemporary Accounting Research, 2003, 20 (3): 551 -578.

[147] Shouto, A., Takada, T. Managerial Ownership and Accounting Conservatism in Japan: A Test of Management Entrenchment Effect [J]. Journal of Business Finance and Accounting, 2010, 37 (7-8): 815 -840.

[148] Skinner, D. Why Firms Voluntarily Disclose Bad News [J]. Journal of Accounting Research, 1994, 32 (1): 38 -61.

[149] Soffer, L. C., Thiagarajan, S. R., Walther, B. R. Earnings Preannouncements [EB/OL]. https: //papers. ssrn. com/sol3/papers. cfm? abstract_ id = 56165.

[150] Subramanyam, K. R. Uncertain Precision and Price Reactions to Information [J]. The Accounting Review, 1996 (71): 207 -220.

[151] Verrecchia, R. E. Information Quality and Discretionary Disclosure [J]. Journal of Accounting and Economics, 1990, 12 (4): 365 -380.

[152] Wand, D. Founding Family Ownership and Earnings Quality [J]. Journal of Accounting Research, 2006, 44 (3): 127 -155.

[153] Watts, R. Conservatism in Accounting Part Ⅱ: Evidence and Research Opportunities [J]. Accounting Horizons, 2003, 17 (4): 287 -301.

[154] Whited, T. M., Wu, G. J. Financial ConstraintsRisk [J]. The Review of Financial Studies, 2006, 19 (2): 531 -559.

[155] Wiedman, C. The Relevance of Characteristics of the Information Environment in the Selection of a Proxy for the Market's Expectations for Earnings: An Extension of Brown, Richardson, and Schwanger [J]. Journal of Accounting Research, 1996, 34 (2): 313 -324.

[156] Yanmin Gao, Alfred Wagenhofer. Accounting Conservatism and Board Ef-

ficiency [EB/OL]. https://papers.ssrn.com/sol3/papers.cfm? abstract_id = 2128226.

[157] Zhang, X. J. Conservative Accounting and Equity Valuation [J]. Journal of Accounting and Economics, 2000, 29 (1): 125 - 149.

[158] 阿道夫·A. 伯利，加德纳·C. 米恩斯. 现代公司与私有财产 [M]. 北京：商务印书馆，2005.

[159] 白重恩，刘俏，陆洲，宋敏，张俊喜. 中国上市公司治理结构的实证研究 [J]. 经济研究，2005 (2): 81 - 91.

[160] 蔡宁. 信息优势、择时行为与大股东内幕交易 [J]. 金融研究，2012 (5): 179 - 192.

[161] 曹廷求，张光利. 自愿性信息披露与股价崩盘风险：基于电话会议的研究 [J]. 经济研究，2020, 55 (11): 191 - 207.

[162] 车嘉丽，薛瑞. 产业政策激励影响了企业融资约束吗? [J]. 南方经济，2017 (6): 92 - 114.

[163] 陈安琳，高兰芬，陈怡凯，陈烷钮. 董监事股权质押与公司治理之研究 [J]. 中山管理评论，2013 (2): 299 - 335.

[164] 陈策，吕长江. 上市板块差异对会计稳健性的影响——来自A股主板中小板民营企业的实证检验 [J]. 会计研究，2011 (9): 32 - 39.

[165] 陈冬华，李真，新夫. 产业政策与公司融资——来自中国的经验证据 [C]. 中国会计与财务研究国际研讨会论文集，2010.

[166] 陈冬华，姚振晔. 政府行为必然会提高股价同步性吗? ——基于我国产业政策的实证研究 [J]. 经济研究，2018 (12): 112 - 128.

[167] 陈旻，曲晓辉，孙雪娇. 后趋同时代的权益资本成本异质性分析 [J]. 会计研究，2018 (2): 11 - 18.

[168] 陈信元，张田余，陈冬华. 预期股票收益的横截面多因素分析：来自

中国证券市场的经验证据［J］．金融研究，2001（6）：22－35.

［169］程晨，陈青．政策不确定性、投资者情绪与控股股东股权质押［J］．预测，2020，39（2）：63－69.

［170］储溢泉，倪建文．控股股东股权质押提高了上市公司信用风险吗？［J］．证券市场导报，2020（11）：40－48.

［171］代昀昊．机构投资者、所有权性质与权益资本成本［J］．金融研究，2018（9）：143－159.

［172］邓卫红．控股股东股权质押对企业资本结构动态调整速度的影响［J］．系统工程，2020，38（4）：122－134.

［173］邓长荣，马永开．三因素模型在中国证券市场的实证研究［J］．管理学报，2005（5）：591－596.

［174］杜兴强，聂志萍．中国资本市场的中长期动量效应和反转效应——基于 Fama 和 French 三因素模型的进一步研究［J］．山西财经大学学报，2007（12）：16－23.

［175］杜勇，张欢，杜军，韩佳丽．控股股东股权质押能帮助公司扭亏吗？——来自中国亏损上市公司的证据［J］．上海财经大学学报，2018，20（6）：77－93.

［176］冯晓晴，文雯，何瑛．控股股东股权质押会损害资本市场信息效率吗？——来自股价同步性的经验证据［J］．审计与经济研究，2020，35（1）：79－89.

［177］富钰媛，苑泽明，李田．大股东股权质押与企业内部控制［J］．财经论丛，2019（1）：71－80.

［178］富钰媛，苑泽明．兼济天下还是独善其身——大股东股权质押与慈善捐赠［J］．当代财经，2019（7）：118－129.

［179］高敬忠，周晓．管理层持股能减轻自愿性披露中的代理冲突吗？

[J]. 财经研究，2013 (11)：123 – 133.

[180] 高兰芬. 董监事股权质押之代理问题对会计资讯与公司绩效之影响 [D]. 台南：台湾成功大学，2002.

[181] 高雷，张杰. 公司治理、资金占用与盈余管理 [J]. 金融研究，2009，41 (5)：121 – 140.

[182] 郭思永，杨鲁. 股权质押会降低证券市场质量吗？[J]. 中南财经政法大学学报，2020 (2)：122 – 132.

[183] 韩乾，洪永淼. 国家产业政策、资产价格与投资者行为 [J]. 经济研究，2014 (12)：143 – 158.

[184] 郝项超，梁琪. 最终控制人股权质押损害公司价值么？[J]. 会计研究，2009 (7)：57 – 63 + 96.

[185] 何芳丽，严太华，靳巧花. 自由现金流、融资约束与终极股东掏空及支持行为 [J]. 金融理论与实践，2016 (7)：1 – 6.

[186] 何平林，辛立柱，潘哲煜，李涛. 上市公司股票送转行为动机研究——基于股权质押融资视角的证据 [J]. 会计研究，2018 (3)：57 – 63.

[187] 何威风，刘怡君，吴玉宇. 大股东股权质押和企业风险承担研究 [J]. 中国软科学，2018 (5)：110 – 122.

[188] 侯婧，朱莲美. 控股股东股权质押与公司非效率投资行为 [J]. 财会月刊，2018 (18)：81 – 89.

[189] 胡珺，彭远怀，宋献中，周林子. 控股股东股权质押与策略性慈善捐赠——控制权转移风险的视角 [J]. 中国工业经济，2020 (2)：174 – 198.

[190] 胡旭微，彭晓欢. 控股股东股权质押与上市公司过度投资的关系——基于公司治理的调节作用 [J]. 浙江理工大学学报（社会科学版），2019，42 (1)：1 – 9.

[191] 扈文秀，付强，吴婷婷. 股票期权激励与管理层业绩预测披露的操控

行为［J］．管理科学，2017，30（6）：142－158.

［192］黄登仕，黄禹舜，周嘉南．控股股东股权质押影响上市公司“高送转”吗？［J］．管理科学学报，2018，21（12）：18－36＋94.

［193］黄宏斌，肖志超，刘晓丽．股权质押的时机选择及市场反应——基于投资者情绪视角的研究［J］．金融论坛，2018，23（2）：65－80.

［194］黄少安，张岗．中国上市公司股权融资偏好分析［J］．经济研究，2001，16（11）：12－20.

［195］姜付秀，申艳艳，蔡欣妮，姜禄彦．多个大股东的公司治理效应：基于控股股东股权质押视角［J］．世界经济，2020，43（2）：74－98.

［196］姜国华，岳衡．大股东占用上市公司资金与上市公司股票回报率关系的研究［J］．管理世界，2005（9）：119－126.

［197］姜毅．投资者保护、大股东持股比例与现金持有量［J］．财经理论与实践，2013，34（2）：58－63.

［198］蒋琰，陆正飞．公司治理与股权融资成本——单一与综合机制的治理效应研究［J］．数量经济技术经济研究，2009（2）：60－75.

［199］焦健，刘银国，刘想．股权制衡、董事会异质性与大股东掏空［J］．经济学动态，2017（8）：62－73.

［200］荆涛，郝芳静，栾志乾．股权质押、利率水平与股价崩盘风险［J］．投资研究，2019，38（3）：63－78.

［201］鞠晓生，卢荻，虞义华．融资约束、营运资本管理与企业创新可持续性［J］．经济研究，2013，48（1）：4－16.

［202］柯艳蓉，李玉敏，吴晓晖．控股股东股权质押与企业投资行为——基于金融投资和实业投资的视角［J］．财贸经济，2019，40（4）：50－66.

［203］柯艳蓉，李玉敏．控股股东股权质押、投资效率与公司期权价值［J］．经济管理，2019，41（12）：123－139.

［204］黎来芳，陈占燎．控股股东股权质押降低信息披露质量吗？［J］．科学决策，2018（8）：1－20.

［205］李宾，杨济华．上市公司的盈余管理必然导致会计稳健性下降吗？［J］．会计研究，2017（11）：45－51.

［206］李常青，李宇坤，李茂良．控股股东股权质押与企业创新投入［J］．金融研究，2018（7）：143－157.

［207］李常青，滕明慧．并购公司管理层业绩预告的披露策略研究［J］．投资研究，2013，32（11）：94－107.

［208］李常青，幸伟，李茂良．控股股东股权质押与现金持有水平："掏空"还是"规避控制权转移风险"［J］．财贸经济，2018，39（4）：82－98.

［209］李常青，幸伟．控股股东股权质押影响高管薪酬——业绩敏感性吗？［J］．经济管理，2018，40（5）：157－174.

［210］李超，田高良．股权资本成本估计方法的可靠性检验研究——基于中国资本市场数据的经验证据［J］．上海金融学院学报，2011（5）：78－88.

［211］李欢，罗婷．管理层业绩预测的机会主义行为——来自高管股票交易的证据［J］．南开管理评论，2016，19（4）：63－74.

［212］李慧云，刘倩颖，欧倩，符少燕．产品市场竞争视角下信息披露与企业创新［J］．统计研究，2020，37（7）：80－92.

［213］李旎，郑国坚．市值管理动机下的控股股东股权质押融资与利益侵占［J］．会计研究，2015（5）：42－49＋94.

［214］李贤，段俊斌，陈欣．大股东股权质押如何影响上市公司市值管理？——基于过度投资与投机活跃度的证据［J］．山东社会科学，2020（12）：127－134.

［215］李馨子，罗婷．业绩预测历史准确度的声誉效应［J］．金融研究，2014（1）：152－166.

[216] 李玉龙. 股权质押、市场泡沫与宏观经济波动 [J]. 财经科学, 2018 (8): 1-16.

[217] 廖珂, 崔宸瑜, 谢德仁. 控股股东股权质押与上市公司股利政策选择 [J]. 金融研究, 2018 (4): 172-189.

[218] 林艳, 魏连宾, 李炜. 控股股东股权质押、股权性质与公司绩效研究 [J]. 商业研究, 2018 (2): 50-56.

[219] 刘柏, 卢家锐. 好公民还是好演员: 企业社会责任行为异象研究——基于企业业绩预告视角 [J]. 财经研究, 2018 (5): 97-108.

[220] 刘凤委, 汪扬. 公司治理机制对会计稳健性影响之实证研究 [J]. 上海立信会计学院学报, 2006 (5): 16-22.

[221] 刘星, 蒋水全. 银行股权关联、银行业竞争与民营企业融资约束 [J]. 中国管理科学, 2015, 23 (12): 1-10.

[222] 刘星, 魏峰, 詹宇等. 我国上市公司融资顺序的实证研究 [J]. 会计研究, 2004, 25 (6): 66-72.

[223] 鲁桂华, 张静, 刘保良. 中国上市公司自愿性积极业绩预告: 利公还是利私——基于大股东减持的经验证据 [J]. 南开管理评论, 2017, 20 (2): 133-143.

[224] 陆瑶, 朱玉杰, 胡晓元. 机构投资者持股与上市公司违规行为的实证研究 [J]. 南开管理评论, 2012, 15 (1): 13-23.

[225] 陆正飞, 叶康涛. 中国上市公司股权融资偏好解析———偏好股权融资就是缘于融资成本低吗? [J]. 经济研究, 2004, 19 (4): 50-59.

[226] 逯东, 宋昕倍, 龚祎. 控股股东股权质押与年报文本信息可读性 [J]. 财贸研究, 2020, 31 (5): 77-96.

[227] 罗进辉, 向元高, 金思静. 大股东股权质押与股票停牌操纵——基于"千股停牌"事件的研究 [J]. 财经研究, 2020, 46 (7): 122-137.

［228］罗琦，吴哲栋．控股股东代理问题与公司现金股利［J］．管理科学，2016，29（3）：112－122.

［229］罗琦，肖逸．控股股东盈余管理与公司过度投资［J］．西南民族大学学报（人文社会科学版），2015，36（3）：151－155.

［230］吕怀立，李婉丽．多个大股东是否具有合谋动机？——基于家族企业非效率投资视角［J］．管理评论，2015，27（11）：107－117＋191.

［231］吕晓亮．控股股东股权质押与公司违规［J］．山西财经大学学报，2017，39（11）：84－96.

［232］马宏，刘心怡．公司信息披露选择与市值管理行为——基于中小板公司股权质押的经验证据［J］．证券市场导报，2020（12）：58－65.

［233］马连福，张晓庆．控股股东股权质押与投资者关系管理［J］．中国工业经济，2020（11）：156－173.

［234］毛世平．金字塔控制结构与股权制衡效应——基于中国上市公司的实证研究［J］．管理世界，2009（1）：140－152.

［235］毛新述，戴德明．会计制度改革、盈余稳健性与盈余管理［J］．会计研究，2009（12）：38－46.

［236］毛新述，叶康涛，张頔．上市公司权益资本成本的测度与评价——基于我国证券市场的经验检验［J］．会计研究，2012（11）：12－22＋94.

［237］梅洁，张明泽．基金主导了机构投资者对上市公司盈余管理的治理作用？——基于内生性视角的考察［J］．会计研究，2016（4）：55－60＋96.

［238］孟庆玺，尹兴强，白俊．产业政策扶持激励了企业创新吗——基于“五年规划”变更的自然实验［J］．南方经济，2016（12）：1－25.

［239］欧阳才越，谢妍，熊家财．控股股东股权质押与新发行公司债券定价［J］．山西财经大学学报，2018，40（1）：26－38.

［240］潘临，张龙平，欧阳才越．控股股东股权质押与商业信用融资——基

于内部控制质量和审计质量的考量［J］．财经理论与实践，2018，39（4）：80－87.

［241］钱爱民，张晨宇．股权质押与信息披露策略［J］．会计研究，2018（12）：34－40.

［242］全进，刘文军，谢帮生．领导干部自然资源资产离任审计、政治关联与权益资本成本［J］．审计研究，2018（2）：46－54.

［243］任碧云，杨克成．大股东增持股份动机是择时还是自保？——基于股权质押的经验证据［J］．财经问题研究，2018（9）：68－75.

［244］邵剑兵，费宝萱．控股股东股权质押与股价崩盘风险——基于公司控制权转移视角［J］．商业研究，2020（12）：110－123.

［245］沈冰，陈锡娟．控股股东股权质押公告的市场反应研究［J］．云南财经大学学报，2019，35（10）：104－112.

［246］宋迪，杨超．控股股东股权质押、分析师关注与股利政策［J］．北京工商大学学报（社会科学版），2018，33（6）：102－112.

［247］宋岩，宋爽．股权质押与市值管理：基于中国沪深股市 A 股上市公司的实证检验［J］．中国管理科学，2019，27（6）：10－20.

［248］宋增基，李春红，卢溢洪．董事会治理、产品市场竞争与公司绩效——理论分析与实证研究［J］．管理评论，2009（9）：120－128.

［249］孙会国，李泽广，M. W. Luke Chan. 隐含资本成本估计方法的适用性问题——以中国上市公司为例［J］．中南财经政法大学学报，2012（4）：87－93＋144.

［250］谭燕，吴静．股权质押具有治理效用吗？——来自中国上市公司的经验证据［J］．会计研究，2013（2）：45－53＋95.

［251］唐建新，李永华，卢剑龙．股权结构、董事会特征与大股东掏空——来自民营上市公司的经验证据［J］．经济评论，2013（1）：86－95.

［252］唐清泉，罗党论，王莉．大股东的隧道挖掘与制衡力量——来自中国市场的经验证据［J］．中国会计评论，2005，3（6）：63－85.

［253］田高良，田皓文，吴思锐，施诺．控股股东股权质押与会计信息可比性——基于债权人风险防范的视角［J］．证券市场导报，2020（10）：35－46＋58.

［254］万赫，钟熙，彭秋萍．控股股东股权质押一定会抑制企业创新吗［J/OL］．科技进步与对策，［2021－03－01］．http：//kns. cnki. net/kcms/detail/42. 1224. G3. 20200309. 1628. 026. html.

［255］万良勇，廖明情，胡璟．产融结合与企业融资约束——基于上市公司参股银行的实证研究［J］．南开管理评论，2015，18（2）：64－72＋91.

［256］王爱国，张志，王守海．政府规制、股权结构与资本成本——兼谈我国公用事业企业的"混改"进路［J］．会计研究，2019（5）：11－19.

［257］王斌，蔡安辉，冯洋．大股东股权质押、控制权转移风险与公司业绩［J］．系统工程理论与实践，2013，33（7）：1762－1773.

［258］王红建，李青原，邢斐．经济政策不确定性、现金持有水平及其市场价值［J］．金融研究，2014（9）：53－68.

［259］王化成，王欣，高升好．控股股东股权质押会增加企业权益资本成本吗——基于中国上市公司的经验证据［J］．经济理论与经济管理，2019（11）：14－31.

［260］王克敏，王华杰，李栋栋，戴杏云．年报文本信息复杂性与管理者自利——来自中国上市公司的证据［J］．管理世界，2018，34（12）：120－132＋194.

［261］王克敏，王志超．高管控制权、报酬与盈余管理——基于中国上市公司的实证研究［J］．管理世界，2007（7）：111－119.

［262］王雷．控股股东股权质押与上市公司会计稳健性［J］．中南财经政

法大学学报，2020（1）：3－12＋158.

［263］王鹏，周黎安．控股股东的控制权、所有权与公司绩效：基于中国上市公司的证据［J］．金融研究，2006（2）：88－98.

［264］王娴．控股股东股票质押与公司治理挑战［J］．清华金融评论，2019（9）：28－31.

［265］王雄元，欧阳才越，史震阳．股权质押、控制权转移风险与税收规避［J］．经济研究，2018，53（1）：138－152.

［266］温忠麟，叶宝娟．中介效应分析：方法和模型发展［J］．心理科学进展，2014（5）：713－745.

［267］文雯，陈胤默，黄雨婷．控股股东股权质押对企业创新的影响研究［J］．管理学报，2018，15（7）：998－1008.

［268］闻岳春，夏婷．大股东股权质押对公司价值影响的机理分析与研究综述［J］．上海金融学院学报，2016（2）：5－13.

［269］吴东辉，薛祖云．对中国 A 股市场上财务分析师盈利预测的实证分析［J］．中国会计与财务研究，2005（1）：1－27.

［270］吴先聪，罗鸿秀，张健．控股股东股权质押、审计质量与债务融资成本［J］．审计研究，2020（6）：86－96.

［271］吴育辉，吴世农．股票减持过程中的大股东掏空行为研究［J］．中国工业经济，2010（5）：121－130.

［272］夏常源，贾凡胜．控股股东股权质押与股价崩盘："实际伤害"还是"情绪宣泄"［J］．南开管理评论，2019，22（5）：165－177.

［273］夏一丹，肖思瑶，夏云峰．大股东股权质押影响了公司业绩吗——来自沪深 A 股上市公司的经验证据［J］．财经科学，2019（10）：59－70.

［274］肖峻．股市周期与基金投资者的选择［J］．经济学（季刊），2013，12（4）：1299－1320.

[275] 谢德仁，廖珂，郑登津．控股股东股权质押与开发支出会计政策隐性选择［J］．会计研究，2017（3）：30－38＋94.

[276] 谢德仁，廖珂．控股股东股权质押与上市公司真实盈余管理［J］．会计研究，2018（8）：21－27.

[277] 谢德仁，郑登津，崔宸瑜．控股股东股权质押是潜在的“地雷”吗？——基于股价崩盘风险视角的研究［J］．管理世界，2016（5）：128－140＋188.

[278] 谢露，王超恩．控股股东股权质押与上市公司过度投资［J］．上海金融，2017（7）：43－49.

[279] 谢盛纹，刘杨晖．审计师变更、前任审计师任期和会计信息可比性［J］．审计研究，2016（2）：82－89.

[280] 新夫，董恬媛，徐高彦．银行竞争与会计稳健性［J］．会计与经济研究，2018（9）：80－98.

[281] 熊海芳，谭袁月，王志强．股权质押比例限制与股票市场稳定——基于“质押新规”的自然实验［J］．财贸经济，2020，41（7）：114－129.

[282] 徐会超，潘临，张熙萌．大股东股权质押与审计师选择——来自中国上市公司的经验证据［J］．中国软科学，2019（8）：135－143.

[283] 徐莉萍，关月琴，辛宇．控股股东股权质押与并购业绩承诺——基于市值管理视角的经验证据［J］．中国工业经济，2021（1）：136－154.

[284] 徐寿福，贺学会，陈晶萍．股权质押与大股东双重择时动机［J］．财经研究，2016，42（6）：74－86.

[285] 杨鸣京，程小可，钟凯．股权质押对企业创新的影响研究——基于货币政策不确定性调节效应的分析［J］．财经研究，2019，45（2）：139－152.

[286] 杨松令，田梦元．控股股东股权质押与企业非效率投资——基于金融错配背景的分析［J］．商业研究，2019（12）：28－36.

［287］杨松令，张秋月，刘梦伟，石倩倩．控股股东股权质押“同群效应”与股价崩盘风险［J］．经济管理，2020（12）：94－112.

［288］杨旭东．市场地位、企业捐赠与权益资本成本［J］．财政研究，2018（5）：120－128.

［289］叶松勤，徐经长．大股东控制与机构投资者的治理效应——基于投资效率视角的实证分析［J］．证券市场导报，2013（5）：35－42.

［290］易志高，潘子成，茅宁，李心丹．策略性媒体披露与财富转移——来自公司高管减持期间的证据［J］．经济研究，2017，52（4）：166－180.

［291］余明桂，钟慧洁，范蕊．民营化、融资约束与企业创新——来自中国工业企业的证据［J］．金融研究，2019（4）：75－91.

［292］俞红海，徐龙炳，陈百助．终极控股股东控制权与自由现金流过度投资［J］．经济研究，2010，45（8）：103－114.

［293］翟胜宝，许浩然，刘耀淞，唐玮．控股股东股权质押与审计师风险应对［J］．管理世界，2017（10）：51－65.

［294］张霁若．CEO 变更对会计信息可比性的影响研究［J］．会计研究，2017（11）：52－57＋96.

［295］张静，王生年，吴春贤．会计稳健性、投资者情绪与资产误定价［J］．中南财经政法大学学报，2018（1）：24－32.

［296］张俊瑞，余思佳，程子健．大股东股权质押会影响审计师决策吗？——基于审计费用与审计意见的证据［J］．审计研究，2017（3）：65－73.

［297］张龙平，潘临，欧阳才越，熊家财．控股股东股权质押是否影响审计师定价策略？——来自中国上市公司的经验证据［J］．审计与经济研究，2016，31（6）：35－45.

［298］张瑞君，徐鑫，王超恩．大股东股权质押与企业创新［J］．审计与经济研究，2017，32（4）：63－73.

[299] 张晓东. IPO 保荐机构主动担责与投资者利益保护 [J]. 中国工业经济, 2017 (2): 79-97.

[300] 张雪梅, 陈娇娇. 控股股东股权质押与分类转移盈余管理 [J]. 证券市场导报, 2018 (8): 29-38.

[301] 张雪莹, 王聪聪. 控股股东股权质押会影响上市公司发债融资成本吗? [J]. 证券市场导报, 2020 (6): 41-50.

[302] 张悦玫, 张芳, 李延喜. 会计稳健性、融资约束与投资效率 [J]. 会计研究, 2017 (9): 35-40.

[303] 张长海, 胡国柳, 吴顺祥. 公司年度会计稳健性计量方法适应性研究 [J]. 统计与信息论坛, 2012 (2): 72-79.

[304] 赵德武, 曾力, 谭莉川. 独立董事监督力与盈余稳健性 [J]. 会计研究, 2008 (9): 55-63.

[305] 赵国宇. 大股东控股、报酬契约与合谋掏空——来自民营上市公司的经验证据 [J]. 外国经济与管理, 2017 (7): 105-117.

[306] 赵国宇. 大股东控制下的股权融资与掏空行为研究 [J]. 管理评论, 2013, 25 (6): 24-30+103.

[307] 赵晶, 关鑫, 高闯. 社会资本控制链替代了股权控制链吗? ——上市公司终极股东双重隐形控制链的构建与动用 [J]. 管理世界, 2010 (3): 127-139+167.

[308] 甄红线, 王谨乐. 机构投资者能够缓解融资约束吗? ——基于现金价值的视角 [J]. 会计研究, 2016 (12): 51-57+96.

[309] 郑国坚, 林东杰, 林斌. 大股东股权质押、占款与企业价值 [J]. 管理科学学报, 2014, 17 (9): 72-87.

[310] 周兰, 谷沛林. 媒体报道、产权性质与会计稳健性 [J]. 系统管理学报, 2018 (9): 828-843.

［311］周晓苏，王磊，陈沉．企业间高管联结与会计信息可比性——基于组织间模仿行为的实证研究［J］．南开管理评论，2017，20（3）：100－112.

［312］周晓苏，杨忠海．控股股东行为、特征与财务报告稳健性——中国A股市场上市公司的经验证据［J］．审计与经济研究，2010（2）：54－61.

［313］朱茶芬，李志文．国家控股对会计稳健性的影响研究［J］．会计研究，2008（5）：38－45.

［314］朱磊，孙成，王春燕，徐晓彤．大股东股权质押对企业创新投资的影响分析——基于创业板上市公司的经验证据［J］．证券市场导报，2019（2）：26－34＋76.

［315］祝继高，韩非池，陆正飞．产业政策、银行关联与企业债务融资基于A股上市公司的实证研究［J］．金融研究，2015（3）：176－191.

［316］邹颖，汪平，张丽敏．公司盈余预测与资本成本估算——截面回归模型预测VS.分析师预测［J］．数理统计与管理，2019，38（1）：172－190.

［317］左晶晶，唐跃军，眭悦．第二类代理问题、大股东制衡与公司创新投资［J］．财经研究，2013，39（4）：38－47.